ISSN   0342-314X

DEUTSCHES ORIENT-INSTITUT

im Verbund der Stiftung Deutsches Übersee-Institut

AKTUELLER   INFORMATIONSDIENST   MODERNER   ORIENT

Sondernummer

10

Helga Anschütz, Paul Harb

D1619835

Christen im Vorderen Orient

Kirchen, Ursprünge, Verbreitung

Eine Dokumentation

Hamburg   1985

```
Kurztitelaufnahme

Anschütz, Helga
Christen im Vorderen Orient : Kirchen, Ursprünge,
Verbreitung : Eine Dokumentation / Paul Harb;
Deutsches Orient-Institut. - Hamburg, 1985. -
X, 167 S.
(Aktueller Informationsdienst Moderner Orient :
Sondernummer ; 10)
    ISBN 3-89173-000-4
```

Das Deutsche Orient-Institut bildet mit anderen, überwiegend
regional ausgerichteten Forschungsinstituten den Verbund der
Stiftung Deutsches Übersee-Institut.

Dem Deutschen Orient-Institut ist die Aufgabe gestellt, die
gegenwartsbezogene Orientforschung zu fördern. Es ist dabei
bemüht, in seinen Publikationen verschiedene Meinungen zu
Wort kommen zu lassen, die jedoch grundsätzlich die Auffassung des jeweiligen Autors und nicht die des Instituts dar-
stellen.

[8503-350-2800]   ISSN 0342-0134X

INHALTSÜBERSICHT

VORWORT

Immer wieder wird der Raum "Vorderer Orient" in den Blickpunkt des Inter=
esses und der Berichterstattung gerückt - sei es durch den Palästina-Kon=
flikt, Ölkrisen, den Bürgerkrieg im Libanon, den Golfkrieg oder die Revo=
lution im Iran.

Wie dabei Religion und Politik ineinander verstrickt sind, ist indes nur
wenigen verständlich; denn der Islam kennt keine Trennung von Staat und
Religion.

Für die nichtmuslimischen Anhänger einer Buchreligion, d.h. die Christen,
Juden und Anhänger Zarathustras, wurde durch gesondert abgeschlossene Ver=
träge die Möglichkeit geschaffen, in ihrer Heimat auch innerhalb des isla=
mischen Staates zu existieren und sogar zeitweise Bedeutung in Wirtschaft
und Kultur zu erlangen. Zeiten der Blüte und der Restriktionen gegen sie
wechselten sich ab. Oft wurden sie nur als "Gäste" im eigenen Land gedul=
det, zeitweise aber auch als unentbehrliche Fachleute hoch geschätzt, zu
anderen Zeiten wiederum verfolgt.

Bis heute leben noch Millionen von Christen in diesem Raum, dessen Bevöl=
kerung mehrheitlich islamisch ist. Zumeist haben sie ihren Platz in dieser
Gesellschaft, aber stellenweise stehen sie doch auch unter Druck. Ihre Zu=
kunft ist ungewiß, da diese von der Entwicklung innerhalb des Islam ab=
hängt.

In der europäischen Vorstellung vom Vorderen Orient wird dieser stets mit
"Islam" und "Arabertum" identifiziert, Christentum dagegen mit "Abend=
land". Das Christentum im Orient läßt das - auch bei Protestanten gültige
- Rom zentristische Weltbild allenfalls in Verbindung mit der Tätigkeit
der abendländischen Missionen dort gelten. Erst als sich mit der Krise
des Libanon das Bewußtsein für die dort nicht voneinander zu trennenden
kulturellen, wirtschaftlichen, politischen u n d religiösen Zusammenhän=
ge schärfte, trat hier ein Wandel ein.

Das Christentum hat immerhin seinen Ursprung im Vorderen Orient, und es
hat dort mehr als tausend Jahre in einer andersgläubig gewordenen Welt
überdauert. Häufig waren die orientalischen Christen dort Leidtragende
machtpolitischer Auseinandersetzungen. Trotzdem gaben sie der Welt Bedeu=

tendes: das Mönch- und Asketentum, die frühromanische Baukunst, und sie wa=
ren es, die Bewahrung und Vermittlung der antiken Kultur an die Araber und
an das Abendland ermöglichten. Sie verbreiteten den christlichen Gedanken
bis nach China, und von ihnen erhielt der Islam wichtige theologische Im=
pulse.

Eine ihrer wichtigsten Aufgaben sahen die orientalischen Christen in der
Vermittlung zwischen Morgen- und Abendland. Diese Aufgabe ist jedoch seit
dem 19. Jahrhundert im Zusammenhang mit der einsetzenden direkten Einfluß=
nahme der christlichen europäischen Staaten und der Ausstrahlung weltpoli=
tischer Konflikte in den Vorderen Orient hinein vielfach in Frage gestellt
worden.

Die vorliegende Arbeit (Darstellung und Dokumentation) will versuchen, ei=
nen Beitrag zur Schließung der Informationslücke zu leisten, die über das
Christentum im Vorderen Orient, seine Ursprünge, seine Verbreitung und über
seine Situation heute, immer noch besteht. Besondere Bedeutung hat dies vor
dem Hintergrund, daß orientalische Christen vom Palästina- und Libanonkon=
flikt betroffen sind, daß aus der Türkei auch christliche Asylbewerber in
die Bundesrepublik kommen, aber auch daß von Zeit zu Zeit Berichte über
Attentate armenischer Untergrundkämpfer durch die Weltpresse gehen.

Diese Arbeit kann nur eine abrißartige Darstellung der verschiedenen orien=
talischen Kirchen und ihrer Mitgliedschaft geben. Dabei werden die alten
kirchlichen Organisationsformen, die zum Teil identisch mit Volksgruppen
sind, der Gliederung zugrunde gelegt. Es handelt sich um folgende Gruppen:

1. Die Kopten,
2. Die Armenier,
3. Die syrischen Christen,
4. Die Griechisch-Orthodoxen (mit arabischer Sprache)/die griechischen
   Katholiken.

Jede Gruppe umfaßt die Mitglieder der ursprünglichen Kirchen; hinzu kommen,
als Ergebnis abendländischer Mission, jeweils ein mit Rom unierter Zweig
und die von verschiedenen protestantischen Kirchen gewonnenen Anhänger der
alten Kirchen. Die griechisch-orthodoxe Kirche dagegen besteht seit ihren
Anfängen aus verschiedenen Patriarchaten. Geschichtliche Ereignisse haben
zur Entstehung mehrerer armenischer Katholikate und Patriarchate geführt.

Der Verbreitung der alten Kirchen im Orient folgend wurde diese Arbeit
geographisch begrenzt. Sie bezieht die Länder Ägypten, Palästina/Israel,
Jordanien, Libanon, Syrien, Irak, die Golfstaaten, Iran und die Türkei ein.
Der Sudan, mit einer koptischen Bevölkerungsgruppe im Norden, wird nur am
Rande erwähnt. Da sie - aus kirchlicher Perspektive - anderen Kulturkrei=
sen zuzurechnen sind, wurden die Länder des Maghreb sowie Äthiopien, Pa=
kistan und Indien nicht einbezogen, auch nicht die orthodoxe Kirche in
Griechenland.

Diese Dokumentation erhebt keinen wissenschaftlichen Anspruch auf Voll=
ständigkeit. Dies wäre in dem gesteckten Rahmen angesichts des Umfangs ei=
nes Forschungsbereichs "Christlicher Orient" nicht leistbar. Vielmehr soll
dem "Nicht-Fachmann" eine allgemein faßliche Einführung in eine kompli=
zierte Problematik zur Verfügung gestellt werden.

Dabei ist zu berücksichtigen, daß geschichtliche Entwicklungen verschie=
den bewertet werden können, je nachdem, aus welchem Blickwinkel der Autor
schreibt. Für den einen mögen innerkirchliche Auseinandersetzungen beson=
ders interessant sein, für den anderen mehr die kulturelle und geistige
Bedeutung einer Kirche in ihrem Selbstverständnis. Wir haben uns für die
zweite Möglichkeit entschieden. Deshalb werden politische Aktivitäten aus
der Anhängerschaft einer Kirche nur kurz erwähnt werden, da sie nur wenig
mit ihrer Struktur zu tun haben.

Eine besondere Schwierigkeit tritt bei den Zahlenangaben auf. Es gibt
kaum zuverlässige Daten; oft weichen die Zahlen um Hunderttausende von=
einander ab. Aus politischen und anderen Gründen werden im Vorderen Orient
offiziell die unterschiedlichsten Zahlenangaben gemacht. Die Angaben der
betroffenen orientalischen Christen sind meist zu hoch, die der Regierun=
gen und der Vertreter abendländischer Missionskirchen meistens zu niedrig
angesetzt. Deshalb bringen wir in diese Dokumentation Zahlenmaterial ein,
das sich auf eigene Nachforschungen stützt.

Eine weitere Schwierigkeit ergibt sich aus der Schreibweise von Eigenna=
men. Wir haben versucht, sie in dieser Dokumentation zu vereinfachen. Da=
bei soll nicht verkannt werden, daß auch andere Schreibweisen von Orts-,
Personen- und anderen Eigennamen möglich sind.

Wegen ihres aktuellen Bezugs bildet die gegenwärtige Situation der Chri=

sten im Vorderen Orient den Schwerpunkt dieser Arbeit. Eine Darstellung der jeweiligen geschichtlichen Entwicklung wurde zum besseren Verständnis der Gegenwart vorangestellt.

Schließlich sei noch ausdrücklich darauf hingewiesen, daß die Bezeichnun= gen "Minderheit" oder "Minorität" in dieser Arbeit prinzipiell nicht ver= wendet werden, da sie mit politischen und sozialen Vorurteilen belastet sind. Nicht selten hatten die Christen im Orient hierunter zu leiden.

Sie sind aber Schicksals- und Glaubensgemeinschaften in einer Umwelt, zu der sie trotz der abweichenden Religion gehören. Christentum und Islam sind im Vorderen Orient seit Mohammed schicksalhaft miteinander verknüpft. Dadurch, daß viele Christen in den vergangenen hundert Jahren von hier weggingen, hinterließen sie bis heute nicht auszufüllende Lücken.

Anstatt des Begriffs "Minderheit" verwenden wir die Bezeichnungen "kirch= liche Gemeinschaft" oder "religiöse Gruppierung".

Die Schilderung der aktuellen Lage wird durch Zeitungsmeldungen ergänzt, die überwiegend aus der englisch- oder französischsprachigen Presse des Vorderen Orients stammen. - Eine kurze Auswahl wichtiger Literatur soll dem Leser helfen, weitere Fragen zu dem Themenkreis "Christen im Vorderen Orient" selbst nachgehen zu können.

EINLEITUNG

Bereits in den ersten Jahrhunderten nach Christus bildeten sich deutlich
mehrere Zentren des Christentums, die sich um die Patriarchate Alexandria,
Antiochia, Rom und das später entstandene von Konstantinopel konzentrier=
ten. Die drei erstgenannten lassen sich auf apostolische Gründungen zu=
rückführen, sie unterschieden sich jedoch in Sprache, Liturgie und Ritus
voneinander.

Die Ursprünge der heute im Vorderen Orient existierenden Christengemein=
den lassen sich vor allem auf die Patriarchate von Alexandria und Antio=
chia zurückführen. Das Patriarchat von Konstantinopel hat nur noch eine
geringe Zahl von Anhängern, ebenso wie das später eingerichtete Patriar=
chat von Jerusalem. Die Armenier und die ostsyrischen Christen führten von
Anfang an ein Eigenleben.

Im Konzil von Nicaea (325) waren sich die Anhänger der verschiedenen Pa=
triarchate in der Lehre noch einig gewesen. Im Konzil von Ephesus (431)
wurden dann die Lehren des Patriarchen Nestorius von Konstantinopel als
Häresie verurteilt und Nestorius in die ägyptische Wüste verbannt. In die=
sem Kirchenstreit ging es darum, ob die Person Jesu Christi mehr göttli=
cher oder mehr menschlicher Natur sei, und dementsprechend, ob Maria als
"Mutter Gottes" oder als Mutter Jesu zu verehren sei.

Eine ähnliche christliche Glaubensrichtung hatte sich schon auf dem Ge=
biet des Persischen Reiches ausgebreitet und viele der nun verfolgten
"Nestorianer" flohen deshalb seit 431 aus dem byzantinischen Machtbereich
in das Reich des persischen "Erbfeindes", wo sie nun freundlich aufgenom=
men wurden. Die vorher in Persien als "Agenten der Byzantiner" verfolgten
Christen erhielten nun dort Schutz und Förderung durch die Könige.

Um 480 nahm die Kirche in Persien offiziell das nestorianische Glaubens=
bekenntnis an. Nach dem Konzil von Ephesus wurde in Seleucia-Ktesiphon
(25 km südlich vom heutigen Bagdad) ein eigenes Katholikat eingerichtet,
das sich völlig unabhängig von der Gesamtkirche entwickelte. In der Folge=
zeit entstanden in Mesopotamien, auf der Arabischen Halbinsel, in Persien,
im heutigen Afghanistan, in Indien, im Turangebiet und in China bedeutende
Bistümer und kirchliche Organisationen.

Im Konzil von Chalkedon (451) wurde die Lehre Kyrillos' von Alexandria, eines ehemaligen Gegners von Nestorius, als Häresie verurteilt, die be= sagte, daß die Göttlichkeit in Christus überwiege. Diese Lehre wurde von ihren Gegnern als "Monophysitismus" (d.h. ausschließliche Anerkennung der göttlichen Natur in Christus) bezeichnet.

Jedoch wiesen die Anhänger von Kyrillos schon damals diese Bezeichnung zu= rück. Auch heute lehnen Kopten, Syrisch-Orthodoxe und Armenier, die man alle im Abendland lange "Monophysiten" nannte, diese Bezeichnung katego= risch ab. Ebenso wie die "Nestorianer" verweisen sie auf vermutliche Feh= ler in den Übersetzungen kirchlicher Streitschriften sowie auf möglicher= weise kulturell bedingte Mißverständnisse.

Ein Teil der griechisch-sprachigen Bevölkerung in den Städten des Vorderen Orients verblieb in der byzantinischen Kirche, während sich die koptisch- (und später arabisch) sprechenden Christen der Koptischen, die armen= nisch-sprechenden der Armenischen Kirche anschlossen. Die syrisch-aramä= isch-sprechende Bevölkerung gehörte nun der westsyrischen/syrisch-orthodo= xen Kirche an. Die "Nestorianer" sprachen Ostsyrisch.

Die verschiedenen Streitigkeiten zwischen der lateinischen und der byzan= tinischen Kirche hatten dagegen keinen Einfluß auf die Christen in Vorde= ren Orient.

Zum Patriarchat von Antiochia gehören bis heute die Griechisch-Orthodoxen mit ursprünglich griechischer Kirchensprache und außerdem die syrischen Kirchen. Diese verwenden hauptsächlich Syrisch-Aramäisch als Liturgie- und Schriftsprache. Bis um 1400 war bei den Ost- und Westsyrern gemeinsam "Estrangela" in Gebrauch; später bildeten sich Ost- und Westsyrisch als verschiedene Kirchensprachen aus.

Im Gefolge der Islamisierung des Vorderen Orients nahmen syrische Christen vor allem in Syrien und Mesopotamien Arabisch als Kirchen- und Umgangs= sprache an. Schriftsprache blieb jedoch zumeist Altsyrisch. In abgelegenen Gebieten erhielten sich syrische Dialekte. Ein neu-ostsyrischer Dialekt vom Urmia-See wurde um die Mitte des 19. Jahrhunderts durch Missionare der amerikanischen presbyterianischen Mission in Bibelübersetzungen und ande= ren religiösen Schriften zu einer Schriftsprache entwickelt.

Heute wird Syrisch (vgl. S. 38) in Sprache und Schrift an einer staatli=
chen Akademie im Irak gepflegt, die auch Rundfunk- und Fernsehprogramme
in Syrisch ausstrahlt.

Das Christentum konnte sich unter einer seit 1300 Jahren währenden islami=
schen Herrschaft im Orient erhalten, weil es der Islam, neben dem Juden=
tum, als eine der "Buchreligionen" ausdrücklich anerkennt. Die christli=
chen Gemeinden schlossen mit der islamischen Staatsgewalt Schutzverträge
ab und zahlten dafür Sondersteuern. Der Patriarch vertrat seine Gemeinde
"autonom" auch in weltlichen Angelegenheiten den Staatswesen gegenüber.
Außer der religiösen Freiheit genossen die Christen auch kulturelle Son=
derrechte, wie das Recht auf eigene Schulen.

Dieses sogenannte "Millet-System" bestand im Osmanischen Reich bis zu des=
sen Untergang im Ersten Weltkrieg - wenn auch mit Einschränkungen seit
dem 19. Jahrhundert.

Im Millet erhielt sich ein Zusammengehörigkeitsgefühl der Gläubigen, das
alten Nationen wie den Kopten und Armeniern ihre Identität zu bewahren er=
möglichte. Schwierigkeiten erwuchsen den Gemeinschaften erst durch europä=
ische Missionstätigkeit. Denn die aus ihren Religionsgemeinschaften Ausge=
schiedenen verloren ihren geschützten Status, wenn sie zu einer neuen,
vom Sultan nicht anerkannten Kirche überwechselten. Dies geschah haupt=
sächlich auf der protestantischen Seite; die römisch-katholische Kirche
bemühte sich stets um die Anerkennung neuer Millets.

Die katholische Kirche war seit der Zeit der Kreuzzüge bestrebt gewesen,
die Christen im Orient für sich zu gewinnen. Abgesehen von den Maroniten
gelang es ihr aber erst seit etwa 1700, einheimische Christen zu einer
Union zu bewegen. Die Union mit Rom bedeutete für eine orientalische
Kirche, daß sie den Papst als ihr Oberhaupt anerkannte und die eigenen
den römischen Dogmen anglich. Der Patriarch blieb Oberhaupt seiner Kirche
und ernannte weiterhin die Bischöfe. Kirchensprache, Ritus und Liturgie
wurden beibehalten. Dessenungeachtet versuchten eifrige katholische Glau=
bensbrüder oftmals, die einheimischen unierten Kirchen zu einer Übernahme
lateinischer Formen zu bewegen. In der Zeit der Schwäche der orientali=
schen Kirchen hatten die Latinisierungsbemühungen zum Teil auch Erfolg.
So wurde die Priesterehe nahezu völlig aufgegeben.

Hervorgerufen durch das neu erwachte Selbstbewußtsein der orientalischen Christen in den letzten zwanzig Jahren, und vor allem seit dem 2. Vatika= nischen Konzil, das den Eigenwert einer jeden Kirche und ihrer Traditionen betonte, findet auch in den unierten Kirchen eine Rückbesinnung auf die eigenen Traditionen statt.

1. DIE KOPTEN

1.1. Die Koptisch-Orthodoxe Kirche

1.1.1. Die Kirchenorganisation

Die Koptisch-Orthodoxe Kirche umfaßt heute nach eigenen Angaben 9-12 Milli=
onen Gläubige, davon allein 8 Millionen in Ägypten. Den offiziellen Statis=
tiken zufolge leben dagegen in Ägypten kaum 3 Millionen Kopten. Größere
Gruppen von Auslandskopten haben sich im Sudan (ca. 30 000) und in Nord-
Amerika (ca. 85 000) gebildet. Weitere Anhänger der koptischen Kirche le=
ben in Jerusalem, im Libanon, in Kenia, in Uganda, in Nigeria, in Zaire,
in den Golfstaaten sowie in West- und Mitteleuropa (ca. 15 000) und in
Australien (ca. 50 000).

In Ägypten sind die Kopten in folgenden Bistümern organisiert:
Abu Tig - Akhmin - Aksum und Isna - Alexandria - Asyut - Assuan - Balyana
- Beni Suef - Beheira und Minufiya - Daqaliya - Dairut - Dumyat - al-Fai=
yum - Girga - Giza - Gharbiya - Helwan - Ismailiya - Kairo - Luxor - Man=
falut - Mallawi - al-Minya - Nag 'Hammadi - Port Said - Qalyubiya - Qena -
Samalut - Sharqiya - Sohaq - Suez - Tahta und Giheina.

Im Ausland bestehen folgende Diözesen:
1. Jerusalem
2. Khartoum und Uganda
3. Nairobi
4. Omdurman und Atbara
5. Frankreich (2 Bistümer).

Die übrigen Kopten im Ausland unterstehen dem Papst (Bezeichnung des Pa=
triarchen) direkt. Der gegenwärtige Papst Shenuda III. residiert in Kairo.

Zusätzlich zu den Diözesen wurden 1963 allgemeine Bistümer eingerichtet:
ein Bistum für "Ökumenische und soziale Dienste", ein anderes für "Theolo=
gie und Erziehung". Dazu kam 1967 ein weiteres Bistum für "höhere Studien
und koptische Kultur". Alle diese Bistümer haben ihren Sitz in Kairo.

Die Kirche ist gut organisiert. An der Basis arbeiten mehr als 1200 ver=
heiratete Gemeindepriester.

Die koptische Kirche in Ägypten besitzt 1000 Gotteshäuser, außerdem Aus=
bildungsstätten für Priester in Kairo, in Deir al-Muharraq und in weite=
ren vier Städten und darüberhinaus soziale Einrichtungen wie Blindenheime,
Waisenhäuser, Kliniken, Altersheime und Mütterberatungsstellen. Einen be=
sonderen Einfluß auf das Kirchenvolk gewinnt die koptische Kirche in Hun=
derten von Sonntagsschulen. Ein Rat von sechs Geistlichen und sieben Lai=
en ist für Fragen der religiösen Erziehung zuständig.

Aus der frühchristlichen Tradition stammen die in den vergangenen zwanzig
Jahren wieder neu belebten Klöster

Deir al-Muharraq	(85 Mönche)	Oberägypten
Deir Abu Makar	(96 Mönche	Wadi Natrun
Deir al-Anba Antonius	(74 Mönche)	Gebirge am Roten Meer
Deir al-Baramous	(46 Mönche)	Wadi Natrun
Deir al-Anba Bula	(46 Mönche)	Gebirge am Roten Meer
Deir as-Surjan	(35 Mönche)	Wadi Natrun
Deir al-Anba Bischoi	(10 Mönche)	Wadi Natrun
Kloster des Heiligen Samuel	(10 Mönche)	
Deir Mari Mina	(8 Mönche)	Unterägypten.

Außerdem bestehen sieben Frauenklöster in Ägypten und eine Frauenkongrega=
tion in Beni Suef. In Kriffelbach im Taunus wurde das St. Antonius-Kloster
gegründet. Im "Heiligen Land" unterhalten die Kopten einige Klöster, Kir=
chen, "Heilige Stätten", Schulen und das St. Antonius-Kolleg.

1.1.2.   Zur Geschichte

1.1.2.1.   Von den Anfängen bis zur arabischen Eroberung Ägyptens
             im Jahre 639

Die Kopten sehen sich selbst als die eigentlichen Nachfahren der alten
Ägypter. Ihr Name leitet sich aus der griechischen und arabischen Bezeich=
nung für "Ägypter" ab. Das Wort "Kopte" bedeutet heute "christlicher Ägyp=
ter".

Der christlichen Überlieferung nach wurde die einheimische Kirche im Jahre
61 von dem Apostel Markus in Alexandria gegründet. Aus alten Handschriften
geht hervor, daß das Evangelium schon vor der Zerstörung Jerusalems im
Jahre 70 in Ägypten bekannt war. Zu Beginn des 2. Jahrhunderts war die

Theologenschule von Alexandria in der Christenheit zu großer Bedeutung ge=
langt. Bekannte Theologen wie Klemens, Kyrillos, Athanasius und Origines
leisteten bedeutende Beiträge für die Festigung der christlichen Lehre.
St. Didymus, selbst blind, erfand damals eine erste Blindenschrift.

Um die Mitte des 2. Jahrhunderts wurde das koptische Alphabet von Panta=
naeus, dem Begründer der Schule von Alexandria, geschaffen. Er benutzte
das griechische Alphabet und versah es mit sieben zusätzlichen Zeichen.
Die koptische Sprache selbst ist aus einem altägyptischen Idiom hervorge=
gangen.

Ägypten ist, neben Syrien, die Wiege des Mönchtums. Die Heiligen Paulos
und Antonios begründeten im 3. Jahrhundert am Roten Meer die ersten Ein=
siedeleien. Wenig später entwickelte der Mönch Pachomios in der Wüsten=
landschaft Unterägyptens das Gemeinschaftsmönchtum mit den ersten Klöstern.
Bereits am Ende des 3. Jahrhunderts lebten hier Tausende von Mönchen, und
von überall her strömten Menschen nach Ägypten, um hier das Mönchsleben
kennenzulernen und dann in ihre Heimatländer zu bringen. Eine besondere
Rolle spielte dabei Johannes Cassianus (360-430), der sich zehn Jahre bei
den Mönchen aufhielt und darüber zwei Bücher schrieb. Er ging später in
das Gebiet des heutigen Südfrankreich und vermittelte die Geistigkeit der
Wüstenväter an die Kirche des Westens weiter.

Während sich die Spiritualität der ägyptischen Mönche rasch über Süd- und
Nordeuropa ausbreitete und überall Klöster im Geist der Wüstenväter ge=
gründet wurden, kam es zwischen den Bischöfen von Rom und Alexandria stän=
dig zu Rivalitäten. Beide beanspruchten die Suprematie über die Gesamtkir=
che, und bis heute führt der koptische Patriarch den Titel "Papst".

Diese Machtkämpfe spiegelten sich auch in theologischen Auseinandersetzun=
gen wider. Schließlich konzentrierte sich der Konflikt zwischen Dioskur
von Alexandria und Leo von Rom auf die Diskussion um die Natur Christi.
Im Konzil von Ephesus 431 ist zwar später Kyrillos von Alexandria mit
seiner Christologie Sieger geblieben, die besagt, daß in dem einen Menschen
Jesus Christus zwei Naturen vereinigt seien. Aber zwanzig Jahre später
wurde 451 in Chalkedon auch seine Lehre verurteilt.

Seit dieser Zeit nahmen die Konflikte zwischen den Kopten und der byzanti=
nischen Staatskirche zu. Die Kopten hatten zeitweise unter Verfolgungen zu

leiden. In jener Zeit verkörperte die koptische Kirche auch den Widerstand des ägyptischen Volkes gegen die hellenistische Überfremdung. Besonders die Mönche erwiesen sich als "nationalistisch" und "ägyptisch-konserva= tiv".

So ist es kaum verwunderlich, daß die Kopten den siegreichen Arabern nach der Schlacht von Heliopolis (639) kaum Widerstand leisteten, sondern im Gegensatz zu den zahlreichen Griechen im Land die islamisch-arabische Herrschaft einer Emigration vorzogen. Unter den neuen Herren war die kopti= sche Kirche dann jahrhundertelang die einzige Vertreterin der Christen im Land, während sie als "häretisch" von der übrigen Christenheit isoliert blieb. Nur zu den theologisch verwandten Westsyrern und Armeniern bestan= den gute Beziehungen. Die ihr vom Abendland aufgezwungene Bezeichnung "monophysitisch" lehnt die koptische Kirche bis heute als verleumderisch ab. Sie sieht in dem Dogmenstreit nur einen Vorwand für politische Zwecke.

1.1.2.2. Von der arabischen Eroberung bis zum Beginn der Mamluken-Herrschaft um 1260

Unter der arabischen Herrschaft erlebten die Kopten zunächst eine Blüte= zeit. Ihr von den Byzantinern vertriebener Patriarch durfte auf seinen apostolischen Stuhl zurückkehren; sie erhielten auch ihre von den Byzanti= nern beschlagnahmten und benutzten Kirchen zurück. Den Kopten wurden viele Verwaltungsposten überlassen, die früher Griechen innehatten. Die von den Byzantinern unterdrückte koptische Sprache, Musik und Kunst blühten wieder auf.

Die Hoffnungen der Kopten, alle Einwohner Ägyptens für ihre Kirche zu ge= winnen, erwiesen sich jedoch bald als trügerisch. Der Islam breitete sich immer weiter aus: die christliche Bevölkerung war durch hohe Sondersteu= ern stark belastet und konvertierte (unter diesem und auch anderen Druck= mitteln) in immer größerer Zahl zum Islam. Vergeblich versuchten sich die Kopten in mehreren blutig niedergeschlagenen Aufständen im 8. und 9. Jahr= hundert von den ihnen auferlegten Lasten zu befreien.

Doch gab es auch Zeiten positiver Entwicklungen. Die Religionen gewöhnten sich an ein Nebeneinander. In der Zeit der Fatimiden und Ajjubiden unter Saladin (1174-1193) konnten sich die Kopten von den vorhergegangenen Ver=

folgungen erholen und sogar wichtige Positionen in Wirtschaft und Verwal=
tung einnehmen.

Im 13. Jahrhundert entstand eine neue theologische Literatur in arabischer
Sprache, die nun zur Umgangs- und Schriftsprache der Kopten geworden war.

1.1.2.3. Der Niedergang unter den Mamluken und Osmanen bis zum Auftreten der europäischen Großmächte zu Beginn des 19. Jahrhunderts

Die Mamluken, ihrer Herkunft nach landfremde Söldner, zumeist Türken und
Kaukasier, traten ab 1250 für Jahrhunderte an die Stelle arabischer Dyna=
stien. Sie nahmen keine Rücksicht auf die christlichen Kopten und bereite=
ten ihnen eine lange Leidenszeit. Christliche Beamte wurden aus der Verwal=
tung entfernt, zahlreiche Menschenleben, Gebäude und Einrichtungen fielen
Übergriffen zum Opfer, zahlreiche Klöster wurden zerstört. Das kirchliche
Leben wurde vielen Einschränkungen unterworfen. In jener Zeit sank der An=
teil der koptischen Bevölkerung in Ägypten auf etwa 10 %.

Nach der Eroberung Ägyptens im Jahre 1517 durch die Osmanen nahmen zwar die
Verfolgungen ein Ende. Aber die Erstarrung der koptischen Kirche wurde
auch unter den neuen Herren nicht wieder aufgebrochen. Auch lastete seit
dem 18. Jahrhundert eine weiter erhöhte Kopfsteuer auf den Christen in
Ägypten. Dafür durften sie ihre alten Kirchen restaurieren und sogar neue
bauen. Es gelang den koptischen Patriarchen schließlich, sich mit dem os=
manischen Staat zu arrangieren und so ihr Kirchenvolk unbehelligt zu re=
gieren.

1.1.2.4. Die erneute Entfaltung und die Probleme seit dem Auftreten der Europäer bis um 1980

Seit der ägyptischen Expedition Napoleons 1798-1800 versuchten die europäi=
schen Großmächte England und Frankreich, sich ihren Einfluß im Lande des
Nils zu sichern. Obwohl sie sich von ihrem Glauben her mit den Fremden
hätten verbünden können, blieben die Kopten ihrer schon in der früheren
Geschichte praktizierten Haltung treu, als "nationalbewußte" Ägypter nicht
mit dem Landesfeind zu paktieren. Zu dieser Haltung hatte ihre lange Iso=
lierung von der Gesamtchristenheit beigetragen.

Erst um 1815 wurden die Sondersteuern und die Kleiderordnung nach mehr als 1000 Jahren unter Muhammad Ali (1805-1848) aufgehoben. Danach entwickelte sich das Verhältnis zum Staat sehr positiv. Zahlreiche Kopten nahmen hohe Staatsämter ein, so Ibrahim al-Gohari das des Großwesirs. Ein besonderes Vertrauensverhältnis bestand zwischen dem Patriarchen Petrus VII.(1802-1844) und Muhammad Ali. Auch unter den Herrschern Said und Ismail besetzten Kopten wichtige Stellungen im Staat. Zum Beispiel wurde der Posten eines Staatsanwalts unter Ismail in jeder Provinz mit einem Kopten besetzt, wur= de sogar ein Kopte Kriegsminister.

Dagegen verschlechterte sich die Lage der Kopten während der britischen Be= satzung von 1882-1922. Sie wurden von hohen staatlichen Stellungen ausge= schlossen. Dem Einfluß der Engländer ist es zuzuschreiben, daß das vorher freundliche Verhältnis zwischen Kopten und Muslimen nachhaltig getrübt wurde.

Dies änderte sich nach dem Ersten Weltkrieg, als am Unabhängigkeitskampf ge= gen die Engländer auch die Kopten aktiv teilnahmen und Opfer dafür brach= ten.

Unter der Monarchie gelangten wieder viele Kopten zu Einfluß in Staat und Wirtschaft. Zwar verloren sie später in der Zeit Präsident Nassers (1954-1970) zum großen Teil ihre wirtschaftliche Bedeutung durch die Sozialisie= rungspolitik der Regierung, ihre religiösen Freiheiten blieben aber unange= tastet. 1953 wurde christliche Religion für christliche Schüler an öffent= lichen Schulen zum Pflichtfach. Am 24. Juli 1965 legte Präsident Nasser selbst den Grundstein für die neue Kathedrale und die Patriarchatsgebäude im Kirchenbezirk von Anba Rueis in Kairo.

Die günstige Entwicklung hielt auch während der Regierungszeit von Präsi= dent Sadat an. Ende der siebziger Jahre verschärften sich jedoch die Kon= flikte zwischen Kopten und radikalen Muslimen. Dadurch entstanden Konflik= te zwischen der Regierung Sadat und der koptischen Kirchenführung.

Während der Islam in Ägypten erst in den vergangenen Jahrzehnten eine Re= aktivierung seiner Anhänger erlebte, waren die Kopten schon im Verlauf des 19. Jahrhunderts aus ihrer Erstarrtheit erwacht. Dies verdankten sie den Missionsschulen, die am Ende des 18. Jahrhunderts im Zusammenhang mit der Expedition Napoleons nach Ägypten kamen. Viele Kopten ergriffen die ihnen gebotenen Bildungschancen und wurden dadurch den muslimischen Landsleuten auch wirtschaftlich überlegen. Die koptische Kirche entwickelte eigene Ini= tiativen in Kultur und Bildung, um ihre Positionen gegen die verschiedenen christlichen Missionen zu behaupten.

Patriarch Kyrillos IV.(1954-1961), als Reformator bekannt, baute ein neues Schulwesen auf, in dem auch Mädchen ihren Platz fanden. Er kaufte eine Druckerpresse und gab Schriften in einem neuen christlichen Geist heraus. Diese Bewegung brachte viele fähige Fachkräfte unter den Kopten hervor. Viele von ihnen stiegen in führende Staatsstellungen auf. In der einfluß= reichen Wafd-Partei gaben oftmals Kopten den Ton an.

Die koptische Kultur erlebte durch den Aufbau von zwei Bibliotheken in Kairo und Alexandrien, die Einrichtung des Koptischen Museums in Kairo, den Wiederaufbau von Klöstern und die Herausgabe einer Reihe von Veröffent= lichungen eine neue Blüte.

Die Sonntagsschulen und der Aufbau einer qualifizierten Priesterausbildung waren die Voraussetzungen des Wiedererwachens der koptischen Anhänger= schaft. Die meisten heutigen Bischöfe und auch der Patriarch sind einmal Sonntagsschullehrer gewesen.

Mit dieser Neubelebung der koptischen Kirche, die von einem großen Teil des Kirchenvolks getragen wird, geht eine Missionsbewegung nach Afrika ein= her und ein entschlossener werdender Widerstand gegen Eingriffe und Anfein= dungen durch Muslime. Die Konfrontation mit den wieder aktivierten islami= schen Kräften wäre ohne die Renaissance der koptischen Kirche undenkbar.

1.1.3. Die Situation heute

Infolge der "Reislamisierung" der ägyptischen Gesellschaft häuften sich die Zusammenstöße zwischen den Religionsgruppen. Es kam zu vereinzelten Morden an Christen, Kirchen wurden angezündet. Obwohl die Regierung gegen die Zwischenfälle einschritt, verschärften sich die Spannungen weiter.

Den heftigsten Widerstand leisteten die Christen den Bestrebungen, an Stelle der säkularen Gesetzgebung die Scharia, den islamischen Rechtsko= dex, zur Grundlage der Rechtsprechung zu machen. Unter anderem bedeutete das auch die Zulassung der Polygamie für Christen oder die Todesstrafe für den Abfall vom Islam.

Als Protest gegen die drohende Verfassungsänderung trat Papst Shenuda III. im Jahre 1977 in den Hungerstreik. 1980 weigerte er sich, die Osterliturgie wie bisher öffentlich zu zelebrieren und zog sich in ein Kloster zurück. 1978/79 kam es zu schweren Auseinandersetzungen zwischen Kopten und Muslim= brüdern, besonders an den Universitäten von al-Minya und Asyut.

Diese Auseinandersetzungen erreichten ihren Höhepunkt in der Zeit vor einem Referendum über die neue Verfassung am 22. Mai 1980. Nach offiziellen An= gaben stimmten 98,96 % der ägyptischen Bevölkerung für die Wiedereinführung der Scharia als Grundlage des staatlichen Rechtes.

Die Kopten lehnen jedoch die neue Verfassung unter Hinweis auf ihre Tradi= tionen und ihre Rechte nach wie vor strikt ab. Außerdem bestreiten sie die offiziellen Angaben über ihre Zahl, denen zufolge sie nur etwa 3 Millionen, also weniger als 10 % der ägyptischen Bevölkerung stellen. Dagegen geben die Kopten ihren Bevölkerungsanteil mit 25 % an und fordern eine entspre= chende Besetzung der öffentlichen Ämter.

Zu schweren Auseinandersetzungen kam es 1981 in Kairo zwischen Muslimen und Kopten, bei denen es 10 Tote und zahlreiche Verletzte gab. Schließlich sah sich Präsident Sadat zum Eingreifen veranlaßt. Am 5.9.1981 ließ er die Führer der Muslimbruderschaft, aber auch Papst Shenuda III., acht kopti= sche Bischöfe und etwa hundert besonders aktive Laien verhaften. Das Kir= chenoberhaupt wurde seines Amtes enthoben und in einem Wüstenkloster unter Hausarrest gestellt. Nach der Ermordung Sadats ließ sein Nachfolger Muba= rak die Bischöfe frei, und der Papst Shenuda III. ist am 1.1.1985 amne= stiert worden.

Ein Rat von fünf Bischöfen mit Bischof Athanasius von Beni Suef an der Spitze - er ist ein auch bei den Muslimen geachteter Kirchenführer - lei= tete die koptische Kirche bis zur Wiedereinsetzung von Papst Shenuda III.: Formell wurde die Absetzung des Papstes durch die Regierung von den Kopten nicht anerkannt.

Trotz aller Spannungen zwischen Kopten und Muslimen gibt es doch viele per= sönliche Bindungen und Freundschaften zwischen den Angehörigen der Reli= gionsgemeinschaften, soweit sie nicht den radikalen Richtungen angehören.

Nur von den Kopten im Ausland, besonders in den USA, wurden die Konflikte zum Gegenstand öffentlicher Demonstrationen gemacht. In Ägypten selbst be= steht eher die Tendenz, die Probleme herunterzuspielen und nach weniger spektakulären Lösungen zu suchen.

Das Verhältnis der Kopten zur übrigen Christenheit hat sich in den vergan= genen Jahrzehnten wesentlich gebessert. Die Koptische Kirche ist Gründungs= mitglied des Ökumenischen Weltrates der Kirchen. 1973 besuchte Papst Shenu= da III. den Papst in Rom und beendete damit den Kirchenstreit von Chalkedon.

Zusammen mit den anderen Kirchen im Vorderen Orient wurde 1974 der Nahöst= liche Kirchenrat (Middle East Council of Churches) mit Hauptsitz in Beirut gegründet, und somit stehen die Kopten nun in einem Dialog mit den Vertre= tern der benachbarten Kirchen. Weniger gut ist ihr Verhältnis dagegen zu den anderen Kirchen Ägyptens.

1.2. Die Koptisch-Katholische Kirche

Die koptisch-katholische Kirche entstand 1895 nach mehreren Unionsversu= chen durch die Schaffung eines uniert-koptischen Patriarchats mit drei Bis= tümern. Die anschließende Entwicklung verlief bis 1947 sehr wechselvoll. Seitdem hat sich die Kirche stabilisiert.

Patriarch Stefan I. Sidarus residiert (seit 1958) in Kairo. Die Kirche um= faßt heute die Diözesen Kairo, Alexandria, Unterägypten, Mansura, Asyut, al-Minya, Theben, Sohaq und Luxor. Ein Priesterseminar wurde in Maadi bei Kairo eingerichtet. Der koptisch-katholischen Kirche gehören etwa 150 000 Mitglieder an. Oft kommt es aus persönlichen Gründen zu Übertritten von einer Kirche zur anderen. In letzter Zeit hat die koptisch-orthodoxe Kir= che an Anziehungskraft gewonnen.

In Oberägypten gründete Jesuitenpater Henry Ayrout 1942 eine "Christliche Vereinigung Oberägyptens für Schule und Fortschritt". Ihr Wirkungskreis erstreckt sich heute vor allem auf die Arbeit mit Christen und Muslimen in den Dörfern Oberägyptens. Sie unterhält 40 Grundschulen mit 280 Lehrern und etwa 7500 Schülern, dazu 40 Katechetenschulen mit 2000 Schülern und 3 Sozialzentren in Alt-Kairo, al-Minya und Akhmin, sowie landwirtschaftliche Entwicklungsstationen.

Da die koptisch-orthodoxe Kirche bestrebt ist, sich durch eine Überein=
kunft mit dem Papst in Rom die unierte Kirche wieder einzugliedern, ist
das weitere Schicksal der koptisch-katholischen Kirche ungewiß.

1.3. Die Koptische Evangelische Kirche

Die Koptische Evangelische Kirche Ägyptens ist mit etwa 200 000 Mitglie=
dern die größte protestantische Kirchenorganisation im Vorderen Orient.
Zu ihr gehören 200 Kongregationen und mehr als 200 Evangelisationszentren
in 205 Gemeinden. Die koptischen Protestanten leben von Alexandria bis
Assuan über ganz Ägypten verstreut. Sie unterhalten ein theologisches Bil=
dungszentrum in Kairo. Die Kirche wird nach presbyterianischen Regeln ge=
führt und hat acht Presbyterien, die zusammen die Synode des Nils reprä=
sentieren.

Die Kirche ist Mitglied des Ökumenischen Weltrats der Kirchen, der Afrika=
nischen Kirchenkonferenz und der Weltallianz der Reformierten Kirchen. Sie
ist in mehrere Abteilungen gegliedert, die u.a. zuständig sind für das
geistige Leben, christliche Erziehung, soziale und Entwicklungsdienste,
Jugendarbeit, Sonntagsschulen und medizinische Hilfe. Sie betreibt Schulen
und Kindergärten in Kairo, Asyut, Beni Suef, Banha, al-Faiyum, Luxor, Man=
sura und Tanta.

In jüngster Zeit wurde die Coptic Evangelical Organization for Social Ser=
vices (CEOSS) mit dem Zentrum in al-Minya (Oberägypten) ausgebaut. Mehrere
Entwicklungsprojekte befassen sich mit Anbau, Viehzucht, Dorfschulen, Be=
rufsbildung und anderen Hilfestellungen für die christliche und muslimi=
sche Bevölkerung. Besondere Förderung erleben Frauen und Mädchen.

Nach den katholischen kamen auch Missionare verschiedener protestanti=
scher Kirchen ins Land, so die Deutsche Orient-Mission in Oberägypten und
die Vereinigte Presbyterianische Kirche der USA. 1863 wurde die erste Kop=
tische Evangelikale Organisation in Kairo gegründet. Ziel der Missionen
war die Evangelisation und Wiedererweckung der koptischen Christen. Zeit=
weise stellten sie auch eine Bedrohung für die alte Kirche dar, bis diese
sich aus sich selbst heraus erneuern konnte und dabei auch Anregungen aus
dem Bereich der Missionen aufnahm, z.B. die der Sonntagsschulen, der sozia=
len Dienste oder die Arbeit mit den Frauen und Mädchen.

Durch ihre gute Schulbildung stiegen viele ägyptische Protestanten in höhe=
re Stellungen im Bereich von Wirtschaft, Hochschule und Politik auf, und
sie nahmen auch an der Revolution von 1952 aktiv teil. Aus den Konflikten
mit radikalen Muslimen haben sich die protestantischen Kopten weitgehend
herausgehalten.

1.4. Dokumente und Presseberichte

Kopten klagen über Diskriminierung
Todesstrafe bei Glaubensabfall? / Widersprüche in der Verfassung

wgl. FRANKFURT, 3. Juli. Wie die „Vereinigung der in den Vereinigten Staaten lebenden Kopten" (ACA) meldet, ist es den in Ägypten lebenden Mitgliedern dieser christlichen Glaubensgemeinschaft, die zum Islam könvertiert waren und zu ihrem ursprünglichen Bekenntnis zurückkehren wollen, nicht möglich, diesen Schritt zu vollziehen. Nach einem Urteil des Obersten Gerichtshofes in Ägypten kann gegen die betreffenden Personen die Todesstrafe verhängt werden. Die koptische Vereinigung weist darauf hin, daß sowohl die Gesetzgebung als auch die juristische Praxis dem in der ägyptischen Verfassung niedergelegten Grundsatz der Religionsfreiheit widersprächen und eine „eklatante Verletzung der Menschenrechte" darstellten. Die in der ägyptischen Verfassung anerkannte Religionsfreiheit kollidiere mit dem in ihrem zweiten Artikel genannten Satz, der Islam sei Staatsreligion und das islamische Recht (Scharia) „Quelle der Rechtsprechung".

Nach den Bestimmungen der im Mittelalter entstandenen Scharia steht auf der „Apostasie", dem Glaubensabfall vom Islam, die Todesstrafe. Die koptische Vereinigung teilt außerdem mit, die ägyptischen Behörden wendeten in letzter Zeit neue „Bekehrungstechniken" gegenüber Kopten an. So schreibe man bei der Ausstellung neuer Pässe und Ausweise gegen den Protest der

Kopten einfach „Muslim" in die Papiere. Dies gelte dann als Beweis dafür, daß der Kopte zum Islam konvertiert sei. Die Kopten weisen darauf hin, daß solche Maßnahmen im Zusammenhang mit einer auch in Ägypten immer stärker spürbar werdenden Welle der Re-Islamisierung stünden. Unter dem Druck dieser Re-Islamisierung gewinne in dem in Glaubenssachen bisher relativ toleranten Ägypten ein fundamentalistischer Islam immer mehr an Boden.

In den vergangenen fünf Jahren ist es zwischen den beiden Glaubensgemeinschaften in Ägypten immer wieder zu schweren Auseinandersetzungen gekommen; zuletzt vor zwei Wochen in einem Vorort der ägyptischen Hauptstadt Kairo. Gegenwärtig ist das „religiöse Klima" im Land so aufgeheizt, daß die geringsten Anlässe — wie der Streit um Grundstücke und ähnliches — genügen, um Kopten und Muslims aufeinanderprallen zu lassen.

Muslims und Kopten haben in Ägypten lange friedlich miteinander gelebt. Jetzt fürchten die Kopten, sie könnten von ihren muslimischen Landsleuten irgendwann einmal wieder so behandelt werden wie in manchen Epochen des Mittelalters. Damals mußten sie strenge und diskriminierende Kleidervorschriften befolgen, durften nicht zu Pferd reiten und waren anderen bedrückenden Bestimmungen unterworfen.

FAZ 4.7.1981

Assails religious leaders
Sadat axes 'fanatics'

CAIRO. Sept. 6 (AP) — President Anwar Sadat, in what he described as "a purge" to end sectarian strife disbanded unidentified groups that threaten national unity and withdrew state recognition of Egypt's popular

Christian patriarch.

In a three-hour emotional speech Saturday night to a joint legislative session, the 61-year-old president also said his government had arrested 1.500 persons on charges of contributing to Muslim-Christian strife, most of them "misguided youth" who follow a 25-year-old fundamentalist leader.

He lashed out of the "Islamic groupings" for their "hysterical fanaticism." and said they sought "confrontation with the state for power-takeover."

Sadat said all the measures he announced — disbanding groups, confiscating their funds, and banning politics in religious places — would be put before the nation in a referendum. Four previous ones during Sadat's 11 years in power garnered overwhelming approval.

Asked by Western reporters after the speech if further measures would be announced, Sadat replied: "If need be. If need be. It is a purge, and I am not eliminating the opposition like some of you say. I have spoken quite plain and open."

To the applause of the 532 legislators. Sadat announced the cancellation of the 1971 presidential decree that recognized Pope Shenouda III, 58, as the 117th patriarch of the Coptic Church since it was founded in 42 A.D. by St. Mark.

The Coptic Church Sunday accepted Sadat's nomination of a council of five to replace Pope Shenouda, but Bishop Samuel, a member of the council, said Pope Shenouda would remain the church's "spiritual head."

The Coptic Church has 22 million followers around the world, including 30,000 in the United States and six million in Egypt, where Copts are a minority among the predominately Muslim population of 42 million. The rest of the Copts are in Europe. Australia, the Middle East and Africa. The president said a five-man caretaker council, named by himself, would rule in the Shenouda's absence "to end the spirit of hatred, bitterness, and bring back to the church the spirit of tolerance, pateince and love." By church codes the Pope was elected by his people in 1978.

Sadat, who has publicly feuded with Shenouda, accused the Pope of taking a "narrow" view of sectarian strife and concentrating on building more churches instead of pacifying his followers to defuse Muslim-Christian rivalry. Many of the sectarian disputes that have broken out in Egypt have revolved around the building of churches and mosques.

There was no official reaction from the patriarch, who was said to be "meditating" at the St. Bishoy Monastery. 60 miles north of Cairo. At the patriarchate, in Cairo, officials had no comment, although prior to the speech they reacted with skepticism to rumors Sadat would attempt to remove Shenouda.

Blaming both Muslims and Christians for "charging-up" an atmosphere that encouraged religious rivalry, Sadat declared: "All who have participated, encouraged directly or indirectly helped, or in any way been involved, by they lawyers, journalists, academics, politicians or religious persons. I shall, I shall have no mercy on them — never."

He did not name these groups, but he reserved is most bitter criticism to the "Islamic associations." loosely knit groups which have roots in Egypt's 17 universities and whom he accused of seeking to take power by force. He also said these organizations had through "misinterpretation of the Qur'an. misguided innocent youth into the belief that the state and its institutions were corrupt and agnostic." The measures he announced also included "forbidding the use of houses of worship for political means." This he said had been a main factor in the spread of religious strife over the past several years.

Sadat also recommended the confiscation of funds of institutions, organizations and publications that have "directly or indirectly" aggravated the sectarian strife that has claimed the lives of some 70 persons in the past year. As a final measure. he called for the shifting of certain journalists, television and radio program producers, and university professors from their jobs to ones that would be assigned to them later on grounds they had been "proven" guilty of bad influence on public opinion and university education.

Sadat singled out the prayer leader of an Alexandria mosque Sheikh Ahmad El-Mehalawi as an example of "mixing politics with religion."

Reading from a type-written page. the bespectacled president noted that the Sheikh had spoken out against Egypt's turn to the West for military and economic assistance, denounced the peace treaty with Israel, and "fomented anger and bitterness by alleging state money used to upgrade the Suez Canal should have been used for housing.

"This is not religion, this is obscenity, these are lies, criminal use of religious power to misguide people." Sadat said, emotionally raising his fist. "We shall not tolerate that any more. The time has come for firm and decisive action."

The new measures spelled out by Sadat Saturday night officialized the crackdown. They stipulated:

(1) Annulment of the presidential decree designating Pope Shenuda as Pope of Alexandria. A committee of five bishops was to take over his duties.

2) Prohibition of the use of religion or places of worship for political or partisan purposes.

3) Dissolution of 13 religious groups (11 Muslim, two Christian) said to have endangered national unity and coexistence between the two communities.

4) Seizure of the goods of groups which had threatened national unity.

5) Preventive detention of people suspected of endangering national unity.

6) Withdrawal of printing licenses of seven publications (three Muslims, two Coptic and two opposition newspapers).

7) Transfer of 67 journalists working for state newspapers or radio and television for "deforming public opinion."

8) Transfer of university professors who had exercised "a negative influence on the young."

9) Creation of a committee, chaired by Vice-President Hosni Mubarak, to "fight fanaticism."

10) Imprisonment of anyone who founds, finances or administers an illegal political party, including "parties hiding behind a religious facade."

11) Organization of a referendum on the measures, to be held Thursday.

Some of the measures were already implemented during the wave of arrests of the past week.

He said the pope was still at the Wadi Natrune Convent, in the western desert, where he went to protest against the arrest of two bishops and three priests Wednesday.

(In Tehran, the Iranian Foreign Ministry Sunday criticized the Egyptian government for taking "recourse to massacre" against insurgent Muslims.

(In a reaction to recent disturbances in Egypt, circulated Sunday by the official Pars news agency, the ministry said what was happening in Egypt should be "a warning" to those who thought the Camp David talks could be concluded in secret, who were trying to "collect signatures" for recognition of the state of Israel, who "had designs on the Strait of Hormuz" and who threatened Iran.

(Accusing the Egyptian regime of "trying to make a Muslim uprising look like a confrontation between Muslims and Copts," the Iranian statement expressed "the government's solidarity with the heroic Egyptian nation.")

Arab News 7.9.1981

Egypte

LE PREMIER ANNIVERSAIRE DE LA RELÉGATION DU PAPE COPTE

Une faille dans la politique de réconciliation nationale

« Le président Moubarak a élargi les intégristes islamiques mais il refuse la réconciliation nationale entre chrétiens et musulmans en ne libérant pas le pape Chenouda III. La mise au secret de celui-ci depuis un an n'empêche pas non plus l'Occident chrétien et ses Eglises de dormir », a déclaré dimanche 5 septembre à Montréal Mª Selim Naguib, avocat canadien d'origine égyptienne qui préside l'Association copte du Québec. Le premier anniversaire de la déposition par Sadate, le 5 septembre 1981, du chef de l'Eglise d'Alexandrie, a été célébré comme une « journée de deuil » dans la diaspora copte, de l'Australie aux Etats-Unis en passant par l'Europe occidentale (approximativement cinq cent mille personnes). Les délégués laïcs des communautés ont lancé à cette occasion un « appel humanitaire à toutes les personnes, organismes, associations, gouvernements et moyens d'information, en vue d'adresser au président Moubarak des suppliques en faveur de Chenouda III ». D'autre part la libération de cent quarante militants islamistes a été annoncée au Caire lundi 6 septembre.

De notre envoyé spécial

Ouadi-Natroun. — La voie Le Caire-Alexandrie file à travers le triste désert libyque. A mi-parcours on traverse le maigre chantier de Sadateville. La cité du raïs défunt sera-t-elle jamais achevée ? Nul ne s'en soucie. A cette hauteur de la route les automobilistes regardent plutôt vers l'ouest, là où les monastères coptes du Ouadi-Natroun — la Nitrie d'Hérodote — se fondent au loin dans une lumière tremblée. Ce haut lieu, depuis le quatrième siècle, du monachisme chrétien, ce refuge inviolé du christianisme égyptien, compta jadis jusqu'à cinquante couvents. Il n'en a plus que quatre aujourd'hui, dont celui d'Amba-Bichoy, derrière les hauts murs duquel est relégué depuis un an sous bonne garde le chef de l'Eglise copte-orthodoxe, Chenouda III, patriarche de la Prédication de saint Marc (le Monde du 8 septembre 1981).

Privé de jure par le président Sadate de ses prérogatives d'administration religieuse de ses fidèles, empêché de facto d'exercer ses fonctions apostoliques, le pape d'Alexandrie se trouve, mutatis mutandis, dans la même situation que Pie VII, captif de Napoléon Iᵉʳ à Fontainebleau. La raison du raïs assassiné était double : d'une part, il ne pardonnait pas à Chenouda III de ne pas avoir empêché les manifestations, pénibles pour l'amour-propre présidentiel, organisées par les coptes des Etats-Unis contre le laxisme du Caire, à l'époque, envers les militants islamistes ; d'autre part, lorsqu'il se décida à sévir contre ces derniers, il voulut, aux yeux de l'opinion musulmane, équilibrer les arrestations d'extrémistes islamiques par celles de « fanatiques » chrétiens.

Sadate ayant été assassiné le 6 octobre 1981, et son successeur, le général Moubarak, entreprenant de libérer les membres des confréries musulmanes, chacun crut alors que le prisonnier du Ouadi-Natroun regagnerait bientôt son patriarcat (1). Un an après il n'en est encore rien, et les relations entre le pouvoir et le pontife ne paraissent pas meilleures.

Certes Chenouda III, en janvier, a câblé à ses fidèles nord-américains d'« accueillir chaleureusement » le président Moubarak en visite à Washington. Certes aussi le pape a écrit à son avocat, le député Hanna Naurouz, en février, pour le prier de retirer sa « requête urgente », auprès du Conseil d'Etat, contre sa destitution. Mais lorsqu'on demande à un dirigeant égyptien ce qui empêche désormais la fin du bannissement du pape, on s'attire invariablement cette réponse : « S'il était libre, nous ne pourrions plus assurer sa sécurité. » C'est exactement le même prétexte qu'invoque Varsovie pour maintenir en détention M. Lech Walesa...

En fait, le raïs, dont les proches garantissent l'opposition irréductible à l'accentuation du caractère coranique de la législation égyptienne, ne semble pas vouloir affronter publiquement sur ce point la fraction fondamentaliste de l'opinion musulmane. Or, dans l'esprit de celle-ci, Chenouda III est, depuis les cinq jours de jeûne de protestation contre la coranisation de la loi qu'il ordonna à ses ouailles en 1977, le champion du refus du retour à la loi islamique intégrale. L'idée du gouvernement paraît donc être d'obtenir du patriarche qu'il se dépouille lui-même, en abdiquant, d'une autorité spirituelle devenue d'autant plus symbolique qu'il ne peut plus l'exercer. Un candidat plus docile, le Père Matta El-Meskine (Mathieu le pauvre), soixante-trois ans, ancien pharmacien devenu supérieur du monastère Saint-Macaire, voisin de celui où est enfermé Chenouda III à Ouadi-Natroun, avait été déniché par Sadate. Ce théologien confit en dévotion a aussi les faveurs de son successeur. Un quart de la quarantaine d'évêques coptes-orthodoxes ont déjà été gagnés à ce projet, mais le synode épiscopal, qui aurait qualité pour demander à Chenouda III de renoncer à la dignité pontificale, ne peut se réunir que sur convocation du chef de l'Eglise lui-même... La visite que le général Abou-Bacha, ministre de l'Intérieur, a faite, il y a quelque temps, au patriarche à Amba-Bicho, ne paraît pas avoir fait avancer l'affaire.

Le régime a toutefois reçu l'appui tacite de la majorité des notables coptes à cette politique. Sénateurs et députés nommés, hommes d'affaires bénéficiant de la libéralisation économique, dignitaires et propriétaires divers, sont gênés dans leurs relations avec le pouvoir par ce pontife non conformiste, figure unique dans la longue histoire de soumission de l'Eglise copte. « Il refuse de coopérer avec le raïs ! », se scandalisent-ils. En revanche, le petit peuple chrétien — fellahs, ouvriers, artisans, employés, — formant quelque 90 % de la communauté copte, considère Chenouda III comme un héros, et le maintien de son éloignement constitue son principal grief à l'égard du successeur de Sadate.

Cette situation n'est pas sans précédent historique puisque le khédive Abbas II Hilmi qui, en juillet 1982 avait dû faire interner à Deir-el-Baramos, un autre couvent du Ouadi-Natroun, le pape. Cyrille V, sous la pression du Mejles Milli, conseil laïc copte dominé par les grandes familles, avait dû replacer le patriarche sur son trône en janvier 1893 devant le mécontentement de la majorité de ses fidèles... Et aussi, il faut le dire, les protestations du sultan ottoman et du tsar.

En attendant qu'une issue comparable se dessine, les milieux populaires chrétiens se consolent en réinventant une formule dont ils sont à cent lieues d'imaginer qu'elle naquit au début du siècle dernier sous la plume de Joseph de Maistre : « Qui bouffe du pape en crève. »

J.-P. PÉRONCEL-HUGOZ.

---

(1) Les huit évêques et les treize prêtres incarcérés en même temps que le pape paraissent avoir tous été remis en liberté, mais ils ont été pour la plupart assignés à résidence hors de leur docèse.

Le Monde 8.9.1982

2.   DIE ARMENIER

2.1.   Die Armenisch-Orthodoxe Kirche (Armenisch-Apostolische Kirche)

2.1.1. Die Kirchenorganisation

Von den etwa 6 Millionen Armeniern auf der Welt bekennen sich ca. 5 Milli=
onen Gläubige zur Armenisch-Orthodoxen Kirche. Etwa zweieinhalb Millionen
Armenier leben in der Sowjet-Republik Armenien, gut eine Million in ande=
ren Teilen der Sowjetunion.

Als Oberhaupt aller Armenier wird der Katholikos von Edschmiatzin aner=
kannt. Ihm unterstehen die Patriarchate von Jerusalem und Konstantinopel.
Daneben besteht das selbständige Katholikat von Kilikien mit dem Sitz An=
telias nördlich von Beirut.

Im Februar 1983 wurde der bisherige Koadjutor Karekin Sarkissian nach dem
Tode seines Vorgängers Katholikos von Kilikien.

Dieses Katholikat umfaßt folgende Diözesen:

Libanon	: ca. 175 000 Mitglieder
Syrien/Aleppo	zusammen etwa 200 000 Anhänger
Syrien/Damaskus	(zeitweise von Edschmiatzin betreut)
Iran/Teheran	
Iran/Isfahan	zusammen etwa 190 000 Anhänger
Iran/Täbriz	(seit 1957 vom Patriarchat von Kilikien verwaltet)
Kuwait (Vikariat)	: ca. 15 000 Anhänger
Zypern	: ca. 5 000 Anhänger
USA und Kanada	: zusammen ca. 30 000 Anhänger

Zum Katholikat von Edschmiatzin gehören Europa, Südasien, Australien,
Afrika, die Diözese von Ägypten (ca. 15 000 Anhänger) und der Irak (ca.
16 000 Anhänger hauptsächlich in der Diözese von Bagdad).

Das Patriarchat von Jerusalem wird von Erzbischof Eghische Terterian ge=
führt. Ihm stehen 4 Bischöfe zur Seite. Sitz des Patriarchen ist das St.
Jakobus-Kloster in Jerusalem. Zu dieser Kirche gehören die Vikariate von
Amman, Haifa und Jaffa und die Rektorate von Jaffa und Ramallah.

Dem Patriarchat von Konstantinopel steht Erzbischof Schnorhk Galustian
vor. Er hat seinen Sitz in Istanbul und wird von 4 Bischöfen unterstützt.

Der Kirche gehören in Istanbul ca. 60 000, in den Provinzen 10 000 Gläubi=
ge an. Dort bestehen die Vikariate von Rumeli Hisari, Diyarbakir und Is=
kenderun. In Istanbul verfügt die Kirche über 30 verheiratete Priester,
20 Diakone und 33 Kirchen.

2.1.2. Zur Geschichte

2.1.2.1. Von den Anfängen bis zur Übernahme des Christentums um 300

Die Armenier blicken auf eine lange Geschichte zurück. Dieses Volk ent=
stand um die Mitte des ersten Jahrtausends vor Christus aus einer Verbin=
dung der einheimischen Urartäer mit indogermanischen Eroberern im Raum
zwischen Georgien, Aserbeidschan, Mesopotamien und Kappadokien. Das sind
die heutigen Gebiete der Sowjet-Republik Armenien, des Nord-Iran, der Ost-
und Südosttürkei, des Nord-Irak, Nordostsyriens und der Zentraltürkei.

Nach dem Fall von Urartu 610 v.Chr. gehörte das Land zu verschiedenen Rei=
chen. 189 v.Chr. gelang es König Artasches, ein unabhängiges Königreich
zu gründen. Für kurze Zeit bestand unter Tigranes dem Großen (95-55 v.Chr.)
ein armenisches Großreich zwischen dem Kaspischen und dem Mittelmeer. Es
wurde von den Römern zerstört und erlebte in den folgenden Jahrhunderten
Parther, Perser und Byzantiner als Eroberer.

2.1.2.2. Von der Übernahme des Christentums bis zur Mitte des 19. Jahr=
hunderts

Ihrer eigenen Überlieferung nach wurden die Armenier bereits im ersten
Jahrhundert durch den Apostel Thomas auf seinem Weg nach Indien, durch
die Heiligen Thaddäus und Bartholomäus und andere frühe Missionare christi=
anisiert.

Als eigentlicher Gründer der armenischen Kirche wird aber Gregor der Er=
leuchtete verehrt. Um 300 organisierte er das Christentum in Armenien und
wurde erster Katholikos. Zur gleichen Zeit wurde das Christentum 301
durch König Tiridates III. in Armenien zur Staatsreligion erklärt. Die ar=
menische Kirche nahm 325 am Konzil von Nicaea teil.

Nach dem Zusammenbruch des vorläufig letzten armenischen Staates ent=
wickelte sich die Kirche seit 428 zur einzigen Vertreterin des Volkes
und zur Bewahrerin der armenischen Kultur. Kirche und Nation galten fort=
an bis heute unter jeder Fremdherrschaft den meisten Armeniern als iden=

tisch.

Die Kirche ist Bewahrerin der armenischen Sprache, Schrift und Kunst. Der Mönch Mesrop schuf im 5. Jahrhundert das armenische Alphabet; er wird bis heute verehrt.

Seit dem Altertum konnten die Armenier nur selten zu Eigenstaatlichkeit finden: im 9. Jahrhundert entstand im Bereich der arabischen Herrschaft für kurze Zeit ein armenisches Königreich, das aber bald in verschiedene Kleinstaaten zerfiel. Im 11. Jahrhundert wurden die Armenier von Byzanti= nern oder Seldschuken unterworfen.

Ein Teil der Armenier wanderte nach Südanatolien aus, wo von 1080-1373 das Reich Kleinarmenien aufblühte. Hier wurde das neue Katholikat von Ki= likien gegründet. Ein Teil der Armenier lebte schon damals verstreut in den Ländern des Nahen und Mittleren Ostens.

Die Mamluken zerstörten den letzten Armenierstaat 1375; Georgien gliederte Nord-Armenien etwa gleichzeitig in sein Reich ein. Um 1400 war der Nahe und Mittlere Osten in der Hand von Mongolen und Tataren. Im 16. und 17. Jahrhundert eroberten die Osmanen große Teile Armeniens; andere Teile kamen unter persische Herrschaft.

2.1.2.3. Die Armenier im 19. und 20. Jahrhundert

Seit dem Ende des 18. Jahrhunderts dehnten die europäischen Großmächte Großbritannien, Frankreich und Rußland ihren Einfluß auf das immer schwä= cher werdende Osmanische Reich aus. Im Norden und Osten Armeniens erstark= te das Zarenreich.

Bis dahin hatten die Armenier als angesehene Untertanen der Sultane im Os= manischen Reich wirtschaftlichen und politischen Einfluß gehabt und stell= ten sogar Minister. Nun jedoch fand durch den erwachenden Nationalismus unter Türken und Armeniern und die Einmischung der Großmächte eine grund= legende Wende im Verhältnis zwischen den Türken und ihren christlichen Nachbarn statt. Es entwickelten sich Spannungen, und es kam zu Übergriffen. Als Folge dieser veränderten Lage bildeten sich bei den Armenien Unter= grundorganisationen. Für das armenische Volk war es besonders verhängnis= voll, daß bestimmte Gruppen in seinen Reihen immer dringlicher einen eige= nen, vom Osmanischen Reich unabhängigen Staat forderten, durch den aber der Bestand des Gesamtreiches infrage gestellt sein würde. Für die Ver=

wirklichung ihres Zieles schloß sich ein Teil der Armenier eng an den
Feind der Osmanen Rußland an. Verfolgungen trafen seit dem Ende des 19.
Jahrhunderts hauptsächlich das unbeteiligte armenische Volk. Eine vor=
übergehende Allianz der armenischen Nationalisten mit jungtürkischen Krei=
sen fand nach dem Ausbruch des Ersten Weltkriegs ein rasches Ende.

Die osmanische Regierung sah die Armenier als Helfer ihrer Kriegsgegner an
und plante deshalb eine Radikallösung des Armenierproblems. Eine große,
heute noch umstrittene (Schätzung : 1,5 Mio.) Zahl von Armenier fiel 1915
den Verfolgungen zum Opfer. Ein Teil überlebte in der Heimat - viele Arme=
nier wurden von ihren muslimischen Nachbarn versteckt, andere konvertier=
ten zum Islam und änderten ihre Namen - ein Teil in den Lagern am Euphrat
und in Syrien. Die Mehrheit jedoch verlor ihr Leben durch den Krieg und
die Kämpfe danach.

Hunderttausende fanden in Syrien und im Libanon eine neue Heimat. Andere
flohen nach Zypern, Ägypten, in den Irak und Iran. Schon früher waren In=
dien, Polen, Rumänien und Italien Ziel armenischer Auswanderung gewesen.
Vor dem Ersten Weltkrieg waren viele nach Nordamerika gegangen. Nach dem
Krieg nahm Frankreich Hunderttausende armenischer Flüchtlinge auf.

Zwischen den Weltkriegen waren die Armenier hauptsächlich auf das Überle=
ben und den Aufbau einer neuen Existenz konzentriert. Viele integrierten
sich rasch in ihren Gastländern und kamen in Wirtschaft und Kultur zu An=
sehen. Hunderttausende folgten nach dem Ersten Weltkrieg der Einladung in
die neugegründete Sowjetrepublik Armenien, wo in Edschmiatzin ein altes
Zentrum ihrer Kirche und der Sitz ihres obersten Katholikos liegt. Hier,
in der Hauptstadt Eriwan, im Libanon und in Frankreich, entwickelten die
Armenier ein neues nationales Selbstbewußtsein, das sich zunächst auf die
Pflege ihrer Kultur beschränkte, später auch die politische Forderung
nach einem eigenen Staat hervorbrachte. Im Zusammenhang mit der Beschäfti=
gung mit der eigenen Kultur lebte die Erinnerung an das erlittene Unrecht
im Ersten Weltkrieg wieder auf, und überall dort, wo Armenier leben, wer=
den Gedächtnisfeiern abgehalten.

Darüber kam es mehrfach zu Kontroversen zwischen den Gastländern der Arme=
nier und der türkischen Republik. Die Armenier fordern zwar "Wiedergutma=
chung" und Rückkehrmöglichkeiten in ihre alte Heimat - wollen mit ihren
Demonstrationen aber vor allem der Gefahr einer Assimilierung an die Gast=
völker entgegenwirken.

Im Zusammenhang mit dem Neuerwachen des armenischen Nationalismus, dem Ein=
fluß von linken Gruppen und Palästinenserorganisationen im Libanon bilde=
ten sich mehrere armenische Organisationen, die ihre Ziele mit Gewalt
durchsetzen wollen. Ihr Hauptziel ist ein unabhängiger Staat Armenien.
Über den Aufbau und Ideologie eines solchen Staates herrscht unter den
verschiedenen nationalistischen Gruppen aber keine Einigkeit. Als größte
dieser Organisationen trat ASALA (Armenien Secret Army for the Liberation
of Armenia) bei verschiedenen Aktionen und Anschlägen in Erscheinung.

2.1.3. Die Armenier heute
2.1.3.1. In der Sowjetunion

Die Mehrheit der Armenier lebt in der Sowjet-Republik Armenien und in der
übrigen Sowjetunion. In Zusammenarbeit mit ihrer Kirche ist es ihnen ge=
lungen, eine gewisse Unabhängigkeit und Freiheit in ihrer Religionsaus=
übung zu erlangen. Das Katholikat von Edschmiatzin ist Ziel zahlreicher
hauptsächlich armenischer Besucher aus aller Welt; sie bringen mit ihren
Devisen auch wirtschaftliche Prosperität, so wie sie sich die agilen Arme=
nier überall rasch erwerben. Katholikos Wasgen I wird als moralisches Ober=
haupt aller Armenier auch von den anderen Kirchenfürsten respektiert, ob=
wohl seine positive Rolle in der Sowjet-Republik Armenien und seine guten
Beziehungen zum Sowjet-Staat besonders in den USA auf Widerstand stoßen.

2.1.3.2. In der Türkei

Die etwa 40-50 000 Armenier in der Türkei erleben Zeiten des Auf und Ab.
Sie wollen das Land nicht verlassen, weil sie es als ihre Heimat betrach=
ten und sich in ihren Familien oft ein bedeutender Besitz angesammelt hat.
Sie nehmen in der Wirtschaft von Istanbul immer noch einen wichtigen Platz
ein.

Andererseits verstärkten sich die Spannungen zwischen ihnen und Teilen der
türkischen Bevölkerung in Krisenzeiten. Die Anschläge armenischer Extre=
misten auf türkische Diplomaten und Einrichtungen im Ausland trafen vor
allem die Armenier in der Türkei, obwohl sich Patriarch Kalustian energisch
von einer solchen Handlungsweise distanzierte. Religiöse Fanatiker benutz=
ten armenische Attentate im Ausland als Grund für Pressionen. Auch im
Schulwesen unterliegen die Armenier Restriktionen, obwohl ihre im Vertrag
von Lausanne 1923 ausdrücklich festgelegten Rechte vom türkischen Staat

im allgemeinen bis heute respektiert werden.

2.1.3.3. Im Libanon

Im Libanon fanden die Armenier nach ihrer Flucht aus der Türkei vor allem
im Gebiet der Maroniten eine neue Heimat. Diese begrüßten die tüchtigen
Christen als eine Stärkung ihrer Position. Der Nationalpakt von 1943 teil=
te ihnen mehrere Abgeordnete im libanesischen Parlament zu.

Der Katholikos verlegte seinen Sitz von Sis (Koçan) in der Südtürkei nach
Antelias nördlich von Beirut. Hier, sowie in Bourj Hammoud, im Zentrum und
in West-Beirut, lebten die meisten libanesischen Armenier. Außerdem gründe=
ten sie in Anjar im Bekaa-Tal an der syrischen Grenze eine Stadt.

Nach dem Ausbruch des Bürgerkriegs 1975 verhielt sich der Katholikos mit
der Mehrheit seines Kirchenvolks neutral. Eine kleinere Gruppe unterstütz=
te die Kataib-Miliz, ein anderer Teil schloß sich den linksgerichteten
Kräften in West-Beirut an, wo sich auch militante Organisationen bildeten,
die durch Attentate auf türkische Staatsbürger bekannt wurden. Als die
Armenier mehrfachen Aufforderungen, sich der "Nationalen Front" anzu=
schließen, nicht nachkamen, erlitten ihre Wohnviertel im Stadtteil Bourj
Hammoud 1978 ein mehrwöchiges Bombardement durch die Kataib. Viele Armenier
flüchteten in die Bekaa-Ebene, nach Tripoli und West-Beirut. Dem Katholi=
kos gelang es schließlich, sich mit den Kataib-Milizen zu arrangieren.

2.1.3.4. In Syrien

Die Mehrheit der etwa 200 000 Armenier in Syrien gehört der Armenisch-
Orthodoxen Kirche an (etwa 120 000 in den Diözesen Aleppo, Jezire und Da=
maskus). Sie stellten sich teilweise unter das Katholikat von Edschmiatzin.
Außerdem leben in Syrien etwa 25 000 Anhänger des Armenisch-Katholischen
Patriarchats in der Erzdiözese von Aleppo, der Diözese von Kamischli und
im Patrichatsvikariat von Damaskus. Dazu kommt eine kleinere Gruppe von
armenischen Protestanten.

Bis auf einige Ausnahmen stammen die heute in Syrien lebenden Armenier
aus der Türkei, vor allem aus dem Hatay (bekannt aus Franz Werfels "Die
40 Tage vom Musa Dagh"). An der syrisch-türkischen Grenze gibt es einige
nur von Armeniern bewohnte Dörfer, z.B. den Grenzort Kassab.

Viele Armenier konnten sich seit ihrer Flucht aus der Türkei im **Ersten**

Weltkrieg in Syrien rasch integrieren. Besonders in Aleppo gelangten viele
von ihnen zu Wohlstand. Auch in der Jezire ist ihre Situation, wie die der
anderen Christen dort, zufriedenstellend.

Zeitweise, während und nach dem libanesischen Krieg, drohte die Lage der
Armenier in Syrien kritisch zu werden, da sich ein Teil der libanesischen
Armenier im Bund mit den rechtsgerichteten Parteien dem Kampf gegen Syrien
angeschlossen hatte. Jedoch konnten durch die mehrheitlich neutrale Hal=
tung der libanesischen Armenier Schwierigkeiten von ihren Glaubensbrüdern
in Syrien abgewendet werden.

1982 wurde ein Seminar der evangelischen Kirche in Kassab und eine Aus=
stellung armenischer Bücher in Lattakia veranstaltet.

2.1.3.5. In Israel, der Westbank und Jordanien

In Palästina, hauptsächlich an den heiligen Stätten, blicken die Armenier
auf eine mehr als 1 500-jährige Tradition zurück. Jedoch spiegelt auch ih=
re Geschichte das Auf und Ab der Christen in diesem Land wieder. Im 11.
Jahrhundert wurde das armenische Kloster in Ramallah gestiftet, im 17.
Jahrhundert das Kloster am Hafen von Jaffa. In spätosmanischer Zeit war
die armenische Bevölkerung auf 80 Familien, ca. 500 Seelen, zusammenge=
schrumpft. Nach der armenischen Fluchtbewegung aus der Türkei am Ende des
Ersten Weltkriegs wuchsen die Gemeinden im Westjordanland und im heutigen
Israel erneut. Heute leben in Jerusalem etwa 2 500, dazu in Israel 850
Armenier. Seit 1948 flüchteten viele von ihnen aus den israelisch besetz=
ten Gebieten vor allem nach Jordanien. Dort leben heute ca. 1 800 Armenier.

Dem Patriarchat von Jerusalem gehören 4 Erzbischöfe an. Im Westjordanland
und in Israel bestehen die 5 Klöster des Heiligen Jakobus, das Erlöser-
und das Erzengelkloster in Jerusalem, sowie St. Nikolayos in Jaffa und St.
Georg in Ramallah. In Jerusalem hat das Patriarchat ein Priesterseminar.

1982 kam es zu einer größeren Kontroverse zwischen dem armenischen Patriar=
chen von Jerusalem und der israelischen Regierung. Trotz einer Reihe von
Verträgen, die seit dem 19. Jahrhundert den Status der Heiligen Stätten
regelten - zuletzt im Vertrag von Versailles - wurde dem Erzbischof Kare=
kin Kazanjian vom israelischen Innenministerium die Aufenthaltserlaubnis
entzogen. Der australische Staatsbürger war im März 1981 zum Großen Sa=
kristan des armenischen Patriarchats gewählt worden. Zu seinen Pflichten
gehörte vor allem die Aufsicht über die Heiligen Stätten der armenischen

Kirche in Jerusalem. Wiederholte Proteste aus kirchlichen Kreisen, so vom lateinischen und griechisch-katholischen Patriarchen, blieben ohne Wirkung.

2.1.3.6. Im Iran

Im Iran liegt die Zahl der Armenier heute zwischen 120 000 und 200 000. Seit 1948 erkennen sie die Jurisdiktion des Katholikats von Sis/Antelias an. Die meisten Armenier leben jetzt in Teheran, etwa 5 000 in Neu-Julfa bei Isfahan und 5 000 in den Dörfern der weiteren Umgebung von Isfahan im Gebiet von Feridan. Außerdem gibt es Armenier in Täbriz, am Urmia-See und in einigen Städten Nord-Irans an der türkisch-sowjetischen Grenze. Eine größere Zahl von Armeniern lebte bis zum iranisch-irakischen Krieg in den Ölindustriestädten Ahwaz und Abadan.

Nach der Revolution und seit dem Ausbruch des Krieges wanderten viele Armenier hautsächlich in die USA aus. Seit 1963 leitet Erzbischof Ardak Manukian das Bistum Teheran. Er stammt aus dem Libanon. Sein Amtskollege Gordion Babian, ebenfalls Libanese, wurde 1980 Bischof der Diözese Neu-Julfa-Isfahan.

Die Armenier sind seit vorchristlichen Zeiten im Nord-Iran ansässig. Schon früh war das Christentum hier verbreitet. Zu den armenischen Kulturüberresten aus dem Mittelalter gehören die Klöster St. Thaddäus und St. Stephanus; sie wurden immer wieder restauriert. Heute sind sie unbewohnt, aber Ziel von Pilgerfahrten.

Nach wechselvoller Geschichte wurden Zehntausende von Armeniern im 16. Jahrhundert aus dem Nord-Iran, vor allem aus der Grenzstadt Julfa (heute Sowjetunion), von Schah Abbas dem Großen zwangsweise in den Raum Isfahan umgesiedelt. Sie gründeten die Stadt Neu-Julfa und bauten hier eine blühende Kultur und Wirtschaft auf. Vor allem wirkten sie am Ausbau von Isfahan mit. Handelsbeziehungen knüpften die Armenier bis nach Venedig, Polen und Indien. Im 18. Jahrhundert zerstörten afghanische Eroberungszüge auch einen großen Teil der armenischen Kultur im mittleren Iran.

Erst nach dem Ersten Weltkrieg kamen die Armenier unter Schah Reza und seinem Nachfolger Mohammed Reza Pahlawi in Wirtschaft, Kultur und Gesellschaft zu Bedeutung. Ihren Aufstieg im Iran verdankten sie vor allem den aufblühenden modernen Industrien, besonders der Ölindustrie, wo sie als Fachleute arbeiteten. Auch als Unternehmer, Manager und im kulturellen Leben machten sie sich unentbehrlich. Viele Armenier kamen zu Wohlstand.

Nach der Revolution von 1979 wurden hauptsächlich die Unternehmer und Ge=
schäftsleute von der Verstaatlichung von Betrieben und Außenhandel getrof=
fen. Einige Armenier stellten sich um - z.B. wurden anstatt alkoholhalti=
ger alkoholfreie Getränke produziert. Die Mehrheit der wohlhabenden Arme=
nier setzte sich jedoch vorläufig ins Ausland ab.

Innerhalb der neuen iranischen Gesellschaft haben die Armenier ihren Platz.
Sie sind durch einen Abgeordneten im Parlament vertreten. Als Angehörige
einer der vom Islam anerkannten Religionsgruppen behielten sie nach der
islamischen Revolution ihre Schulen, Krankenhäuser, Klubs und auch eine
eigene Universität. Da es im Iran keine Zivilehe gibt, hat die armenische
Kirche standesamtliche Funktionen und eigene Gerichtshöfe in personen=
standsrechtlichen Angelegenheiten. - Im iranisch-irakischen Krieg bezeug=
ten Armenier ihre Zugehörigkeit zum iranischen Volk durch freiwillige Mel=
dungen an die Front und hatten Gefallene zu beklagen, die als "Märtyrer"
auch vom iranischen Volk verehrt werden.

Trotzdem, und obwohl viele Armenier, besonders Studenten und Angehörige
des kleinen Mittelstands, an der Revolution gegen den Schah teilgenommen
haben, müssen sie im Zuge der allgemeinen kulturellen Vereinheitlichungs=
bestrebungen seit 1983 um die Beibehaltung der armenischen Sprache in ih=
ren Schulen und anderen Bildungseinrichtungen kämpfen.

2.1.3.7. In Europa

In Europa bildeten sich bereits seit dem Mittelalter kleinere armenische
Gemeinden. Zu Bedeutung gelangten sie u.a. in Venedig und Polen, wo eine
große armenische Gemeinde in Lemberg erst dem Zweiten Weltkrieg zum Opfer
fiel.

Schon vor dem Ersten Weltkrieg, besonders aber danach, fanden die Armenier
in Frankreich eine neue Heimat. Hier leben etwa 300 000. Sie sind inte=
griert, viele wohlhabend. In der Bundesrepublik Deutschland gibt es etwa
10 000 Armenier. Andere Gruppen haben sich in Griechenland, Österreich,
Bulgarien und Schweden gesammelt. Sie gehören größtenteils zum Katholikat
Edschmiatzin. In vielen Ländern bildeten sich armenische Kulturvereine.
Asylbewerber stammen vor allem aus der Türkei, neuerdings aus dem Iran.
Die meisten Armenier sind entweder Gastarbeiter aus der Türkei oder Ge=
schäftsleute.

2.2. Die katholischen Armenier

2.2.1. Die Kirchenorganisation und die Situation heute

Insgesamt leben heute etwa 250-300 000 katholische Armenier über die Welt verstreut, davon etwa 120 000 in der Sowjetunion (ohne geregelte Seelsor= ge), 90 000 in den Ländern des Nahen und Mittleren Ostens, 15 000 in Frank= reich und die übrigen in den Ländern Ost- und Südosteuropas, in Nord- und Südamerika und in Indien.

Sitz des Patriarchen ist Beirut, während der Kämpfe in und um Beirut zog er sich in das Kloster Bzommar im Mont Liban zurück. 1960 wurde ein apo= stolisches Exarchat in Frankreich errichtet.

Das Patriarchat Kilikien umfaßt heute die Erzbistümer Aleppo, Bagdad, Istanbul und die Diözesen Alexandria (Sitz Kairo), Isfahan und Kamischli.

Die katholischen Armenier erlitten ein ähnliches Schicksal wie ihre or= thodoxen und protestantischen Brüder. Im Libanon stellen sie einen eigenen Parlamentsabgeordneten, im Iran werden sie der armenischen Gemeinschaft zugerechnet.

Sie sind meistens in ihre Gastländer integriert und gehören dem Mittel= stand an. Der Trend zur Auswanderung nach Westeuropa und Amerika hat auch die armenisch-katholischen Gemeinden erfaßt. Ihre Zahl nimmt seit dem Ersten Weltkrieg in den Ländern des Vorderen Orients ständig ab.

2.2.2. Zur Geschichte

In der Zeit der Kreuzzüge kamen die Armenier in Kilikien mit der lateini= schen Kirche in engen Kontakt. In der gemeinsamen Abwehr seldschukischer Angriffe schlossen sich die Armenier damals den Kreuzfahrern an. König Leon II. legte bei seiner Krönung 1198 das katholische Glaubensbekenntnis ab. Von 1194-1373 stand ein Teil der armenischen Kirche in Gemeinschaft mit Rom, während besonders der Klerus in Ostarmenien diese Union ablehnte.

Durch die Verbindungen mit der lateinischen gelangten starke römische Ein= flüsse in die armenische Kirche in Kleinarmenien. U.a. entstand im 14. Jahrhundert die mit den Dominikanern verbundene armenische Kongregation der "Fratres Uniores" mit lateinischem Ritus.

Die Union mit Rom wurde nach der Eroberung des kleinarmenischen König= reichs 1375 durch die Mamluken wieder aufgelöst. Sie hatte im Bewußtsein des Volkes auch keinen Platz finden können.

In Europa blieben die engen Kontakte der armenischen Diaspora zu Rom be=
stehen. 1512 entstand eine Druckerei in Venedig, die später mit den Mechi=
taristen verbunden war. Dieser Orden wurde 1701 von Mechitar von Sebaste
(geb. 1675 in Siwas/Osttürkei) in Konstantinopel gegründet. Mechitar legte
in Aleppo das katholische Glaubensbekenntnis ab. Er ist der Begründer der
Renaissance der armenischen Literatur und gab zahlreiche religiöse und
wissenschaftliche Schriften heraus. - Die Mechitaristen hatten ihre Zentren
in Venedig und Triest und wurden vom Papst und der österreichischen Kaise=
rin Maria Theresia anerkannt. Heute liegt der Mittelpunkt der Mechitaristen
in Wien.

Zur ersten formellen Union mit Rom kam es im 17. Jahrhundert in Lemberg/
Ostpolen. Andere armenisch-katholische Gemeinden bildeten sich in Rumänien,
Syrien, Libanon, Athen und im Iran.

1740 wurde Erzbischof Ardzivean von Aleppo zum Katholikos von Sis gewählt
und 1742 vom Papst bestätigt. Jedoch war die Mehrheit des Kirchenvolkes
mit dieser Union nicht einverstanden und wählte einen neuen, unabhängigen
Katholikos. Seit dieser Zeit besteht das mit Rom unierte Katholikat der
Armenier mit Sitz im Mont Liban für den Libanon, Syrien, Irak, Iran, Klein=
asien und Ägypten. Zeitweise lag der Patriarchatssitz in Rom. - Im Ersten
Weltkrieg verloren die katholischen Armenier über die Hälfte ihrer Glau=
bensbrüder. Die meisten Diözesen gingen verloren.

2.3. Dokumente und Presseberichte

Ein inoffizieller Völkermord

Hans Christoph Buch über Franz Werfels „Die vierzig Tage des Musa Dagh"

Im Herbst 1979 besuchte ich als Mitglied einer Delegation des West-Berliner Schriftstellerverbandes die Armenische Sowjetrepublik. Nach fünfstündigem Flug vom Moskauer Inlandsflughafen Wnukowo, wo Usbeken, Kirgisen und Tataren mit Frauen, Kindern und überquellendem Gepäck eine Art hunnisches Heerlager bildeten, landeten wir — ein evangelischer Pfarrer, eine Berliner Malerin und ich — in Erewan, der Hauptstadt von Sowjetarmenien, die bei uns vor allem durch die Schmunzelwitze von Radio Erewan bekannt geworden ist: „Im Prinzip schon, aber . . ." An Stelle eines verschlafenen sowjetischen Provinznestes trafen wir auf eine dreitausend Jahre alte Metropole, das kulturelle Zentrum des armenischen Volkes, das von Assyrern, Griechen, Römern, Arabern, Persern und Türken immer wieder überrollt worden ist — die letzte, russische Eroberung nicht zu vergessen — und das trotzdem seine nationale Eigenart bis heute bewahrt hat.

Der Anblick der auf einem Hochplateau des Kaukasus gelegenen Stadt, überragt vom schneebedeckten Gipfel des Berges Ararat, an dem Noah mit seiner Arche gelandet sein soll — das versteinerte Holz der Arche wird im Nationalmuseum von Erewan gezeigt — hatte etwas Märchenhaftes, Unwirkliches: breite, von Platanen gesäumte Boulevards, auf denen an Stelle der sonst üblichen Wolga- oder Moskowitsch-Limousinen amerikanische Straßenkreuzer lautlos dahinglitten — die meisten Armenier haben Verwandte in den USA, der Dollar ist in Erewan bevorzugtes Zahlungsmittel; in den Schaufenstern, an Stelle der sonst üblichen Leninbilder, Fotos von Charles Aznavour, der ebenso wie der frühere Außenminister Mikojan, der amerikanische Schriftsteller Saroyan und der sowjetische Komponist Chatschaturian armenischer Abstammung ist.

Bei der Ankunft auf dem Flughafen begrüßte uns Metaxa, eine vom armenischen Schriftstellerverband zu unserem Empfang delegierte Dichterin, mit den emphatischen Worten: „Wir heißen die Freunde aus dem Lande Franz Werfels herzlich willkommen!" Damit war weder die österreichische Donaumonarchie gemeint, noch die heutige Tschechoslowakei, sondern die deutschsprachige Literatur überhaupt, die durch mannigfache Querverbindungen mit der Geschichte Armeniens verknüpft ist: von den ersten Berichten deutscher Missionare und Forschungsreisender aus dem 18. und 19. Jahrhundert über Armin T. Wegners offenen Brief an US-Präsident Wilson, mit dem er die Weltöffentlichkeit auf den von den Türken verübten Genozid an den Armeniern hinwies, bis zu Franz Werfels großem Roman „Die vierzig Tage des Musa Dagh", der das gleiche Thema behandelt.

Ich kannte Werfels Roman damals nur vom Hörensagen und wußte über seinen Autor nicht viel mehr, als was Franz Kafka mit der ihm eigenen Strenge einmal über seinen jüngeren Prager Freund und Kollegen geäußert hat: Werfel sei ein dickwandiges Gefäß mit gärendem Inhalt, das nur töne, wenn es von außen erschüttert werde (Gespräch mit Gustav Janouch, sinngemäß). Nach meiner Rückkehr in die Bundesrepublik kaufte ich mir den erstmals 1933 in Wien erschienenen Roman und las das 870 Seiten starke Riesenwerk in einem Atemzug. Werfels Prosa hatte eine körperliche Wirkung auf mich wie schwerer Wein, der alle Poren durchtränkt und noch im nachhinein die Sinne benebelt. Ich konnte wochenlang an nichts anderes denken, mein gesamtes Nervensystem wurde durch die Lektüre in Anspruch genommen, und als ich den Roman endlich zuklappte, war das furchtbare Geschick des armenischen Volkes Teil meiner eigenen Geschichte geworden.

Tausendfältiger Schrecken

Das Wort Genozid ist heute so überstrapaziert, daß es kaum noch den tausendfältigen Schrecken evoziert, der sich dahinter verbirgt. Man muß Werfels Roman lesen, um wieder einen Begriff davon zu bekommen, was das wirklich ist: ein generalstabsmäßig geplanter und kaltblütig durchgeführter Völkermord an einer rassischen oder religiösen Minderheit, von der systematischen Gettoisierung über die gewaltsame Deportation bis zur physischen Massenvernichtung — das Ganze in jeder einzelnen Phase von unvorstellbaren Greueln und Massakern begleitet. „Erschlagen, erschossen, erhängt, vergiftet, erdolcht, erdrosselt, von Seuchen verzehrt, ertränkt, erfroren, verdurstet, verhungert, verfault, von Schakalen angefressen. Kinder weinten sich in den Tod. Männer zerschmetterten sich an den Felsen, Schwangere stürzten sich, die Hände aneinandergebunden, mit Gesang in den Euphrat." So schildert Armin T. Wegner das furchtbare Geschehen, das er als deutscher Sanitätsoffizier im Ersten Weltkrieg aus nächster Nähe erlebte. Noch heute streiten sich die Experten darüber, ob es „nur" 1,5 oder 2 Millionen Menschen gewesen sind, die der von der türkischen Regierung befohlenen Ausrottung der Armenier zum Opfer fielen.

Franz Werfel schildert den Todesgang des armenischen Volkes nicht in seiner ganzen Breite — das würde die Möglichkeiten eines Romanciers übersteigen. Anders auch als Solschenizyn, der in seinem „Archipel GULag" typische Einzelschicksale aneinanderreiht, die am Ende so etwas wie ein Panorama des Stalinschen Terrors ergeben,

beschränkt er sich auf einen winzigen Ausschnitt aus der Gesamtentwicklung, der nicht einmal besonders exemplarisch ist, da in ihm noch Hoffnung aufblitzt, die Ahnung einer ausgleichenden Gerechtigkeit. Das hat nichts mit Schönfärberei zu tun, sondern eher mit einem ästhetischen Grundsatz, den schon Lessing in seinem „Laokoon" formuliert hat, und der so alt ist wie die Literatur selbst: ein ausweglos es Leiden erregt kein Mitleid mehr, sondern nur noch Abscheu; deshalb hat der griechische Bildhauer Laokoon und seine Söhne nicht in dem Augenblick dargestellt, da sie von den Schlangen zerfleischt werden, sondern in jenem, da sie heroisch, wenn auch vergeblich, Widerstand leisten.

Ganz ähnlich ist Franz Werfel verfahren. Sein Roman schildert den Auszug einer Volksgruppe von fünftausend Armeniern aus ihren an der syrischen Küste gelegenen Dörfern auf den Musa Dagh (= Mosesberg), wo sie sich in unzugänglichem Gelände verschanzen und, mit dem Mut der Verzweiflung, einer vielfachen Übermacht türkischer Truppen vierzig Tage lang erfolgreich Widerstand leisten. Die Geographie ist auf seiten der Verfolgten: der Berg bildet eine natürliche Festung, die allen Angriffen des Feindes trotzt und den auf ihr eingeschlossenen Menschen Wasser liefert sowie Futter für ihre mitgeführten Herden — wenn auch nur auf begrenzte Zeit. Anders als ihre armenischen Glaubensbrüder aus Ostanatolien, die in die mesopotanische Wüste deportiert wurden, wo sie, fern von aller Zivilisation, elend verreckten, können sich die Belagerten auf dem Musa Dagh an der Küste vorbeifahrenden Schiffen bemerkbar machen und haben so eine, wenn auch minimale, Rettungschance.

Das Ganze wird erzählt aus der Perspektive eines allwissenden Erzählers, mit einer Fülle von türkischen und armenischen Titeln, Orts- und Personennamen und einer Vielzahl von Haupt- und Nebenfiguren. Im Mittelpunkt der Handlung steht Gabriel Bagradian, Erbe eines reichen armenischen Handelshauses, der bei Ausbruch des Ersten Weltkriegs zusammen mit seiner französischen Frau Juliette und seinem dreizehnjährigen Sohn Stephan aus dem Pariser Exil auf den Musa Dagh zurückgekehrt ist. Gabriel, der in der türkischen Armee als Offizier gedient und sich an der Balkanfront mehrfach ausgezeichnet hat, faßt den kühnen Plan zum Auszug seines Volkes auf den Musa Dagh, wo er die militärische Verteidigung sowie die ökonomische Verteilung der immer knapper werdenden Vorräte an Lebensmitteln, Waffen und Munition organisiert. Trotz oder gerade wegen seiner von allen anerkannten Autorität aber bleibt er inmitten seines Volkes ein Fremder, dem die ortsansässigen Armenier — zumeist Kleinhändler, Handwerker und Bauern — mit einer Mischung aus Scheu und Mißtrauen begegnen.

Schlüsselerlebnis in Damaskus

So kommt es im gefährlichen Augenblick zu einer privaten Katastrophe, die mit der drohenden militärischen Niederlage zusammenfällt: Gabriels französische Frau, die sich von ihrem Mann vernachlässigt und von ihrer armenischen Umgebung isoliert fühlt, gibt dem Liebeswerben eines jungen Griechen nach, der sie überreden will, den Musa Dagh zu verlassen. Als der peinliche Vorfall publik wird, bricht Gabriels Autorität und mit ihr die mühsam aufrechterhaltene Disziplin unter den Eingeschlossenen zusammen, die sich in einem sinnlosen Bruderkrieg aufreiben, während die türkischen Truppen zur alles entscheidenden Offensive ausholen. Gabriels Sohn Stephan flieht, unter dem Schock der familiären Katastrophe, zusammen mit einem älteren Jungen in die Ebene, um beim amerikanischen Konsul in Aleppo Hilfe zu erbitten; unterwegs wird er krank und muß umkehren; er findet bei Nomaden Unterschlupf, die ihn gastfreundlich aufnehmen und sicher durch die türkischen Linien schmuggeln. Kurz vor der Rückkehr auf den Musa Dagh, die Rettung schon vor Augen, fällt er einem rassistisch aufgehetzten Mob in die Hände und wird als vermeintlicher armenischer Spion grausam ermordet und verstümmelt.

In hoffnungsloser Lage — die Hütten sind niedergebrannt, alle Lebensmittelvorräte aufgezehrt, die physische Widerstandskraft der Belagerten endgültig gebrochen — erscheint ein französisches Kriegsschiff als Retter in letzter Not und nimmt die Überlebenden des Musa Dagh an Bord — nur Gabriel bleibt allein auf dem Berg zurück und sucht hier freiwillig den Tod.

Über die Entstehung des Romans ist wenig bekannt, außer daß er auf einer historischen Begebenheit beruht. Auslösend war, wie der Autor selbst in einer kurzen Nachbemerkung mitteilt, ein Schlüsselerlebnis, das er während eines Damaskus-Aufenthalts im Jahre 1929 hatte: „Das Jammerbild verstümmelter und verhungerter Flüchtlingskinder, die in einer Teppichfabrik arbeiteten, gab den entscheidenden Anstoß, das unfaßbare Schicksal des armenischen Volkes dem Totenreich alles Geschehenen zu entreißen." Werfel schrieb den fast neunhundert Seiten umfassenden Roman in erstaunlich kurzer Zeit, zwischen 1932 und März 1933, als habe er gewußt, daß ihm nur noch eine kurze Frist blieb; die Schlußkapitel sind demnach bereits nach der Machtergreifung der Nazis entstanden.

Ich weiß nicht, welche historischen Quellen Werfel benutzt hat. Sicherlich lag ihm das Buch von Johannes Lepsius vor „Der Todesgang des armenischen Volkes" sowie die vom gleichen Autor besorgte Sammlung diplomatischer Dokumente „Deutschland und Armenien"

(Potsdam 1919). Lepsius, der als protestantischer Geistlicher in Armenien bereits die von Sultan Abdul Hamid befohlenen blutigen Pogrome von 1896 miterlebt hatte, bemühte sich vergeblich, die deutsche Öffentlichkeit für die armenische Sache zu mobilisieren; der deutschen Reichsregierung waren die traditionell guten Beziehungen zu ihrem türkischen Verbündeten, auf dem Höhepunkt des Ersten Weltkriegs, wichtiger als das Schicksal einer verfolgten Minderheit.

In dieser Eigenschaft, als diplomatischer Mittler und christlicher Moralist, der sich rücksichtslos über alle politischen „Sachzwänge" hinwegsetzt, taucht Lepsius auch in Werfels Roman auf. Das Kapitel „Zwischenspiel der Götter", das eine Audienz des Pfarrers beim türkischen Kriegsminister Enver Pascha beschreibt, gehört zu den Höhepunkten des Buches und macht für sich genommen bereits den Roman lesenswert. Werfel zeigt hier im Vollbesitz seiner erzählerischen Mittel; ich wußte nicht, was ich beim Lesen mehr bewundern sollte: die psychologisch-genaue Charakterisierung oder die souveräne Meisterschaft, mit der der Autor realhistorisches Geschehen und erfundene Geschichte zusammenzwingt, ohne die Fakten der Fiktion oder die Fiktion den Fakten zu opfern.

Ein heute lebender Schriftsteller wäre wahrscheinlich in die Dokumentarliteratur ausgewichen, mit dem Argument, daß die Realität doch ungeheuerlicher sei als jede dichterische Phantasie. Genau das tut Werfel nicht. Er hat ein naives Urvertrauen in die weltschöpfende Kraft der Fiktion, und auf diese Weise gelingt ihm, was die bloße Dokumentarliteratur nur in den seltensten Fällen schafft: die erfundene Geschichte wirkt authentischer als die historische Realität, weil sie dem Leser erlaubt, sich mit den Opfern zu identifizieren, das grausame Geschehen aus ihrer Sicht nachzuvollziehen.

Das heißt nicht, daß der Roman in all seinen Partien gleichermaßen gelungen ist — im Gegenteil: er ist stellenweise dermaßen überfrachtet mit expressionistischem Ballast, daß ich versucht war, ihn nach den ersten Seiten ungelesen aus der Hand zu legen. Das brodelt, wabert und glost in allen sprachlichen Hitzegraden, als sei der Autor vom Adjektivfieber befallen — „fiebrisch" ist sein Lieblingsadjektiv — und wann immer er eine treffende Formulierung gefunden hat, zerstört er deren Wirkung, indem er seine Schreibmaschine auf Dauerfeuer stellt und den Leser mit einem kaum kontrollierten Wortschwall betäubt. Werfel wechselt ständig das Tempo und die Perspektive, und schreckt auch vor melodramatischen Effekten nicht zurück. Die Klischees bleiben aber nicht auf die äußere Handlung und die sprachliche Ausstattung des Romans beschränkt; auch sein innerer Gehalt ist von ideologischen Gemeinplätzen durchsetzt, die manchmal penetrant an die Blut-und-Boden-Literatur erinnern.

Daß dieser Vergleich trotzdem für Werfel eine Beleidigung darstellt, liegt nicht nur an der jüdischen Herkunft

des Autors und an der klaren antifaschistischen Tendenz seines Romans, der über jeden Rassismusverdacht erhaben ist. Die Wurzeln reichen noch tiefer: Werfel vertritt einen aus dem späten 19. Jahrhundert übernommenen Sozialdarwinismus, wie er auch in den naturalistischen Romanen von Zola und in den Dramen von Gerhart Hauptmann anzutreffen ist, angereichert mit Elementen der Freudschen Tiefenpsychologie und einem messianischen Sozialismus — aber er bleibt trotzdem durch Welten getrennt von der Mord- und Totschlags-Ideologie der Nazis und dem politischen Schindluder, das diese mit Darwin getrieben haben.

Angesichts der moralischen Integrität des Autors Werfel und angesichts des furchtbaren Ernstes der im Roman geschilderten Ereignisse sind ideologische Besserwisserei und stilistische Beckmesserei eigentlich fehl am Platze. Auch wer mit seinen grellen Erzähleffekten nicht immer einverstanden ist, wird sich der emotionalen Wirkung des Romans nur schwer entziehen können.

Was die Wirkungsgeschichte des Romans angeht, bin ich auf Mutmaßungen angewiesen. Werfel, der 1933 vor den Nazis hatte fliehen müssen, emigrierte 1938 von Österreich in die USA, wo „Die vierzig Tage des Musa Dagh" bereits auf englisch erschienen waren und seinen Weltruhm als Schriftsteller begründen halfen. Inzwischen waren die Parallelen des armenischen Schicksals mit dem der deutschen Juden unübersehbar geworden: nach der „Reichskristallnacht" war ihre Deportation bereits voll im Gange, die „Endlösung" der Judenfrage stand kurz bevor. Als ökonomisch und intellektuell äußerst aktive Minderheiten, die noch dazu einer fremden Religion angehörten, boten sich beide Volksgruppen — Juden wie Armenier — den jeweils herrschenden Regimes: „revolutionäre" Jungtürken auf der einen, reaktionäre Nazis auf der anderen Seite, als bequeme Sündenböcke an, um von inneren Schwierigkeiten abzulenken und militärische Niederlagen durch Vernichtung des „inneren Feindes" zu kompensieren.

Noch immer aktuell

Ähnlich wie im Falle der deutschen Juden haben auch im Ersten Weltkrieg die alliierten Mächte England und Frankreich so gut wie nichts unternommen, um die türkischen Armenier vor der Vernichtung zu bewahren. Im Gegensatz aber zum Holocaust an den Juden ist der Genozid an den Armeniern von offizieller türkischer Seite bis heute nicht anerkannt worden; die Opfer erhielten keine, nicht einmal symbolische Entschädigung. Das ist vielleicht die tragischste Ironie der Geschichte: daß der Völkermord an 1,5 Millionen Armeniern offiziell nie stattgefunden hat. In türkischen Verlautbarungen ist noch immer von kriegsbedingter Deportation die Rede; dabei sei es hie und da, am Rande, zu bedauerlichen Ausschreitungen und Übergriffen gekommen.

Auch die Sowjetunion, in der die überlebende Hälfte des armenischen Volkes heute lebt, hat kein Interesse daran, ihre diplomatischen Beziehungen zur Türkei von einer unbequemen nationalen Minderheit stören zu lassen.

Franz Werfels Roman „Die vierzig Tage des Musa Dagh" wurde zwar gleich nach Erscheinen ins Armenische übersetzt, ist aber seit Jahren vergriffen und wird in Erewan heute unterm Ladentisch gehandelt. Ein besserer Beweis

für die Aktualität dieses Buches läßt sich kaum denken.

FAZ 31.7.1980

Die Geschichte wird durch die Dokumente klarer

Weder Massaker, noch Rassenvernichtung und Hass...

Die Kaufleute armenischer Minderheiten hatten zum Untergang der osmanischen Wirtschaft im Ersten Weltkrieg mitgewirkt.

Die seit nun vielen vielen Jahren verbreiteten grundlosen Behauptungen von einem angeblichen türkischen Völkermord an den Armeniern werden obwohl sie inzwischen den Charakter des Klatschweibergeredes erhalten haben, von bestimmten Kreisen bewusst gefördert und hartnaeckig weiter verbreitet. Das arglistige Spiel, das von einigen imperialistischen Staaten, die sozusagen zum Schutze der Rechte der im Osmanenlande lebenden Armenier, in Wirklichkeit aber mit dem Ziele, das Osmanische Reich unter sich zu teilen, in Szene gesetzt worden war, erreichte am Vorabend des Ersten Weltkrieges und waehrend des Krieges seinen Höhepunkt. Die Türken, die im Rahmen der Durchführung dieses Planes hunderttausende von Todesopfern zu beklagen hatten, wurden spaeter trotzdem im Sinne des Szenariums, mit dem Völkermord beschuldigt. Dabei weiss man sehr wohl dass das Osmanische Reich bereits zu Beginn des Ersten Weltkrieges sowohl wirtschaftlich als auch militaerisch gesehen dem Untergang geweiht war, und dass die Osmanen nicht einmal genügend Mittel hatten, die Armee zu unterhalten geschweige denn, dass sie in der Lage gewesen waere, einen Völkermord zu verüben, selbst wenn sie es gewollt haetten. Die wirtschaftlichen Gründe des Kriegseintritts der Osmanen werden gerade mit dieser Auflösungserscheinung in eine direkte Beziehung

gebracht.

Die osmanischen Griechen und Armenier, die am Vorabend des Ersten Weltkrieges das Kapital zum grossen Teil in ihren Haenden hielten, hatte schon angesichts der Reformen von 1856 begonnen, sich zu beunruhigen weil sie befürchteten, dass die Türken wirtschaftlich ihnen den Rang ablaufen würden Die Aufhebung von Kapitulationen hatte die westlichen Imperialisten, 1910, 1911 und 1913 die Gründung von Banken mit türkischem Kapital die armenischen Kaufleute in hohem Grade beunruhigt. Unter diesen Umstaenden fanden es die osmanischen Armenier für zeitgemaess und richtig, zusammen mit einigen imperialistischen Maechten gegen den osmanischen Staat vorzugehen. Dabei war die türkische Initiative, sich dem Handel zu widmen und Kapital zu bilden unter den aussergewöhnlichen Bedingungen der Kriegszeit begrenzt geblieben, und es war gar keine Rede davon, das von den Türken geschaffene Kapital der Industrie zu zuführen, und die Minderheiten eventuell zu verdraengen. Folglich benützten die Minderheiten, in deren Haenden sich die vorhandenen Industriebetriebe befanden, ihr Kapital dafür, den Zusammenbruch des Imperiums so schnell wie möglich herbeizuführen, und schmuggelten es zum grossen Teil ins Ausland. Die Folge war eine unglaubliche Teuerung im

Lande. So stieg z. B. 1917 der Preis für ein Kilo Brot, das 1914 weniger als einen Kuruş, d,h. einen Piaster, gekostet hatte, auf 12,5 Kuruş und ein Kilo Olivenöl, von etwa 46 Kuruş im Jahre 1914 auf 400 Kuruş 1918 an. Diese enormen Preissteigerungen waren keineswegs ausschliesslich auf die Kriegsverhaeltnisse zurückzuführen Es bedarf keiner Hervorhebung, dass das durchschmuggeln des griechischen und armenischen Kapitals ins Ausland, und die Tatsache, dass die Armenier ihre Betriebe still legten, um dem osmanischen Staat einen Schlag zu versetzen, bei diesen Preissteigerungen mindestens so wie der Krieg ausschlaggebend gewesen sind. Nur so kann man erklaeren, dass zum Beispiel der Zucker, der 1914 nur 3 Kuruş gekostet hatte, 1917 117 Kuruş und 1918 sogar 195 Kuruş kostete. Demgegenüber blieben die Preise auf dem Fleischmarkt, der von Türken beherrscht war, weit unter diesem Niveau, was ebenfalls auf die armenische Kapitalbeseitigung und auf die bewusste Stillegung ihrer Betriebe zurückzuführen war.

So konnte der Preis für ein Kilo Fleisch, das 1914 7,8 Kuruş gekostet hatte, 1917 nur eine dreifache Steigerung, also 23,4 Kuruş, verzeichnen. Auch das war mit dem Krieg allein nicht zu erklaeren, wie man es zu erklaeren suchte, genauso wenig, wie die anderen Preissteigerungen auf Sektoren, wo das Kapital der Minderheiten beherrschend war, nur mit dem Krieg zu erklaeren waren, wie z.B. die Preiserhöhung für Olivenöl von 2250% bezw. für Zucker von 6250%....

Diese unglaublichen Preiserhöhungen und die gestörte Wirtschaft zogen unweigerlich auch innerpolitische Verwicklungen nach sich. Und in gerade diese Zeit faellt auch die verstaerkte Aktivitaet armenischer Banden und ihr Terror.

Die türkische Armee hatte im Ersten Weltkrieg an der Ostfront 461.321 Soldaten verloren. Davon sind nur 59.462 waehrend der Kaempfe gefallen. Doch die grössten Verluste hatte man im Zusammenhang mit der armenischen Frage, vor allem unter der Zivilbevölkerung. Die osmanische Regierung suchte nach einem Ausweg aus dieser Situation. In den Kampfgebieten wurden die Truppen von armenischen Banden von hinten angegriffen. Die Dörfer, deren Maenner an der Front waren, waren in erster Linie das Ziel der entmenschlichten armenischen Banden. Und man kam auf die Idee den armenischen Banden den Boden unter den Füssen zu entziehen, was durch eine Umsiedlung der armenischen Bevölkerung aus Gebieten, die

vom Krieg erfasst, beziehungsweise bedroht waren, erreicht werden sollte. Das 1915 erlassene Umdsiedlungsgesetz bezweckte die Durchführung dieser Aktion, die sich als dringend notwendig erwiesen hatte, und die in den letzten Jahren von armenischen Terrororganisationen immer wieder als Völkermord hingestellt wird. Der Sinn, der diesem Gesetz zugrunde lag, war weder Völkermord noch Hass. Solche Behauptungen, die man immer wieder in Umlauf setzte, sind durch geschichtliche Tatsachen niemals bestaetigt worden. Wer sie bestaetigt, das sind nur die imperialistischen Maechte, die ihre Gelüste nicht befriedigen könnten.

Man sieht also, die Verluste, die die armenischen Banden und ihre Helfer vor dem Ersten Weltkrieg und waehrend des Krieges den Osmanen zugefügt hatten, sind keinesfalls einfache Ereignisse gewesen, so dass man davor die Augen haette verschliessen

können. Die Aktivitaeten dieser Banden hatten geradezu bedrohliche Ausmasse angenommen, und die osmanische Regierung, nachdem lange Jahre dagegen nicht unternommen worden war, sah sich schliesslich gezwungen das Gesetz über die Umsiedlung der Armenier zu erlassen und in die Tat umzusetzen. Wie schon gesagt, das Ziel war einzig und allein, die Armenier aus den Kampfgebieten zu entfernen, damit sie den armenischen Banden und dem Feind an der Front keine Dienste mehr leisten was auch erreicht wurde. Die Armenier selbst, die von diesem Treiben ihrer Banden und vom Krieg keine Vorteile hatten, mussten sich mit guten Ratschlaegen der Laender, die sie aufgehetzt hatten, zufrieden geben. Und im Einklang damit verbreiteten sie in der ganzen Welt die Lüge von der angeblichen Ausrottung der Armenier durch die Türken...

News Spot 30.7.1982

Dokumente statt Propaganda

"Ich bin im Besitz von Dokumenten," sagte Lord Curzon," dass die Armenier auf Grund von Provokationen ziemlich zahlreiche bestialische und blutige Überfaelle haben."

Die in höchstem Masse gefaehrlichen Taetigkeiten, die die Armenier waehrend des Ersten Weltkrieges gegen den osmanischen Staat, der auch ihre Heimat war, entfaltet hatten, und die zu Recht als Verrat betrachtet wurden, haben wir in den bisherigen Berichten an Hand von geschichtlichen Belegen geschildert. Diese staatsgefaehrdenden Umtriebe waren von den auslaendischen Maechten angeregt und die armenischen Terrororganisationen von diesen Maechten finanziert und geleitet worden. 1915 sah sich die osmanische Regierung angesichts dieses Treibens gezwungen, die Armenier aus den vom Krieg betroffenen Gebieten weit hinter die Front umzusiedeln, wozu ein Gesetz mit vorübergehender Geltung erlassen wurde. Dieses , d.h. die von ihm eingeleitete Umsiedlungsaktion, wurde in Europa auf Grund der armenischen Propaganda als ein Völkermord bezeichnet. Die Staatsmaenner mancher Laender,

ausserstande zu erkennen, dass Terror und Propaganda Hand in Hand gehen, taten so, als ob sie vergessen haetten, dass die Ereignisse von ihnen selbst inszeniert worden waren, und fanden es ihren kolonialistischen Interessen passender, so zu tun, als ob sie den erlogenen Behauptungen und Verleumdungen Glauben schenkten.

Der armenische Terror, der sich heute wieder regt, hatte also seine Ideologie auf den Provokationen der Kolonialmaechte aufgebaut...

Wie recht am Platze der im Mai 1915 gefasste Beschluss war, die Armenier aus den Kriegszonen, d.h. aus dem Operationsgebiet der osmanischen Armee zu evakuieren, haben die spaeteren Ereignisse bewiesen. Es hat sich naemlich gezeigt, dass die für vorübergehend umgesiedelten Armenier keineswegs harmlos und unschuldig und Leute, die ihrer normalen Beschaeftigung nachgingen, waren.

So erklaerte Lord Curzon am 11.

Maerz 1920 im britischen Oberhaus, als Antwort auf die von Lord Bryce, der die Armenier protegierte, aufgestellte Behauptung, in Kilikien seien zahlreiche Armenier getötet worden, die Armenier seien keineswegs unschuldige Laemmer, wie manche Leute es annehmen. "Ich bin im Besitze von Dokumenten" sagte Lord Curzon, dass die Armenier auf Grund von Provokationen ziemlich zahlreiche bestialische und blutige Überfaelle unternommen haben".

Diese Erklaerungen Lord Curzons, des damaligen britischen Aussenministers befindet sich unter den Akten des Foreign Office, Abteilung 371, zwischen den Protokollen der Debatten des Oberhauses Nr. 5043/ E-1714.

Wie andererseits Leslie Uphart vom Britischen Intelligence Service berichtet hatte, hatten armenische Aufstaendische im Juli 1918 in Baku über 8000 und in Elizabetopol über

18000 wehrlose Tataren brutal hingemordet. Auch das diesbezügliche Dokument befindet sich unter den Akten des Foreign Office Nr. 3404/158226. Das Schreiben traegt die Nummer 495 und ist datiert 1918.

Im Maerz 1919 richtete der Vorsitzende des Volksrates von Kars, Ibrahim, im Namen-wie es hiess-von drei Millionen Moslems, die im Südwesten von Kaukasien, in Kars, Ardahan, Oltu, Kagman, Batum, Eyindir, Kemerli, Nahcivan, Ordunabad und Umgebung lebten, an den König von England ein laengeres Telegramm, in dem es unter anderem heisst:

" Die Armenier haben eintausend muslimische Dörfer vollkommen verwüstet und mehr als hunderttausend unschuldige wehrlose Menschen, Frauen und Kinder niedergemetzelt. Es gibt nichts, was nicht angetastet wurde, weder die Ehre, noch das Eigentum...."

Auf diesen Verstoss hin und in Hinblick auch auf andere Klagen forderte das Foreign Office von dem Chef des militaerischen Intelligence Service einen ausfuehrlichen Bericht an. Auch dieses Schreiben ist unter den Unterlagen des britischen Aussenministeriums, Abteilung 371, unter Nummer 3658/42884 zu finden.

Der angeforderte Bericht des britischen militaerischen Intelligence Service traf sechs Tage spaeter ein.

"Es kann gut möglich sein", so heisst es darin unter anderem, dass die Armenier auf der Flucht vor den Türken Massenmorde verübt haben."

Dieses Schreiben ist datiert 29. Maerz 1919, und es traegt die Archivnummer 3658/50074.

Der azerbeidschanische Aussenminister Caferof stellte im Sept.1919 in einer Botschaft an den Aussenminister der Regierung von Erivan fest, dass vom Jan. 1918 bis zum Eintreffen der Türken über 300 muslimische

Dörfer von den Armeniern von Erivan zerstört und die meisten massakriert wurden. Nach Angaben des azerbeidschanischen Aussenministers waren an den muslimischen Tataren entsetzliche Greuel verübt worden.

Im Dorfe Şahab bei Erivan wurden die Frauen vergewaltigt und zahlreiche Kinder in Öfen verbrannt. Die Dörfer, die der armenischen Mordlust ausgeliefert waren, sind: Kadilu. Şagablu, Karakaş, Dohnaz, Karabekler, Agasibetli, die Dörfer des Gebietes Milli-Darası, sowie das Gebiet Basargeçerski im Distrikt Novobayezitski, die Dörfer Kızivan, Subatan, Zagalu, Sahab sowie die Kreisstaedte Ehmiatsih und Sürmelin...

Die unvorstellbare Barbarei der armenischen Banden hatte sogar einige Mitglieder des armenischen Parlamentes und vor allem die der Sozialistische-Revolutionaeren Partei in Empörung versetzt und zu Interpellationen veranlasst. Im Zusammenhang mit dem Geschehen in den Dörfern Paşakent, Takarlı, Kurugün, Ulalikof, Taşişürük, Cenfeda, Kerim-Arç, Ağcar, Igdalu, Karhum und Kelani-Aroltuk richteten diese Abgeordneten im Parlament Anfragen an den Innenminister. Dabei wurde unter anderem folgende Feststellung gemacht:

Die lokale armenische Bevölkerung hat sich an diesen Massakern und Plünderungen beteiligt, anstatt sie zu verhindern.

Diese Feststellung haben nicht etwa die Türken gemacht, sondern, wohlgemerkt, die armenischen Abgeordneten von Erivan.

In dem obigen Bericht des azerbeidschanischen Aussenministers Caferof hatte die azerbeidschanische Regierung bei der armenischen Regierung gegen diese Unmenschlichkeiten in scharfer Weise protestiert und sie dafür verantwortlich gemacht.

Das Original dieser Note befin-

det sich ebenfalls im Archiv des britischen Aussenministeriums, Abteilung 371, unter Nummer 3660/144753. Die Note selbst traegt die Nummer 3253 und das Datum 22.Sep.1919.

Ausser dem britischen Aussenministerium und der azerbeidschanischen Regierung hatte auch die iranische Regierung gegen die armenischen Greuel protestiert. Der iranische Aussenminister Ettela ül Mülk überreichte am 21.10.1919 dem britischen Botschafter in Teheran Sir Percy Cox einen aehnlichen Bericht und protestierte in scharfer Form gegen die armenischen Massenmorde an der muslimischen Bevölkerung von Erivan, Nahcivan und Kars sowie im armenisch-iranischen Grenzgebiet. In einer aehnlichen Weise hatte auch der Generalsekretaer des osmanischen Aussenministeriums Ismail Cenani am 4.Sep. 1919 gegen die armenischen Überfaelle auf die muslimische Bevölkerung von Sarıkamış, Kızıl Hamam, Kağızman und anderen Orten dieses Raumes bei den Englaendern protestiert.

Auf diese Proteste hin sah sich N.D. Peterson, von der Orientabteilung des Foreign Office, am 9.Okt. 1919 zu folgender Bemerkung veranlasst:

"Diese Berichte zeigen die Armenier in einem sehr schlechten Licht. Mrs. Emily Robinson und jene, die meinen, die Armenier seien unschuldige Opfer, sollten sie lesen."

Das Dokument mit diesem Kommentar des britischen Diplomaten steht im britischen Staatsarchiv unter Nr. 4159/137901.

Man sieht also, die Behauptungen, die die fanatischen armenischen Propagandisten und Terroristen und die dunklen Maechte, die sich hinter ihnen verbergen, verbreiten, werden von geschichtlichen Dokumenten Lügen gestraft. Angesichts dieses Dokumentenmaterials erscheint die Behauptung, die Türken haetten die Armenier vernichtet, für einen normal denkenden Menschen als völlig aus der Luft gegriffen, als gemeine Lüge und Verleumdung.

News Spot 17.12.1982

Die historischen Fakten sind klar

In der Zeitung "Hürriyet" vom 13. Maerz 1983 veröffentlichte der Kolumnist dieses Blattes, Hasan Pulur, einen Artikel mit der Über-schrift" Die historischen Fakten sind klar". Pulur beweist durch geschichtliche Dokumente, dass die Massenmordbehauptungen ar-menischer Terroristen auf nichts beruhen. Aus den Dokumenten ersieht man, dass Massenmorde nicht an Armeniern, sondern von armenischen Banden an der türkischen Bevölkerung verübt wor-den waren. Den Inhalt einiger Dokumente und die Interpretation Hasan Pulurs können Sie folgenden Spalten entnehmen:

Heute blaettern wir für unseren Artikel eine Seite aus dem Geschichts-buch auf... Obwohl wir die dunklen Seiten nicht wieder aufzuschlagen wünschen und obwohl wir die ver-heilten Wunden nicht neu aufreissen wollen...

Aber wenn man dazu gezwungen wird...

Es ist das Jahr 1918: Ende des Ersten Weltkrieges...

Die russische Armee verliess nach der Revolution von 1917 die unter ihrer Besatzung stehenden Provinzen der Ost-Türkei, aber kurz nach dem Abrücken nahmen armenische Banden diese Gebiete unter ihre Herrschaft und fingen mit Massenmorden an, wie sie noch nie in der Geschichte ge-geben hatte.

Dr. Stefan Eschnani, Kriegsre-porter des österreichischen "Neuen Wiener Tagblatts", des ungarischen "Peschter Loyd", des deutschen "Lokal Anzeigers", des hollaendischen "Algemenen Hande Islat" telegraphier-te damals am 23.Mai 1918 aus Batum an seine Zeitungen: "Ich beobachte seit zwei Wochen die Ereignisse des Rückzuges der russischen Armee aus dem türkischen Gebiet über Armenien und dessen Ergebnisse. Obwohl zwei Monate verstrichen sind, nach dem dieses Gebiet von den armenischen Banden gesaeubert worden ist, sehe ich auf jeden Schritt die Zeichen ihrer bestialischen und blutigen Überfaelle. Alle Staedte und Dörfer von Trabzon bis Erzincan und von Erzincan bis nach Erzurum sind Trümmerfelder. Überall liegen die Leichen der Tür-ken, die durch ein noch nie dage-wesenes Massaker umgebracht worden sind."

Das ist der Tatort-Bericht eines auslaendischen Journalisten.

Werfen wir nun einen Blick auf das verschlüsselte Telegramm von General Mehmet Vehip, Kommandant der dritten Armee, das an die Haup-kommandantur vom Praesidium des Generalstabes in Istanbul abging und in dem die schrecklichen Greueltate der Armenier geschildert wurden, dass sie nichts verschonten, dass sie alles niederbrannten und zerstörten, was ihnen in die Quere kam, und dass sie sogar alle Baeume abholzten. Weiter steht in dem Telegramm ge-schrieben: "Was die Einwohner dieser Staedte betrifft: Die Maenner, die mit Waffen umgehen konnten, wurden unter Vortaeuschung falscher Tat-sachen zum Strassenbau gerufen, in Richtung nach Sarıkamış geschickt und dort umgebracht. Die restliche Bevölkerung wurde teilweise von den Armeniern aehnlich wie von der Inquisition des Mittelalters durch Folterungen ermordet, in Brunnen ertraenkt, mit Bajonetten und Saebel niedergestochen, in Haeusern einge-schlossen und verbrannt. An den Orten, die von den Armeniern als Schlachthöfe benutzt wurden, wur-den diese Menschen bei lebendigem Leibe aufgeschlitzt und ihnen die Eingeweide herausgerissen. Die jungen Maedchen und Frauen wurden in unvorstellbarer Weise misshandelt und an den Haaren aufgehaengt.

Diejenigen, die diese Folter über-lebten, wurden wie lebendige Tote und dem Wahnsinn nahe gefunden. Deren Zahl betraegt etwa in Erzin-can 1.500 und in Erzurum 30.000. Die Felder von Erzurum und Erzin-

can durften nicht bestellt werden, alles Essbare und die Bekleidung wur-den den Bewohnern weggenommen und sie somit im Elend zurückgelassen. Sie konnten mit knapper Not am Leben bleiben, mit Hilfe der zurück-gelassenen Bestaende aus dem russi-schen Lager.

Die Dörfer von Erzurum und Erzincan befanden sich in einer noch schrecklichen Lage. Die Be-wohner der an der Landstrasse liegenden Dörfer wurden fast alle umgebracht und deren Haeuser total niedergebrannt.

Die Bewohner der ausserhalb der armenischen Region liegenden Dörfer konnten ihr Leben retten.., aber wegen der grossen Hungersnot wandten sich jeden Tag zahllose Einwohner schutz-suchend an die Armee.

Alles was wir oben geschildert haben, etwas in der Geschichte noch nie Dagewesenes, legen wir ihnen zur Kenntnis vor. Wir bitten, dass die notwendigen Massnahmen, die wir schon vorher von Ihnen und vom Innenministerium erbaten, schnellstens ergriffen werden. Nur dadurch kann das Leben der übrigen Bewohner gerettet werden. Obwohl 40 Tage seit der Kriegsoperation gegen die Armenier und Russen vergangen sind, konnten wir diesen Bewohner keine grössere Hilfe leisten.

Ausserdem möchte ich berichten, dass die Regierung zwar einerseits viele moslemische Kaempfer und Be-wohner aus den Haenden der Ar-menier rettete, aber sie andererseits in grosser Hungersnot zurückgelassen hat.."

Nachdem die Dritte Armee Er-zincan und Erzurum befreit hatte, wartete sie auf weitere Befehle der Hauptkommandantur, um in Richtung Kars und Ardahan marschieren und auch diese Staedte befreien zu können. Als der entsprechende Befehl kam, ga') die Kommandantur der Dritten Armee untenstehende Anweisung an alle Korpstruppen weiter:"Auf Befehl der Hauptkommandantur wird die Dritte Armee die Landesgrenze überschreiten und ihre Verfolgung fortsetzen. In dem neuen Gelaende warten harte und ehrenhafte Aufgaben auf unsere Armee.

Ich bin überzeugt davon, dass unsere Armee auch diese Aufgaben erfolgreich durchführen wird. Waehrend der Erfüllung dieser Aufgabe bitte ich meine Waffengefaehrten und alle Kommandanten, gegenüber der Bevölkerung im neuen Gelaende eine schonende und gerechte Haltung einzunehmen. Eine solche Haltung ist eine Forderung der Menschlichkeit und zeigt vor allem den Charakter der Türken. Also kurzgefasst dürfen Hab und Gut, Ehre und Ehrgefühl der Bewohner nicht angetastet und Kirchen, Schulen, Bibliotheken und Wohnhaeuser nicht zerstört werden. Solange die Bewohner der armenischen Dörfer keine Gegenangriffe unternehmen, muss dieselbe Haltung auch in den armenischen Dörfern eingenommen werden. Sollten sie aber aufstaendisch werden, muss gegen sie hart und konsequent vorgegangen werden, damit die anderen Armenier

daraus eine Lehre ziehen können. Aber auch in diesen Faellen dürfen euch die Gefühle der Menschlichkeit nicht verlassen. Egal ob Offizier oder Soldat: wer dagegen verstösst, wird mit schwersten Strafen bestraft werden."

So ist ein Türke!

So ist die Staatsauffassung eines Türken!

So ist ein türkischer Kommandant!

Obwohl er alle schrecklichen, unmenschlichen und blutigen Taten der Armenier bei der Verfolgung sah, unternahm er selbst nichts dagegen, sondern berichtete alles Geschehene an die Regierung und Hauptkommandantur und wartete auf einen Befehl. Als er den Befehl bekam, gab er ihn wie oben geschildert an seine Korpstruppen weiter.

Alle diesbezüglichen Dokumente liegen heute in den staatlichen Archiven. Sie lagen jahrelang dort, aber erst im letzten Jahr wurden sie in der "Zeitschrift für Historische Militaerdokumenten", 81. Ausgabe, Dezember 1982, in heutiger Umgangssprache veröffentlicht. Die Zeitschrift wird von der Abteilung für militaergeschichtliche und strategische Untersuchungen bei dem Praesidium des Generalstabes herausgegeben.

Ist es genug?

Nach unserer Meinung nicht.

Diese Dokumente sollten in mehrere fremde Sprachen übersetzt und in

allen vier Richtungen der Welt verteilt werden. (*)

Mancher könnte die Frage stellen:
- "Wozu ist das nützlich? Die Menschen in aller Welt wurden doch schon mit der armenischen Antipropaganda vertrautgemacht..."

Aber wir denken anders .....

Vor allem glauben wir, dies zu erfüllen ist wichtiger und nützlicher als nach jedem neuen Mordanschlag nur zu sagen: "Das verflossene Blut wird nicht ungeraecht bleiben."

Heute verlor ein jugoslawischer Student bei der Verfolgung der armenischen Terroristen auf den Belgrader Strassen sein Leben, wurde ein jugoslawischer Oberst von den Terroristen angeschossen, verletzte die jugoslawische Polizei den flüchtenden Terroristen und ein anderer Polizist nahm ihn fest.

Sicher werden noch viele Beispiele folgen...

In einem Sprichwort heisst es:"Bis die Wahrheit ans Licht kommt, laeuft die Lüge um die ganze Welt herum."

Ist es noch nicht an der Zeit, die Wahrheit ans Licht zu bringen.

Hasan Pulur (Die Zeitung Hürriyet)
(13. Maerz 1983)

(*) : Diesbezügliche Bücher sind bereits in englischer und französischer Sprache vom Presse - und Informationsamt herausgebracht worden. Auf Verlangen können sie zugeschickt werden.

News Spot 1.4.1983.

Patriarch urges the world not to bow to terrorism

Turkish Daily News
ISTANBUL — Armenian Patriarch Snork Kalutsian yesterday appealed to the world not to fall victim to anti-Turkish propaganda and said "The Armenian community living in Turkey has no problems that can be exploited by enemies of the Turks."

Kalutsian said "We, the Armenians of Turkey, true sons of this country, under the protection of our state are practicing our religion, culture, customs and traditions more freely than many of our race living in other countries."

He appealed to Armenians throughout the world not to believe anti-Turkish propaganda and said an end to the anti-Turkish activities that escalate every year in April

is the sincere desire and expectation of the "Armenian sons of the Republic of Turkey."

Kalutsian said, "Armenians living around the world should not consent to actions that defame the Armenian race. All Armenians should struggle against these inhuman acts of terrorism."

Appealing to religious leaders all over the world. Kalutsian said all religious men should speakout on every occasion and not bow to terrorism.

Kalutsian also stated that he is the spiritual leader of only the Turkish Armenians and fighting international terrorism is the duty of

governments and has political aspects, that a man of religion should not enter.

The Armenian Patriarch also disclosed that several Turkish citizens of Armenian descent who left Turkey because of the anarchy in the pre-September 12 period, have started to return .

Meanwhile, it was reported that Armenian terrorists are preparing terrorist acts and rallies in the United States of America. Informed sources said a heated campaign is continuing in Washington to allocate a place for Armenians in the "Holocaust" museum because of the so called genocide. The Holocaust museum will be inaugurated soon to commemorate the victims of the Nazi Holocaust.

Turkish Daily News
15.4.1983

3. DIE SYRISCHEN CHRISTEN

3.1. Einführung

Als "syrische" Christen werden alle Angehörigen christlicher Bekenntnisse
bezeichnet, deren Kirchensprache aus dem Westsemitisch-Aramäischen hervor=
gegangen ist und "Syrisch" genannt wird. Dazu gehören auch solche Kirchen,
die in der Neuzeit durch die Aktivitäten von Missionen entweder für eine
Union mit Rom oder aber für verschiedene protestantische Gemeinschaften
gewonnen wurden. Diese Kirchen übernahmen größtenteils die offizielle Lan=
dessprache oder die ortsüblichen arabischen oder syrisch-aramäischen Dia=
lekte für den Gottesdienst.

Der Name "syrische Sprache" kennzeichnet die christliche Weiterentwicklung
des Aramäischen. Sie findet heute noch in den syrischen Kirchen Verwendung:
in der syrisch-orthodoxen, der syrisch-katholischen Kirche, in der Aposto=
lischen Kirche des Ostens und der chaldäischen Kirche. - Dagegen werden
verschiedene syrische (ostaramäische) Dialekte nur noch in wenigen Enkla=
ven gesprochen: in der syrisch-christlichen Diaspora orientalischer Städ=
te, in Nordostsyrien, im südostanatolischen Tur'Abdin, im kurdischen Berg=
land, in der Umgebung von Mosul und am Urmia-See in Nord-Iran.

Im Gegensatz zu den Kopten und Armeniern konnten die syrischen Christen
keine Nationalkirche entwickeln. Sie entfernten sich durch Kirchenspaltun=
gen voneinander. Bis zu den Konzilien von Ephesus (431) und Chalkedon (451)
waren noch viele Gemeinsamkeiten lebendig, obwohl Unterschiede zwischen
den weitauseinanderliegenden Siedlungsräumen von Anfang an gegeben waren.

Der gemeinsame Ursprung liegt im Patriarchat von Antiochia (heute Antakya
in der Südtürkei), einem der 4 alten apostolischen Stühle. In der Überlie=
ferung der west- und ostsyrischen Christen spielen der Apostel Thomas auf
seinem Weg nach Indien (Mar Tuma), der Heilige Thaddäus (Mar Addai) und
der Heilige Aggai eine wichtige Rolle. In der gemeinsamen Tradition nimmt
der Briefwechsel, den König Abgar von Osroene in Edessa (dem heutigen Ur=
fa in der Südosttürkei) der Überlieferung nach mit Jesus Christus führte,
einen bedeutenden Platz ein. Auch König Abgar IX. von Edessa (Urfa), der
zu Beginn des 3. Jahrhunderts zum Christentum übergetreten sein soll, wird
der syrisch-christlichen Tradition zugerechnet. In den ersten 500 Jahren
christlicher Geschichte lagen zwei bedeutende theologische Zentren des sy=
rischen Christentums in Edessa (Urfa) und Nisibis (heute die türkisch-

syrische Grenzstadt Nusaybin).

Bis zum 13. Jahrhundert war im syrisch-christlichen Kulturkreis Altsyrisch als Kirchen- und Schriftsprache in Gebrauch, das eine reiche Literatur her= vorbrachte. Zu großer Bedeutung gelangten die syrischen Christen durch die Übersetzung griechischer Philosophen und Schriftsteller ins Syrische und nach dem Beginn der islamischen Herrschaft im 7. Jahrhundert in die arabi= sche Sprache. Auch waren die syrischen Handschriftenbibliotheken weithin bekannt. Theologen wie Bardesanes, Afrem von Edessa, Afrahat und andere übten einen großen Einfluß auf das Christentum ihrer und auch der späte= ren Zeiten aus. Eine besondere Bedeutung erlangte das syrische Mönch- und Asketentum in Syrien und Obermesopotamien. Einige frühe Päpste entstamm= ten dem syrischen Christentum.

In der sakralen Architektur leisteten die syrischen Christen Bemerkens= wertes. Eine Vielzahl von Kirchen und Klöstern - heute größtenteils Rui= nen - zeugen in Syrien, Obermesopotamien und im Nordiran von der Blütezeit syrisch-christlicher Kultur. Eremiten wie der Säulenheilige Simeon verkün= deten eine neue Geistigkeit und die Abwendung von der als verkommen und ausschließlich diesseits-orientiert angesehenen Welt der Spätantike.

Schon in den ersten Jahrhunderten entwickelten sich verschiedene theologi= sche Strömungen bei den syrischen Christen. Besonderen Einfluß übten die Lehren von Diodor von Tarsus und Theodor von Mopsuestia auf das syrische Christentum im persischen Reich aus. Diese Lehren wurden zu Beginn des 5. Jahrhunderts besonders von Nestorius, dem Patriarchen von Konstantinopel, vertreten und im byzantinischen Reich verbreitet. In ihrem Kern besagen sie, in Jesus seien zwei selbständige Naturen, eine göttliche und eine menschliche, vereinigt und Maria als "Mutter Christi", nicht aber als "Mutter Gottes", anzusehen. - Für diesen Glauben, dessen Dogmen erst durch Nestorius so scharf formuliert wurden, starben viele Christen im persi= schen Reich den Märtyrertod, da sie dort als Agenten des christlichen by= zantinischen Reiches angesehen wurden.

Aber eben dort kam es zu starken innerkirchlichen und dogmatischen Strei= tigkeiten, die schließlich 431 im Konzil von Ephesus beigelegt werden sollten. In einem nicht ganz korrekten Verfahren wurden die von Nestorius vertretenen Lehren als Häresie verurteilt, der Kirchenfürst in die ägypti= sche Wüste verbannt und seine Anhänger im byzantinischen Machtbereich ver= folgt. Viele von ihnen flüchteten ins persische Reich, wo sie von den dor=

tigen Machthabern nun gern aufgenommen und später sogar gefördert wurden. Es entstand eine bedeutende und weit verbreitete Kirche, die das nestoria= nische Glaubensbekenntnis 484 offiziell übernahm. Danach wurde sie im Abend= Abendland unter dem Namen "Nestorianische Kirche" bekannt.

Obwohl sie nach dem Konzil von Ephesus weitgehend auf sich selbst gestellt blieben, entwickelten die nestorianischen Christen außerhalb des byzanti= nischen, also vor allem im Gebiet des persischen Reiches, eine blühende, eigenständige christliche Kultur. Ein ähnliches Schicksal wie die Nesto= rianer erlebten die westsyrischen Anhänger des Patriarchen Kyrillos von Alexandria 451 im Konzil von Chalkedon. Dort wurde seine Lehre verurteilt, Jesus Christus sei nach der Vereinigung seiner göttlichen mit der mensch= lichen nur noch Träger einer, nämlich der göttlichen Natur.

Diese Lehre war der nestorianischen geradezu entgegengesetzt und wurde, von den meisten Kirchenführern der christlichen Welt abgelehnt, in Chalke= don als Häresie verurteilt. Davon waren die koptischen Christen in Ägypten ebenso betroffen wie die westsyrischen und armenischen Christen im byzanti= nischen Reich. Zeitweise wurden sie vom Staat verfolgt.

Beide syrischen Kirchen erkannten die Entscheidung der Konzilsväter von Ephesus und Chalkedon niemals an und bezeichnen heute die Interpretation und Verurteilung ihrer theologischen Lehren als "Mißverständnis", "Falsch= interpretation" oder "Übersetzungsfehler".

Von dem gemeinsamen Ursprung nahmen die west- und die ostsyrische Kirche eine unterschiedliche Entwicklung. Dies war durch Gegensätze in der Dogma= tik, Verschiedenheiten im Ritus und schließlich auch durch sprachliche Be= sonderheiten bedingt. Bis auf einige Überschneidungen waren die beiden Kirchen auch in verschiedenen geographischen Räumen verbreitet.

3.2. Der westsyrische Kulturkreis

Zum westsyrischen Kulturkreis gehören folgende Kirchen:
1.) Die syrisch-orthodoxe Kirche von Antiochia und dem ganzen Osten. Dies ist ihr offizieller Name, unter dem sie 1960 dem Ökumeni= schen Weltrat der Kirchen beigetreten ist. Alle anderen Bezeich= nungen, die in geschichtlicher Zeit verwendet wurden, lehnt die syrisch-orthodoxe Kirche ab. Nach den im Konzil von Chalkedon 451 als Häresie verurteilten Lehren des "Monophysitismus" wurde sie jedoch oft "westsyrisch-monophysitisch" genannt. Eine andere Be=

zeichnung, "Jakobiten", erhielten ihre Anhänger nach dem bedeuten=
den Reformator Jakob Baradai (gest. 578). Sie wurden auch "West=
syrer" genannt. Der Patriarchatssitz ist seit 1954 in Damaskus.
Kirchensprachen sind Westsyrisch und Arabisch.

2.) Die syrisch-katholische oder "Syrianische" Kirche. Sie ist seit
   1760 aus verschiedenen Unionsversuchen der Westsyrer mit der
   römisch-katholischen Kirche hervorgegangen. Ihr Patriarchats=
   sitz liegt in Beirut. Beide Kirchen verwenden den gleichen Ritus.
   Kirchensprachen sind Westsyrisch und Arabisch.

3.) Die aus dem American Board of Commissioners for Foreign Missions
   hervorgegangene protestantische Kirche mit einer Vertretung in
   Istanbul. Kirchensprachen sind Arabisch und Türkisch.

4.) Die maronitische Kirche. Sie hat sich seit 1182 mit Unterbrechun=
   gen in einer Union an die katholische Kirche in Rom angeschlossen
   und führt ihren Ursprung auf das Patriarchat von Antiochia zu=
   rück. Der Patriarch residiert in Bkerke bei Jounieh. Kirchen=
   sprache ist Arabisch, mit Resten von Westsyrisch.

3.3. Der ostsyrische Kulturkreis

Zum ostsyrischen Kulturkreis gehören folgende Kirchen:
1.) Die Alte Apostolische Kirche des Ostens. Dieses ist ihr offiziel=
   ler Name, unter dem sie dem Ökumenischen Weltrat der Kirchen bei=
   getreten ist. Sie nennt sich auch "Assyrische Kirche des Ostens".
   Die Anhänger der Lehren des 431 im Konzil von Ephesus als Häreti=
   ker verurteilten Patriarchen Nestorius von Konstantinopel wurden
   in der Geschichte unter dem Namen "Nestorianer" bekannt. Diese
   Bezeichnung lehnen die Mitglieder der "Alten Apostolischen Kirche
   des Ostens" ab. Dagegen akzeptieren sie die Benennung "Ostsyrer"
   oder "Assyrer". Der häufig wechselnde Patriarchatssitz war bis zur
   Ermordung des vorletzten Patriarchen Mar Eshai Shimun XXIII. 1975
   San Francisco. Er wurde von dort im Anschluß an die Wahl des
   Bischofs Khanania Mar Denkha zum neuen Patriarchen der Apostoli=
   schen Kirche des Ostens nach Teheran verlegt. Möglicherweise sie=
   delt der häufig auf Reisen weilende Patriarch in die USA um. Kir=
   chenprache sind Altsyrisch und der ostaramäische Dialekt von Urmia.

2.) Die chaldäische Kirche, das Patriarchat von Babylon. Diese Kirche erhielt nach zahlreichen **Unionsversuchen** seit 1340 mit Rom erst 1830 ihre endgültige Organisationsform. Ihre An= hänger wurden auch "katholische Ostsyrer" genannt. Der Name "Chaldäer" hat sich aber durchgesetzt. Der Patriarchatssitz ist Bagdad, als Kirchensprachen sind Ostsyrisch, Persisch, Arabisch und Türkisch in Gebrauch.

3.) Verschiedene protestantische Kirchen; diese sind aus den Mis= sionen der "American Board", der Pfingstgemeinde und der Bap= tisten hervorgegangen.

Die heute im Irak, in Iran, in der Südosttürkei, in Istanbul, im Libanon, in Syrien, in Jordanien und in Kuwait verstreut lebenden syrischen Chris= ten haben sich zwar immer als Angehörige einer Kirche, nicht aber als eine Volksgruppe verstanden. Nur in Zeiten der äußeren Bedrängnis gab es ein christliches Zusammengehörigkeitsgefühl. Die Beziehungen zur islamischen Umwelt waren oft unterschiedlich. Heiraten fanden bis in die jüngste Zeit fast nur innerhalb einer Gruppe statt. Erst seit dem Exodus im Ersten Welt= krieg kann man auch vereinzelt Heiraten zwischen den Gruppen beobachten.

Die gemeinsamen Schicksalsschläge der jüngeren Vergangenheit weckten ein neues Nationalgefühl, das seine Wurzeln im alten assyrischen Reich sehen will. Dadurch werden alte konfessionelle Unterschiede überbrückt. Gemein= same Wurzeln sieht man in Sprache und Kultur, aber auch im typischen phy= siognomischen Erscheinungsbild vieler syrischer Christen. Ähnlichkeiten mit den Darstellungen auf assyrischen Bildwerken werden betont und stär= ken vor allem bei der jungen Generation das Bewußtsein, Nachkommen des großen assyrischen Volkes zu sein. - Tatsächlich ist jedoch eine direkte Linie von jener fernen Vergangenheit bis in die heutige Zeit schwer zu ziehen.

3.4.   Die syrisch-orthodoxen Christen (Westsyrer, Jakobiten, westsyri= sche "Monophysiten")

3.4.1.   Die Kirchenorganisation

Die "syrisch-orthodoxe Kirche von Antiochien und dem ganzen Osten" um= faßt etwa 350 000 Gläubige in Syrien, dem Irak, in Kuwait, dem Libanon, in Jordanien, der Türkei und Ägypten; in den europäischen Ländern Öster=

reich, Schweiz, der Bundesrepublik, den Niederlanden, in Belgien, Frank=
reich, Schweden und Norwegen, in Nord- und Südamerika und in Australien.
Außerdem gehören etwa 2 Millionen Anhänger zur fast unabhängigen syrisch-
orthodoxen Kirche Indiens. (Die komplizierten Entwicklungen in der Kirche
Südindiens können allerdings in dieser Dokumentation über die Christen im
Vorderen Orient keinen Raum finden.)

Seit 1980 wird das Patriarchat von Ignatius Sakka I. Iwas in Damaskus ver=
treten. Er stammt wie sein Vorgänger Ignatius Jakub III. aus dem Irak. Die
syrisch-orthodoxe Kirche umfaßt die Bistümer Homs, Aleppo, al-Jezira, Mo=
sul, Bagdad, Beirut, Mont Liban, Jerusalem/Amman, Tur'Abdin, West- und
Mitteleuropa, Schweden sowie Nord- und Südamerika.

Zur Zeit verfügt die Kirche nicht mehr über irgendein Priesterseminar; ein
mit Unterstützung des Weltkirchenrats errichtetes und gut organisiertes
Seminar in Atshane bei Bikfaja (Libanon) wurde bei den Bürgerkriegskämpfen
beschädigt und geschlossen. Nur im Kloster Mar Gabriel im Tur'Abdin be=
steht noch eine Schule für den Nachwuchs an Priestern, Lehrern und Mön=
chen. Jedoch reichen die beschränkten Mittel und die wenigen geistlichen
Lehrer nicht aus, um ein höheres Bildungsniveau zu erreichen. Ein Seminar
soll im Kloster Mar Matta bei Mosul eingerichtet werden, ein weiteres ist
in dem erst 1982 in Glane (b. Losser an der deutsch-holländischen Grenze)
erworbenen Kloster "St. Ephrem der Syrer" geplant.

3.4.2. Zur Geschichte

3.4.2.1. Die Entwicklung der westsyrischen Kirche bis zur islamischen Eroberung in der ersten Hälfte des 7. Jahrhunderts

Trotz vielfacher Verfolgungen nach dem Konzil von Chalkedon blieben die Westsyrer doch in ihrer Heimat am oberen Euphrat und Tigris und in Syrien und wanderten nicht aus. Zeitweise wurden sie sogar von monophysitisch ge= sinnten Kaisern gefördert.

Während ihr Klosterleben gedieh, war die Kirchenorganisation durch äußeren Druck und innere Zerwürfnisse zeitweise vom Untergang bedroht. Es kam zu Kirchenspaltungen und Übertritten. Jedoch erwuchs den westsyrischen Chris= ten in Jakob Baradai (gest. 578), Mönch und Titularbischof, ein Retter. Er organisierte die vor der Auflösung stehende Kirche von Grund auf neu, indem er - selbst häufigen Verfolgungen ausgesetzt - durch die von den westsyrischen Christen bewohnten Gebiete zog und dabei mehrere Bischöfe und fast 100 000 Priester weihte.

Nach ihrem Reformator Jakob Baradai wurden die westsyrischen Monophysiten mehr als 1 000 Jahre lang "Jakobiten" genannt. Sie akzeptierten diesen Namen auch lange Zeit, lehnen ihn jedoch in jüngster Zeit als Folge eines neu erwachten Selbstbewußtseins ab, da sie auf ihre apostolische Tradition großen Wert legen.

3.4.2.2. Die Syrisch-Orthodoxen (Westsyrer) in der Frühzeit des Islam

Nach dem Siegeszug des Islam gerieten auch die syrischen Christen in der ersten Hälfte des 7. Jahrhunderts unter die Herrschaft der islamischen Araber. Jedoch sahen sie in den neuen Herren vielfach eher ihre Befreier von byzantinischer Unterdrückung. Als Anhänger einer der Buchreligionen erhielten sie Schutzbriefe, zahlten eine Sondersteuer und blieben ansons= ten zumeist unbehelligt. Oft waren die Beziehungen zur islamischen Staats= macht besonders freundlich; so wurde z.B. der Abt und Bischof Gabriel vom Kloster Qartamin im Tur'Abdin vom Kalifen zum obersten Gerichtsherrn sei= ner Diözese eingesetzt. - Andererseits lasteten aber hohe Steuern auf den Christen und veranlaßten viele von ihnen, zum Islam überzutreten. Zu= dem litten sie unter ihrer Uneinigkeit.

Der Beginn des 2. Jahrtausends brachte eine geistige Wiedergeburt und neue

Blüte, die sogenannte "Syrische Renaissance". In jener Zeit erstreckte sich der Einflußbereich der westsyrischen Kirche auf Obermesopotamien zwi= schen Urfa (heute Osttürkei) und Tigrit (heute Nord-Irak), Nord und Nord= ostsyrien sowie auf einige syrische Oasenstädte. Allein im Tur'Abdin gab es mehr als 60 Klöster und Tausende von Einsiedlern, die in den Höhlen des karstigen Gebirgsplateaus lebten, das sich südlich vom oberen Tigris in einer Breite von etwa 50 km bis zur syrischen Ebene hin erstreckt. Die von tief eingeschnittenen Tälern zerteilten Bergzüge und Plateaus zwischen der Provinzhauptstadt Mardin im Westen und der 200 km entfernten Brücken= stadt Cizre am Tigris im Osten waren seit Tausenden von Jahren Zuflucts= stätten für Verfolgte. Frühes Christentum konnte sich hier entwickeln; das Gebiet war für die hier lebenden Asketen berühmt: "Tur'Abdin" = "Berg der Gottesknechte" wird es bis heute genannt. (Geographische Bezeichnung: Mardin-Schwelle).

Die "Syrische Renaissance" brachte eine Reihe von bis heute bekannten Theologen und Schriftstellern hervor: Michael "den Syrer", Jakob bar Sali= bi, Bar Hebraeus u.a. Auch der Kirchenbau und die Kunst des Abschreibens von Handschriften blühten. Die Kirche war damals in mehr als 30 Bistümern organisiert. Der Sitz des Patriarchen wechselte: zeitweise befand er sich im Kloster Mar Bar Sauma bei Malatya, zeitweise im Kloster Mar Matta bei Mosul, in Diyarbakir, schließlich, bis 1924, im Kloster Deir-ez-Za'faran bei Mardin.

3.4.2.3. Der Niedergang seit der Mitte des 14. Jahrhunderts

Seit der Mitte des 14. Jahrhunderts setzte ein rascher Verfall der Kirche durch innere Streitigkeiten ein, gleichzeitig traten die regionalen Unter= schiede stärker hervor. Etwa 200 Jahre lang bestand ein Sonderpatriarchat im Tur'Abdin.

So zerstörten die Raubzüge der Scharen des Tataren-Khans Timur Leng am Ende des 14. Jahrhunderts eine schon im Verfall begriffene Kirche, deren Reste sich in abgelegenen Gebirgsgebieten und einigen Städten bis in die Gegenwart hinein erhalten haben. Zwar kam es vorübergehend zur Konsoli= dierung der Restkirche besonders am Anfang der osmanischen Zeit (16. und 17. Jahrhundert), als die Kirchenorganisation noch 20 Diözesen umfaßte. Doch wurde die syrisch-christliche Bevölkerung durch wiederholt aus dem Osttaurus- und Nord-Zagrosgebirge heranstürmende Kurden bedrängt und ge=

schwächt, so daß weite Siedlungsgebiete den Christen in der Südosttürkei
und im Nord-Irak verlorengingen, selbst in ihrem Zentrum Tur'Abdin. Auch
heute noch drängen kurdische Stämme in die von christlichen Bevölkerungs=
resten bewohnten Regionen.

Auch im Innern erwies sich die syrisch-orthodoxe Kirche als nicht stabil.
Mehrfach entstanden und endeten Sonderpatriarchate, die Klöster verfielen,
und die alte syrisch-christliche Kultur erlebte einen dauernden Nieder=
gang. Der Bildungsstand der Geistlichen und Mönche sank. Nur in den "Kir=
chenschulen", die sich auf die Tradition des Heiligen Afrem von Edessa
zurückführten, wurde in kümmerlichem Unterricht die syrische Kirchensprache
und -schrift weitergegeben und dadurch am Leben erhalten. Doch starb die
Weitergabe der Traditionen in der Liturgie, im Ritus und im Abschreiben
der alten Handschriften nicht völlig aus. Einen wesentlichen Anteil am
Überleben ihrer Kirche hatten die Lehrer und Notabeln - zumeist Kaufleute
und Handwerker - aber auch andere Laien, die in der unteren Hierarchie zu=
meist als Subdiakone und Diakone aktiv am kirchlichen Leben teilhatten.
Dieser Schicht entstammten auch die Dorfpriester.

3.4.2.4. Die Verfolgungen im Zeitalter des Nationalismus und die politi=
          sche Entwicklung im Gefolge des Ersten Weltkriegs

Obwohl es für die syrischen Christen seit dem Ende des Mittelalters kaum
jemals ruhige Zeiten gegeben hatte, spitzte sich ihre Situation im 19.
Jahrhundert wegen der Eskalation der Kurdenfrage noch zu. Teile der im
Osmanischen Reich lebenden Kurden forderten immer energischer ihre Unab=
hängigkeit und überzogen ihre Nachbargebiete mit Krieg. Vor allen die sy=
rischen und armenischen Christen waren davon betroffen. Außerdem wirkten
sich auch die Spannungen zwischen den europäischen Großmächten Großbri=
tannien und Rußland einerseits und dem Osmanischen Reich andererseits im
Raum Obermesopotamien aus.

In ihrer Bedrängnis fanden die syrischen Christen kaum Hilfe, zumal sie
kein eigenes Millet bildeten, sondern den Armeniern zugeordnet waren, de=
ren Oberhaupt sich der ärmlichen Nachbarn nur wenig annahm.

Das Millet-System regelte das Verhältnis der islamischen Staatsmacht zu
den nicht-islamischen Volksgruppen innerhalb des Osmanischen Reiches. In
besonderen Verträgen wurde Christen und Juden - Anhängern der "Buchreligi=
onen" - Selbstverwaltung eingeräumt. Gegen die Zahlung einer Sondersteuer

erhielten sie die Garantie der freien Religionsausübung. Ihre religiösen Führer vertraten sie dem Staat gegenüber. Vom Militärdienst waren sie be= freit.

Erst durch die Fürsprache des britischen Botschafters in Konstantinopel erhielten die syrischen Christen 1880 die Anerkennung als Millet ("Nation"). Damit setzte ein bescheidener Aufschwung ein; er hielt jedoch nur bis zum Ausbruch des Ersten Weltkriegs 1914 an.

In den Krieg wurden die syrisch-orthodoxen Christen als Nachbarn der Arme= nier hineingezogen und erlitten in einzelnen Gebieten auch deren Schicksal. Im Tur'Abdin und in den angrenzenden Gebieten verloren sie durch Überfälle der Kurden etwa ein Drittel ihres Volkes. Viele Dörfer, schon häufig im 19. Jahrhundert von Kurden niedergebrannt, aber immer wieder aufgebaut, fielen nun endgültig der Vernichtung anheim. Die kriegsgewohnten Bergbe= wohner im Tur'Abdin dagegen verteidigten sich mit Erfolg gegen die kurdi= sche Übermacht, bis der türkische Oberbefehlshaber schließlich die Angrif= fe einstellen ließ. Die syrischen Christen im Tur'Abdin konnten glaubhaft machen, daß sie keine engeren Beziehungen zu den Armeniern unterhielten.

Mehrere Tausend syrisch-orthodoxer Christen überlebten so den Krieg in den Gebirgsregionen, während die meisten ihrer Glaubensbrüder in den Städten Mardin und Diyarbakir und im offenen Land nördlich des Tigris von den hauptsächlich kurdischen Truppenteilen des Osmanischen Heeres getötet wurden.

Ein Teil der Christen in diesem Gebiet konnte sich nach Nordost-Syrien und in den Nord-Irak retten, wo englische und französischen Truppen standen. Andere blieben verschont, weil sie schon vor dem Krieg zu Tausenden nach Istanbul und Amerika ausgewandert waren.

3.4.2.5. Die Regeneration nach dem Ersten Weltkrieg

In der Türkei blieb die Situation der syrischen Christen in der Südost= türkei auch nach dem Ersten Weltkrieg kritisch, denn hier fanden heftige Kämpfe zwischen den um ihre Unabhängigkeit kämpfenden Kurden und der neu= en türkischen Zentralregierung statt. Erst nach der Niederwerfung der Auf= ständischen um 1928 zog auch in der Südosttürkei relative Ruhe ein; die Christen hier konnten endlich aufatmen.

Während der Regierungszeit Atatürks war den syrischen Christen bis zum

Tode des Staatsgründers im Jahre 1938 eine ruhige Zeit vergönnt. Sie konn=
ten ihre Religion frei ausüben, obwohl sie im Frieden von Lausanne 1923
nicht ausdrücklich wie die Armenier und Griechen als christliche Minder=
heit anerkannt worden waren. Sie wollten keinen Minderheitenstatus in dem
neuen Staat, da ihre Zahl zu gering war. Außerdem fehlte ihnen die kirch=
liche Führung, weil der Patriarch die Türkei verlassen hatte, angeblich,
um in Indien Streitigkeiten in seiner Kirche zu schlichten.

1924 wurde der Patriarchatssitz auch offiziell vom Kloster Deir-ez-Zafaran
bei Mardin nach Homs in Syrien verlegt. Unter dem Schutz der französischen
Mandatsmacht hatten sich dort viele Syrisch-Orthodoxe in mehreren Gemein=
den gesammelt. Die meisten waren schon während des Krieges oder kurz da=
nach aus dem Tur'Abdin oder einigen südostanatolischen Städten dorthin ge=
flüchtet.

Die Franzosen siedelten viele armenische, syrisch-orthodoxe, nestoriani=
sche und chaldäische Christen aus der Türkei in den menschenarmen Steppen
am Khabur und im Grenzgebiet bei Kamishli an. Viele Christen zogen auch
nach Aleppo und Homs und kamen hier zu Wohlstand. So wurden die drei neuen
Bistümer al-Jezira, Aleppo und Homs gegründet. Weitere syrisch-orthodoxe
Gemeinden entstanden im Libanon, in Jordanien und Palästina. Im Irak er=
langte die Gemeinde von Mosul neue Bedeutung. Zunehmend zogen ihre Mit=
glieder nun auch nach Bagdad, wo heute eine große und noch wachsende sy=
risch-orthodoxe Gemeinde besteht.

Die Auswanderung nach Übersee nahm zu. In den USA, in Kanada und in eini=
gen südamerikanischen Ländern entstanden größere Gemeinden, nach dem Zwei=
ten Weltkrieg wurde in New Jersey das syrisch-orthodoxe Bistum von Nord-
und Südamerika gegründet.

In der Türkei hatte sich die Situation für die syrischen Christen nach dem
Tod Atatürks 1938 und nach dem Ausbruch des Zweiten Weltkriegs wieder
verschlechtert. Sie wurden erneut Restriktionen unterworfen, durften u.a.
ihr Wohngebiet nicht ohne besondere Erlaubnis verlassen, und gleichzeitig
nahm der Druck der Kurden wieder zu. Nach dem Krieg benutzten viele sy=
rische Christen die Möglichkeit, ihre Heimat in Richtung Istanbul, Syrien
oder Libanon zu verlassen. Trotzdem stieg ihre Zahl im Bezirk von Mardin
und Midyat infolge ihres Kinderreichtums von mehreren Tausend im Jahre
1930 auf etwa 25 000 im Jahre 1960.

Auch in Syrien und im Libanon wuchsen die syrisch-orthodoxen Gemeinden. 1954 verlegte der Patriarch seinen Sitz von Homs nach Damaskus, dessen syrisch-orthodoxe Gemeinde sich ständig vergrößerte.

1972 gab der syrisch-orthodoxe Patriarch Ignatius Jakub III.(gest. 1980) in Damaskus die Zahl seiner Kirchenmitglieder im Vorderen Orient mit etwa 300 000 an. Die Mehrheit von ihnen lebte 1982 in Syrien. Im Irak mag die Zahl bei etwa 30 000, in Kuwait bei 1 000, in Jordanien bei 1 000, im Li= banon bei 15 000 und in der Türkei bei 30 000 liegen. In Ägypten und Isra= el zusammen sind es etwa 1 500. In Nord- und Südamerika könnte die Zahl der Syrisch-Orthodoxen auf ca. 50 000 angestiegen sein.

3.4.3.   Die Situation heute

3.4.3.1.   In der Türkei

Nach dem Zweiten Weltkrieg änderte sich die Lage der syrischen Christen in der Türkei mehrmals. Zeitweise herrschten Ruhe und Sicherheit; politische Krisen wie der Zypernkonflikt oder innenpolitische Spannungen verursachten dagegen neuen Druck.

Aus den westlichen Randgebieten des Tur'Abdin um die Provinzhauptstadt Mar= din wanderte der größte Teil der syrisch-orthodoxen Christen nach Istanbul oder Beirut aus. Als Handwerker und Kaufleute fanden die meisten in der türkischen Großstadt eine Existenz.

Dagegen gerieten die syrischen Christen im südosttürkischen Tur'Abdin um die Kreisstadt Midyat zunehmend unter den Druck von kurdischen Stämmen aus den Ostgebieten der Türkei; diese konnten ihre halbnomadische Lebens= weise wegen der Grenzziehung im Frieden von Lausanne nicht mehr aufrecht erhalten. Zudem wurden sie von der Regierung zwangsweise umgesiedelt. Die Umstellung der Lebens- und Wirtschaftsweise führte zu einem wachsenden Bevölkerungsdruck, der sich zunächst gegen die schwächere Gruppe der Christen entlud.

So kam die Anwerbung von Gastarbeitern für Mitteleuropa den syrischen Christen vom Tur'Abdin gerade recht. Viele gingen nach Europa und holten später ihre Familien nach. Besonders den bessergestellten Handwerkern ge= lang der Sprung. Die Zurückgebliebenen, die Dorfbewohner und die sozial Schwachen gerieten immer mehr unter den Druck der Kurden; diese hofften, die Christen durch Schikanen zum Auszug bewegen und deren Besitz günstig übernehmen zu können.

Viele Christen wollten auch nicht mehr länger in einem so unerschlossenen Land leben. Bis in die siebziger Jahre hinein gab es kaum ausgebaute Ver= kehrswege. Wasser und Strom fehlten meistens. Man war auf Zisternen ange= wiesen, die während des Sommers austrockneten. Die Felder wurden mit dem primitiven Hakenpflug bearbeitet, regelmäßige Düngung war unbekannt. Auch das Saatgut gab kaum noch etwas her. Noch dienten Esel und Maultier als Hauptverkehrsmittel und Zugtier.

Nur langsam schritt die Entwicklung durch Straßen- und Leitungsbau voran, zu einigen Innovationen führten die Geldüberweisungen der Gastarbeiter.

Nach dem Ausbruch des libanesischen Bürgerkriegs verschärfte sich die La= ge der syrisch-orthodoxen Christen in der Südosttürkei. Kurden, von rechts= gerichteten christlichen Milizen aus Beirut vertrieben, kehrten in ihre an= gestammte Heimat Tur'Abdin zurück, von wo sie ausgezogen waren, um als Gastarbeiter in Beirut Geld zu verdienen.

Jetzt wollten sie sich an den einheimischen Christen für das rächen, was ihnen im Libanon von Christen angetan worden war. Dörfer wurden überfallen und ausgeraubt, Christen ermordet, Vieh gestohlen und Felder verwüstet. Die Behörden verhielten sich bei diesen Untaten meistens passiv und lies= sen ihre christlichen Bürger ohne wirksamen Schutz vor deren kurdischen Erbfeinden.

Deshalb verkauften viele Christen ihren Besitz zu Schleuderpreisen an die kurdischen Nachbarn und flohen nach Europa. Dort stellten sie Asylanträge. Andere Glaubensbrüder flüchteten nach Istanbul. Hier hatte sich aber die allgemeine Lage erheblich verschlechtert. Die Neuhinzugekommenen fanden nur schwer Arbeit und erträgliche Wohnungen und nur schwer Kontakt zu den schon ansässigen syrischen Christen. Dazu trugen auch Sprachunterschiede zwischen Mardin-Arabisch und Turoyo, dem syrischen Dialekt der Dorfbewoh= ner bei.

Im Tur'Abdin gaben die Christen von ihren 36 Dörfern 4 ganz auf; in ande= re rein christliche zog eine wachsende Zahl von kurdischen Muslimen. Ins= gesamt lebten 1982 ca. 15 000 syrisch-orthodoxe Christen in der Südost= türkei und etwa die gleiche Zahl in Istanbul.

Nach der Machtübernahme durch das Militär beruhigte sich die Lage für die

Christen im Tur'Abdin.

Die Auswanderung nach Europa ging durch den neueingeführten Visumzwang und die restriktiven Maßnahmen europäischer Behörden zurück. Viele Christen sehen sich jetzt gezwungen, in der Heimat zu bleiben, auch deshalb, weil ungünstige Nachrichten aus Europa bis nach Midyat gelangen.

So weihte Patriarch Ignatius Sakka I. Iwas im Mai 1982 den Mönch Ilyas Cankaya zum neuen Bischof der Diözese Tur'Abdin und stattete aus diesem Anlaß dem türkischen Staatspräsidenten einen Besuch ab. Leider verunglückte der neue Bischof im Sommer 1984 in Holland tödlich.

In Istanbul konnte aus Mangel an geeigneten Kandidaten noch kein syrisch-orthodoxes Bistum eingerichtet werden, Ausländer werden hier für kirchli= che Ämter nicht zugelassen.
Dagegen stehen den Gemeinden genügend Priester aus ihren eigenen Reihen zur Verfügung, die ihre Ausbildung innerhalb des kirchlichen Dienstes er= halten. Vor ihrer Weihe üben sie einen Beruf aus, in den Dörfern sind sie meist Bauern.

Sonntagsschulen wurden in fast jedem von Christen bewohnten Dorf einge= richtet. Hier lernen die Kinder Religion, Kirchengesang und Altsyrisch, die Liturgie- und Schriftsprache.

Die kirchlichen Aktivitäten konzentrieren sich im Tur'Abdin auf das Klos= ter "Mar Gabriel" (auch "Qartamin" und "Der-ul-Ömer" genannt), eines der aus dem Mittelalter noch übriggebliebenen 5 Klöster. Hier besteht eine Klosterschule mit etwa 40 Jungen aus den Dörfern, eine Art Seminar für den Nachwuchs an Priestern, Lehrern und Mönchen. Zur Zeit ist es das ein= zige syrisch-orthodoxe Seminar überhaupt, Hilfe erhält es vom Ökumeni= schen Weltrat der Kirchen.

Die syrisch-orthodoxen Gemeinden in der Südosttürkei wurden durch die Auswanderung ihrer wirtschaftlich stärksten Mitglieder nach Istanbul und Europa erheblich geschwächt. Noch kommen allerdings finanzielle Zuwen= dungen von den Auswanderern. Aber das ganze Gebiet braucht dringend ein Entwicklungsprogramm.

3.4.3.2. In Syrien

Die Mehrheit der syrisch-orthodoxen Christen lebt heute in Syrien. Dort konzentrieren sie sich in den Bistümern al-Jezira/Khabur, Aleppo, Homs und in Damaskus. Traditionell bestehen gute Beziehungen zum syrischen Staat und seinen Vertretern. Patriarch Ignatius Sakka I. Iwas (seit 1980) residiert im Stadtteil Bab Tuma in Damaskus.

Als kleine Gruppe halten sich die Syrisch-Orthodoxen aus den innersyri= schen Spannungen heraus. Sie pflegen Kontakte zu Alawiten und Sunniten; dagegen halten sie Distanz zu radikalen muslimischen Gruppen.

Ihre Lage in Syrien bewerten die Syrisch-Orthodoxen als gut. Zwar wurden sie zeitweise in Kamishli und in den umliegenden Dörfern durch illegal aus der Türkei eingewanderte Kurden unter Druck gesetzt, doch schritt die Re= gierung gegen die Unruhestifter ein.

Auch der Libanon-Krieg beeinträchtigte die Situation der Syrisch-Orhtodo= xen in Syrien kaum, obwohl sich ein Teil ihrer Glaubensbrüder im Libanon der rechtsgerichteten "Libanesischen Front" angeschlossen hatte und sogar zeitweise gegen syrische Truppen kämpfte, unter denen sich auch syrisch- orthodoxe Wehrpflichtige befanden.

Die Kirchenführer verhielten sich - abgesehen vom Bischof vom Mont Liban - streng neutral im Libanon-Konflikt und konnten dadurch größere Verluste verhindern. Probleme erwuchsen der syrisch-orthodoxen Kirche aber dadurch, daß sich viele ihrer jungen Mitglieder im Gebiet von al-Je= zira und in Aleppo der "assyrischen" Nationalbewegung anschlossen.

In dieser politischen und kulturellen Strömung trafen sich Angehörige al= ler syrischen Kirchen, Nestorianer, Chaldäer und westsyrische Christen.

Sie waren nach dem Ersten Weltkrieg als Flüchtlinge von den Franzosen in den Steppen am Khabur in Nordostsyrien angesiedelt worden und hatten das vorher öde Gebiet in eine blühende Kulturlandschaft umgewandelt. Viele kamen zu Wohlstand. Als Großpächter verloren sie aber nach der Bodenre= form von 1956 ihre wirtschaftliche Grundlage und wanderten nach Aleppo, in den Libanon oder nach Übersee aus.

Die assyrische Nationalbewegung entstand im 19. Jahrhundert nach den sen= sationellen Veröffentlichungen Henry Layards, des damaligen englischen Konsuls in Mosul. Er hatte Überreste des alten assyrischen Reiches in den Ruinen von Ninive gefunden und glaubte, im Nord-Irak auch die Nachfahren der alten Assyrer in den Nestorianern und Chaldäern gefunden zu haben. Später wurden seine Thesen von protestantischen Missionen aufgenommen und an die Nestorianer weitervermittelt.

So entstand in der kleinen Gruppe der nestorianischen Christen ein assyri=
sches Nationalgefühl, das sie nach dem Ersten Weltkrieg in ihren neue Hei=
mat am Khabur-Fluß in Nordostsyrien mitbrachten. Dort kamen auch die Sy=
risch-Orthodoxen aus dem Tur'Abdin mit den neuen Ideen in Kontakt. Da die
Kirchen sich als schwach erwiesen hatten, sammelten sich junge Leute aus
allen syrischen Kirchen in Vereinigungen, die sowohl die kulturelle Ein=
heit als auch die Bildung eines gemeinsamen Staates zum Ziel hatten. Die=
ser sollte sich von Nordostsyrien über die Südosttürkei bis in den Nord-
Irak erstrecken. Die Forderungen der assyrischen Nationalbewegung schei=
terten jedoch am Widerstand der etablierten Staaten.

Deshalb distanzierte sich die syrisch-orthodoxe wie auch die anderen sy=
rischen Kirchen von diesen Strömungen unter ihren Mitgliedern und ermög=
lichte dadurch gute Beziehungen zu ihrem jeweiligen Staat. Nach wie vor un=
terhält die syrisch-orthodoxe Kirche eigene Schulen in Syrien; Unterricht
in altsyrischer Kirchensprache ist weiterhin erlaubt. Dagegen werden Akti=
vitäten der assyrischen Nationalbewegung konsequent unterdrückt, zumal sie
mit dem Panarabismus der Baath-Partei kollidieren.

Der Streit um das Selbstverständnis der syrisch-orthodoxen Christen drohte
schließlich auch außerhalb Syriens, und hier vor allem in Europa, das Kir=
chenvolk zu spalten. Um dieser Gefahr zu begegnen, beschloß eine Bischofs=
synode im November 1982 in Damaskus, die Bezeichnung "Syrer" für alle An=
hänger ihrer Kirche einzuführen. Dagegen wurden die Bezeichnungen "Assyrer"
und "Aramäer" innerhalb der Kirche abgelehnt. Die semitischen Aramäer leb=
ten im 1. Jahrtausend vor Christus in Teilen des Vorderen Orients. Ihre
Sprache war zeitweise Verkehrssprache in dieser Region, so auch in Paläs=
tina.

3.4.3.3. Im Libanon

Bis zum Ausbruch des Bürgerkriegs 1975 war die syrisch-orthodoxe Gemeinde
im Libanon auf etwa 20 000 Mitglieder angewachsen. Die meisten von ihnen
wohnten im Stadtteil Musaitbe in West-Beirut, andere in Ashrafije im Os=
ten der Stadt und in Bourj Hammoud am nördlichen Stadtrand. Hierher kamen
vorzugsweise die assyrisch-gesinnten jungen Leute aus der Jezire. Schon
seit dem Ersten Weltkrieg bestand eine größere Gemeinde in Zahle. Ein
Bischof residiert in Musaitbe, der zweite in Bourj Hammoud mit der Diöze=

se "Mont Liban". Das einzige syrisch-orthodoxe Priesterseminar wurde Ende
der sechziger Jahre von Zahle nach Atshane bei Bikfaya nördlich von Beirut
verlegt.

Schon zu Beginn der siebziger Jahre setzte die Auswanderung nach Amerika
und Australien ein; viele syrische Christen ahnten damals bereits, daß
dem Libanon und damit auch ihrer Gemeinde harte Zeiten bevorstanden. Der
Krieg traf sie dann auch mit voller Wucht, in ihrem heftig umkämpften
Stadtteil Musaitbe verloren viele ihre Wohnung, manche auch ihr Leben.
Dennoch harrten noch mehrere Familien mit ihrem Bischof bis zum israeli=
schen Bombardement im Sommer 1982 in West-Beirut aus. Heute hat sich die
Gemeinde konsolidiert.

Die meisten syrisch-orthodoxen Kirchenmitglieder waren aber schon vorher
nach Ost-Beirut, nach Amerika oder Schweden geflohen. Das Priesterseminar
in Atshane bei Bikfaya nördlich von Beirut mußte nach einem syrischen Bom=
bardement geschlossen werden; nur das Waisenhaus dort blieb bestehen.

3.4.3.4. Im Irak

Bis zum Ausbruch des iranisch-irakischen Krieges konnten sich die Syrisch-
Orthodoxen im Irak einer allgemein gesicherten Situation erfreuen. Viele
von ihnen waren wirtschaftlich und sozial aufgestiegen. Das Regime der
Baath-Partei, selbst laizistisch, brauchte die Hilfe der Christen gegen
die kurdischen Aufständischen und gegen seine schiitischen Gegner. Die
Christen erhielten sogar staatliche Hilfe zum Ausbau ihrer Klöster und
Kirchen.

Im Irak leben heute etwa 30 000 syrisch-orthodoxe Christen. Die Mehrheit
von ihnen ist in den letzten Jahren aus der Diözese Mosul nach Bagdad ge=
zogen. Die Kirche beginnt jetzt, ein neues Priesterseminar im Kloster Mar
Matta bei Mosul einzurichten.

Als irakische Staatsbürger kommen Syrisch-Orthodoxe ihrer Wehrpflicht auch
an der Front nach, und sie haben zahlreiche Gefallene zu beklagen.

3.4.3.5. In den übrigen Ländern des Vorderen Orients

Schon vor dem Ersten Weltkrieg, besonders aber danach, lebten einige Hun=
dert syrisch-orthodoxe Familien im Gebiet des heutigen Jordanien, in Jeru=
salem, Ägypten und Kuwait. Sie kamen als Kaufleute und Handwerker. - In

Jerusalem besteht ein neuerdings wieder besetztes Bistum, dazu ein Kloster mit einem Mönch.

Im Palästina-Konflikt ergriff Patriarch Ignatius Jakub III. auch öffentlich Partei für die arabische Sache. Die Gemeinde im heutigen Israel hat sich durch den Anschluß an arabische Kirchen oder Auswanderung fast aufgelöst. In Jordanien dagegen blühte sie auf.

3.4.3.6. In Europa

Syrisch-orthodoxe Gemeinden sind seit dem Ende der fünfziger Jahre in Ös= terreich, in der Schweiz, in Frankreich, Belgien, den Niederlanden, Norwe= gen, Schweden und in der Bundesrepublik Deutschland entstanden. 1985 leb= ten etwa 30 000 syrisch-orthodoxe Christen in Europa, davon ungefähr 18 000 in der Bundesrepublik und etwa 10 000 in Schweden.

Seit 1979 besteht das Bistum Mittel- und Westeuropa mit dem Sitz in Glane/ Losser in den Niederlanden. Zum ersten Bischof wurde Julius I. Isa Çiçek aus dem Dorf Kafro im Tur'Abdin geweiht. Ein weiteres Bistum wurde in Südertälje/Schweden eingerichtet. Bischof ist hier Themotheos Afrem Aboodi aus Mosul. 1985 wurden die syrisch-orthodoxen Gemeinden in Deutschland von 12, in Österreich und in den Niederlanden von je 2, in Belgien und Frank= reich von je einem und in Schweden von 4 Priestern seelsorgerisch betreut.

Die Mehrheit der Syrisch-Orthodoxen in Europa sind Gastarbeiter mit ihren Familien aus dem Tur'Abdin. Viele sind schon mehr als 10 Jahre in Europa, ihre Kinder sind hier zur Schule gegangen und zum Teil jetzt auf den Uni= versitäten. Asylanten und Asylbewerber bilden weitere Gruppen.

Wegen seiner großzügigen Handhabung der Asylgesetze wurde Schweden zum Zielland vieler syrisch-orthodoxer Christen aus der Türkei, aus Syrien und dem Libanon. Die meisten Flüchtlinge wurden rasch anerkannt, erhielten Pässe, Unterkünfte, finanzielle Unterstützung und Integrationshilfen. Des= wegen wechselten Mitte der siebziger Jahre viele syrisch-christliche Gast= arbeiter aus der Bundesrepublik Deutschland nach Schweden über und erhiel= ten dort Asyl. Die meisten von ihnen wurden in Mittelschweden, vor allem in Südertälje, untergebracht. Viele fanden dort Arbeit, manche aber bis heute nicht. Es kam, besonders in Südertälje, zu Spannungen mit der schwe= dischen Bevölkerung.

Seit dem Zuzugsstopp sieht sich die schwedische Regierung jetzt zunehmend

mit dem Problem illegaler christlicher Einwanderer aus der Türkei konfron=
tiert.

In den Niederlanden erhielten die meisten syrischen Christen eine Aufent=
haltserlaubnis auf unbegrenzte Zeit. Allerdings gab es auch hier Probleme
mit Einwanderern, die mit einem Touristenvisum aus der Türkei einreisten
und nach Ablauf der Aufenthaltsbewilligung bei ihren Familien untertauch=
ten. Nach Polizeiaktionen kam es zu einer Kirchenbesetzung durch Nieder=
länder und Christen aus der Türkei in Hertogenbosch. Verhandlungen führ=
ten schließlich zur Kompromißlösung einer unbefristeten Aufenthaltserlaub=
nis.

Syrische Christen kamen als Gastarbeiter seit dem Ende der fünfziger Jahre
in die Bundesrepublik Deutschland und wurden rasch zu Angelernten und zu
Facharbeitern. Als eine christliche Gruppe aus der Türkei wurden sie lange
nicht wahrgenommen. Sie besuchten am Wohnort den katholischen oder den
protestantischen Gottesdienst. Zum Osterfest fuhren sie meist in ihre Hei=
mat, um ihr höchstes kirchliches Fest dort zu feiern.

Doch wurden Priester in den anwachsenden Gemeinden immer notwendiger;
Kinder mußten getauft, Paare verheiratet und Tote begraben werden, und es
gab soziale Probleme.

1971 wurde Bitris Ögünç erster syrisch-orthodoxer Priester in Europa. Die
Caritas in Augsburg hatte ihn als Sozialarbeiter eingestellt; 1983 war er
noch im Amt.

Weitere Priester folgten ihren nach Europa ausgewanderten Dorfbewohnern
nach.

Familien- und Dorfverbände sammelten sich in verschiedenen Städten, u.a.
in Ahlen, Aschaffenburg, Augsburg, Berlin, Braunschweig, Delmenhorst,
Duisburg, Frankfurt, Füssen, Fulda, Gießen, Gütersloh, Hamburg, Hengelo,
Kirchhart, Ludwigsburg, Ochsenfurt, Wanne-Eickel, Worms und neuerdings Gronau.

Mittlerweile sind die syrischen Christen mit Identitätsproblemen konfron=
tiert. Durch den Kontakt mit Studenten aus Syrien, dem Iran und dem Irak
begannen besonders die Jüngeren, sich für ihre "assyrische" Herkunft und
ihre Kultur zu interessieren. Man gründete Kulturvereine, und Schulen für
syrische Sprache und Religion wurden mit Hilfe der Behörden und der Kir=
chen des Gastlandes von den Gemeinden eingerichtet, um die Entfremdung
der Jugend von ihrer christlichen Tradition zu verhindern.

Die Aktivitäten der assyrischen Nationalbewegung stießen besonders unter
den traditionell eingestellten syrischen Christen aus den Tur'Abdin-Dör=
fern auf heftigen Widerstand. Die Frage, ob der Ursprung Aram oder Assur
sei, erhitzte die Gemüter. Die Synode von Damaskus Ende 1982 versuchte,
diesem Konflikt ein Ende zu bereiten.

Seit 1980 steigt ihre Zahl durch Geburtenreichtum. Nur vorübergehend wurde
der Familienzuzug aus der Türkei durch Maßnahmen der Behörde gestoppt. Aber
seit 1984 setzte eine neue Auswanderungswelle ein, die über dunkle Wege geht.

Die Kirche hat sich trotz aller Unruhe in den Gemeinden konsolidiert. Das
Kloster "St. Ephrem der Syrer" in Glane/Losser, 1982 von den Spendengeldern
der Kirchenmitglieder gekauft, soll zu einem neuen Zentrum mit Priesterse=
minar ausgebaut werden.

Durch die neue Entwicklung haben die syrischen Christen in Europa seit et=
wa 20 Jahren ihre traditionelle Brückenfunktion zwischen Islam und Christen=
tum, Orient und Okzident verloren. Ob sie sich vollständig in ihre neue
Heimat integrieren können, ohne ihre alten christlichen Traditionen aufzu=
geben, bleibt abzuwarten.

3.4.3.7. In Nord- und Südamerika, Australien

Bereits vor dem Ersten Weltkrieg wurden syrisch-protestantische und sy=
risch-katholische Gemeinden in Nord-Amerika gegründet. Nach dem Ersten
Weltkrieg emigrierte eine größere Zahl von Syrisch-Orthodoxen in die USA.
Die Gemeinden wuchsen rasch, besonders unmittelbar nach dem Ersten Welt=
krieg und während der Libanon-Krise; einige Priester wurden vom Patriar=
chen dorthin entsandt.

1982 lebten in den USA und Kanada etwa 30-50 000 Syrisch-Orthodoxe. Ein
neues Bistum wurde 1958 für ganz Amerika in New Jersey/USA eingerichtet.

Seit etwa 1960 ist auch Australien Auswanderungsziel für Syrisch-Orthodo=
xe. Die wachsende Gemeinde in Sidney wird durch einen Priester aus dem
Tur'Abdin betreut.

3.5. Die syrischen Katholiken

Die syrisch-katholische Kirche besteht seit dem 18. Jahrhundert. Ihre An=
hänger leben in der Türkei, in Syrien, im Irak, im Libanon, in Jordanien,

in Jerusalem, Kuwait, Nord- und Südamerika, Australien und Europa. Ihr
offizieller Name lautet: Syrisches Patriarchat von Antiochia. Sitz des
Patriarchen ist Beirut. Ihm unterstehen die Erzbistümer Aleppo, Bagdad,
Damaskus, Homs, Mosul, das Bistum Hasake-Nisibis sowie die Patriarchalvi=
kariate in Jerusalem und in der Türkei. Ein Bischof residiert als Patriar=
chalprokurator in Rom. Die Zahl der Gläubigen beträgt etwa 100 000. In
jeder syrisch-katholischen Gemeinde ist mindestens ein Priester tätig. Das
theologische Ausbildungszentrum liegt im Kloster Sharfé im Libanon.

Seit dem Mittelalter sind mehrere Unionsversuche mit der syrisch-ortho=
doxen Kirche von Rom aus unternommen worden. Die meisten scheiterten. Erst
seit dem 17. Jahrhundert hatten die Einigungsbemühungen in Aleppo Erfolg
und erst später auch in anderen Teilen des Osmanischen Reiches. 1830 wur=
de die syrisch-katholische oder "syrianische" Kirche vom Sultan als "Mil=
let" anerkannt.

Der Sitz des Patriarchen wechselte mehrfach, bis er endgültig in Beirut
blieb. Die Kirche brachte einige bekannte Theologen hervor. Als Reorgani=
sator und erster Kardinal wurde Ignatius Gabriel Tappouni (gest. 1967) be=
kannt. Sein Nachfolger wurde Ignatius II. Hajek.

Bis heute teilten die syrischen Katholiken oft das Schicksal ihrer sy=
risch-orthodoxen Brüder. Im 19. Jahrhundert erlitten sie in der südöstli=
chen Türkei Verfolgungen durch die Kurden. Im Ersten Weltkrieg hatten sie
erhebliche Menschenverluste zu beklagen. Im Gegensatz zu den Syrisch-
Orthodoxen erholten sich die Katholiken in der Türkei davon nicht wieder.
Ihre Anhänger leben heute hauptsächlich im Libanon, im Irak und in Syrien.
Ihre wirtschaftliche Lage ist gut.

Im libanesischen Bürgerkrieg stellten sich die meisten syrischen Katholi=
ken auf die Seite rechtsgerichteter Maroniten. Viele wurden vom Bürger=
krieg hart getroffen; ihre Wohnungen und Geschäfte lagen vielfach im um=
kämpften Stadtzentrum von Beirut. Trotzdem wanderten verhältnismäßig
wenige von ihnen aus.

Zur syrisch-orthodoxen Kirche waren die Beziehungen lange gespannt, erst
in jüngster Zeit bahnt sich eine Annäherung beider Kirchen durch die Ver=
mittlung der Kurie an.

3.6. Die protestantischen Westsyrer

Von den am Ende des 19. Jahrhunderts zahlenmäßig starken protestantischen Westsyrern sind nur einige Reste in der Türkei (hauptsächlich in Istanbul), Irak, Syrien und Libanon übriggeblieben. In der Türkei sind die meisten zur syrisch-orthodoxen Kirche zurückgekehrt, in den anderen arabischen Ländern haben sie sich den dortigen protestantischen Kirchen angeschlossen und die syrische Sprache aufgegeben.

Im Libanon entstand 1844 die erste protestantische Gemeinde orientalischer Christen. Hier haben sie auch heute noch ihr Zentrum, und hierhin sind viele protestantische Westsyrer gekommen. In der Türkei hatte die "Ameri= can Board of Commissioners for Foreign Missions" Ende des 19. Jahrhunderts beträchtlichen Erfolg gegen den Widerstand der einheimischen Kirchen. Das verdankte sie vor allem ihrem vorbildlichen Gesundheits- und Schulwesen. Doch benutzten die Missionare wegen der Sprachschwierigkeiten in der Süd= osttürkei fast nur Arabisch und Englisch und entfremdeten damit ihre An= hänger der angestammten Kultur. Das war auch ihr Ziel, weil sie das ein= heimische Christentum als vom Aberglauben beherrscht ansahen.

Da sie dem Millet-System und seiner Schutzfunktion nicht viel Bedeutung beimaßen, achteten sie auch nicht darauf, daß ihre Anhänger ohne den alten Schutz neuen Verfolgungen ausgesetzt waren. Schon vor dem Ersten Weltkrieg, besonders aber während dieser Zeit, wurden viele protestantische Syrer ge= tötet.

Nach dem Krieg, unter dem Regime Atatürks, schlossen sich viele Protestan= ten wieder den alten Kirchen an. Diese wurden in der neuen Republik teil= weise sogar gefördert, weil sie nur wenig Verbindungen zum Ausland hatten und daher nicht als Agenten fremder Mächte angesehen wurden, wie die Pro= testanten mit ihren engen Bindungen nach England und Amerika; Missionstä= tigkeit jedoch war verboten. So konnte sich die syrisch-orthodoxe Kirche in der Türkei erholen. Auch im Irak und in Syrien ging der Einfluß der Missionen zurück. Nach der Machtübernahme durch die Baath-Partei in bei= den Ländern wurden die Protestanten als öffentlicher Faktor ausgeschaltet. Die meisten protestantischen Syrer wanderten nach Amerika aus.

3.7.   Die Maroniten

3.7.1. Die Kirchenorganisation

Die Maronitische Kirche ist seit dem 13. Jahrhundert in einer Union mit
der römischen Kirche verbunden. Sie steht unter der Führung eines eigenen,
von der maronitischen Bischofssynode gewählten Patriarchen, dessen Wahl
von Rom bestätigt wird. Seine Sommerresidenz liegt in Diman oberhalb des
Qadisha-Tals im Nord-Libanon. Im Winter residiert der maronitische Patri=
arch in Bkerke oberhalb von Jounieh. Seit 1974 hat Mar Antonius Petrus
Khureish das Amt inne.

In der Welt leben etwa 2 1/2 Millionen Maroniten, die größte Gruppe von
ihnen im Libanon (etwa 750 000). Außerdem findet man Maroniten in Syrien,
Kuwait, Jordanien, Israel, Ägypten und außerhalb des Vorderen Orients in
Nord- und Südamerika, Australien und einigen Ländern Westafrikas.

Die Maroniten sprechen heute Arabisch. Bis zum 17. Jahrhundert wurden
noch teilweise westsyrische Dialekte gesprochen. Arabisch ist heute in
den arabischen Ländern auch Kirchensprache der Maroniten. Nur im Kern der
Liturgie haben sich Reste von Syrisch erhalten. Die Kirche folgt dem anti=
ochenischen Ritus. Im Libanon bestehen folgende Bistümer:

     Beirut. Sitz im Winter: Collège de la Sagesse in Ashrafije
                    im Sommer: Ain Saade
     Sidon/Saida. Sitz im Winter: Saida
                       im Sommer: Beit ed-Din
     Tyros/Sur. Sitz im Winter: Tyros
                     im Sommer: Bkasin
     Sarba. Sitz in Reifun/Kesrwan
     Jounieh. Sitz in Aramun
     Baalbek. Sitz in Baalbek
     Tripoli. Sitz im Winter: Tripoli
                    im Sommer: Karm Saddi
     Zahle. Sitz in Zahle.

Außerdem befindet sich der Sitz des Bistums Zypern in Qurnat Chawan bei
Bikfaya nördlich von Beirut.

Zum maronitischen Patriarchat gehört außerdem eine Patriarchatsdiözese mit
den Bezirken Byblos und Batrun.

Außerhalb des Libanon bestehen folgende Bistümer:

Aleppo (Syrien)

Lattakia (Syrien), Sitz in Tartus

Kairo (Ägypten)

Sao Paulo (Brasilien)

Detroit (USA)

Sidney (Australien)

dazu das Patriarchalvikariat von Jerusalem und der Prokurator in Rom.

1952 wurde die Universität St. Esprit in Kaslik bei Jounieh als Priester= ausbildungsstätte des maronitischen-libanesischen Ordens eröffnet, 1965 wurde sie der Öffentlichkeit zugänglich gemacht und staatlich anerkannt. In einem kleineren Seminar in Karm Saddi bei Tripoli im Nord-Libanon wer= den Dorfpriester für diese Region ausgebildet; ältere und verheiratete Männer, die sich spät zum Priester berufen fühlen, können einen Kurs für Priester in Kefarhai im Bezirk Batrun besuchen.

Dem maronitisch-libanesischen Orden gehören heute 61 über den ganzen Liba= non verteilte Klöster, darunter das bekannte Wallfahrtskloster Mar Sharbel in Annaja bei Byblos. Außerdem betreibt er 20 Schulen im Libanon, 2 Mis= sionsschulen in Dakar und Abidjan in Westafrika, 3 Krankenhäuser, 2 Alters= heime und 18 Gemeindezentren im Libanon. Dieser Orden umfaßt insgesamt 421 Mönche.

Die beiden anderen maronitischen Orden, die Antoniner und die Mariamiten zählen zusammen 175 Mönche in 34 Klöstern. Ihnen gehören 17 Schulen und mehrere Kulturzentren.

Außerdem bestehen innerhalb der maronitischen Kirche 8 Nonnenorden, von denen zwei besonders im Erziehungswesen tätig sind. Sie unterhalten zahl= reiche Klöster und Mädchenschulen im gesamten Libanon. Der größte ist der 1932 gegründete Antoninische Nonnenorden. Er betreibt heute 20 Schulen mit etwa 5000 Mädchen aller Altersstufen. Weitere 45 Schulen mit mehr als 14 000 Schülerinnen und 7 Krankenhäusern werden von anderen Nonnenorden betreut.

3.7.2.   Zur Geschichte

3.7.2.1. Von den Anfängen bis zur Frühzeit des Islam

Die Maroniten sind die zahlenmäßig größte christliche Gemeinschaft im Li=
banon.

Die altorientalische christliche Gemeinschaft erhielt ihren Namen nach dem
Mönch Maroun. Er lebte um die Wende vom 3. zum 4. Jahrhundert in Syrien,
wo er zwischen Apameia und Homs am Orontes eine Einsiedelei gründete.
Schon bald gewann er großen Einfluß auf das Geistesleben der näheren und
weiteren Umgebung.

Maroun führte ein für damalige Zeiten äußerst ungewöhnliches asketisches
Leben, indem er sich im Sommer wie im Winter nur unter freiem Himmel auf=
hielt. Sein Beispiel machte Schule, und er fand zahlreiche Nachfolger. Man=
che zogen sich für Jahre auf Säulen zurück, die zum Anziehungspunkt für
Pilgerscharen aus aller Welt wurden.

Der "Säulenheilige" Simeon war einer der berühmtesten Schüler Marouns. Der
389 Geborene widmete sein Leben der Askese. Die letzten 30 Jahre seines Le=
bens verbrachte er auf einer Säule, die man 45 km südlich von Aleppo auf
dem Berg Koriphe eigens für ihn errichtet hatte. Später erbaute man an
dieser Stelle eine Basilika - die erste und größte der christlichen Archi=
tekturgeschichte in Kreuzform. Heute ist das Kloster bei Einheimischen und
Touristen unter dem Namen "Kal'at Seman" bekannt.

Um 440 gründeten Marouns Schüler nach dem Tod des Heiligen über seinem
Grab in der Nähe von Apamea das erste Kloster der "Maroniten". Es ent=
wickelte sich zum geistlichen und politischen Zentrum einer von Mönchen und
Laien gebildeten monastischen Gemeinschaft.

Im 5. und 6. Jahrhundert gingen Maroniten als Missionare nach Phönizien
(im heutigen Libanon) und zu den Mardern in Nord-Syrien und Kleinasien.

Die Marder galten schon bei den Römern als wild und unruhig. Sie stammten
aus dem Gebiet des Kaspischen Meeres und waren im Verlauf der Kämpfe zwi=
schen Römern und Persern in römische Gefangenschaft geraten. Später wur=
den sie von den Römern in die Grenzgebiete der heutigen Südosttürkei und
Nord-Syriens umgesiedelt, um hier an der Verteidigung des römischen Rei=
ches mitzuwirken. Im 6. Jahrhundert gelang es maronitischen Missionaren,
sie für das Christentum zu gewinnen, und damit wurden sie Angehörige der

inzwischen auch zu einer Volksgruppe zusammengewachsenen Maroniten.

Der berühmte Asket Abraham aus Kyros konnte zu gleicher Zeit die bis dahin noch heidnischen Phönizier in den unwegsamen Bergregionen des Libanon dem Christentum zuführen. Der Heilige, ein Schüler Marouns, durchquerte das Adonistal oberhalb von Byblos und christianisierte die ganze Bergregion bis zur Küste hin. Aus dieser Zeit stammen Inschriften in Altsyrisch und eine dem Petrus geweihte Kirche in Aqura.

Andere maronitische Missionare hatten in den Bergregionen des Nord-Libanon Erfolg. Sie kamen von Nord-Syrien durch die Bekaa-Ebene in das Qadisha-Tal. Bis zum Ende des 17. Jahrhunderts war in dieser Gegend die syrische Spra= che noch nicht ganz vergessen.

In den theologischen Streitigkeiten um die Person Christi im Konzil von Chalkedon (451) hatte sich die maronitische Gemeinschaft auf die Seite der Konzilsväter gestellt; die Kopten, Syrisch-Orthodoxen und Armenier dagegen lehnten die Konzilsbeschlüsse ab.

Die Maroniten wurden durch ihre Parteinahme für die byzantinische und rö= mische Reichskirche zu Gegnern der "monophysitischen" Landeskirche in Sy= rien. Zwischen beiden Religionsgemeinschaften entbrannten heftige Ausein= andersetzungen. So töteten z.B. die syrischen "Monophysiten" im Jahre 517 350 maronitische Mönche, die sich auf dem Weg zu theologischen Disputatio= nen im Kloster Kal'at Seman befanden, und sie zerstörten viele Kirchen und Klöster ihrer Widersacher.

In ihrer Not baten die Maroniten den Papst in Rom um Beistand, den sie auch erhielten. Als Zeichen ihrer Solidarität nahm die katholische Kirche später die 350 getöteten maronitischen Mönche in ihren Heiligenkalender auf.

Die christologischen Streitigkeiten und politischen Spannungen hielten im östlichen Teil des byzantinischen Reiches noch jahrhundertelang an. Um 622 versuchte Kaiser Herakleios die durch die theologischen Streitigkei= ten gespaltene Reichseinheit wiederherzustellen, indem er die Lehre des Monotheletismus (sie besagt, Christus habe zwar 2 Naturen, aber nur einen Willen) durchsetzen wollte. Er fand die Zustimmung des Patriarchen Kyros von Ägypten, unter dem sich 633 eine große Anzahl von "monophysitischen" Anhängern bereiterklärte, sich dieser theologischen Auffassung anzuschlie= sen. Auch die Maroniten stießen dazu, und selbst der Papst billigte diesen

Kompromiß, der aber später fallengelassen wurde. Bis dahin standen die Ma=
roniten auf der Seite des Kaisers; im Zuge der folgenden politischen Ereig=
nisse im östlichen Teil des byzantinischen Reiches verloren sie den Kon=
takt zum Kaiser und zu Rom, und sie behielten den Monotheletismus bei.

Zwischen 610 und 640 wurde Syrien von zwei Eroberungswellen erfaßt. Zu=
erst unterwarfen die Perser das Land, eroberten auch Antiochia und töteten
den Patriarchen. 636 fielen die islamisierten Araber in Syrien ein und ver=
trieben Perser wie Byzantiner. Indem sie Antiochia kontrollierten, unter=
brachen sie auch die Kommunikationswege mit Byzanz.

Die vom "Westen" abgeschnittenen Maroniten wurden seitdem von Arabern und
"Monophysiten" verfolgt und retteten sich in die unwegsamen Täler des Li=
banon-Gebirges zu ihren bereits dort lebenden Glaubensbrüdern.

Lange blieben die Maroniten von der Außenwelt abgeschnitten, und damit
auch von den theologischen Entwicklungen in der römischen und der byzanti=
nischen Kirche. Erst in der Kreuzfahrerzeit konnten die Maroniten erneut
Kontakte zur Kirche in Rom aufnehmen.

Unter der religiösen, politischen und militärischen Führung ihrer Mönche
gründeten sie im Libanon-Gebirge eine "Mönchsrepublik", die sie stets hart=
näckig verteidigten. Zahlreiche Klöster wurden errichtet, Berge und Täler
in Terrassenkulturen erschlossen.

Die Mönche gingen mit ihrem Beispiel voran und waren auch wirtschaftlich
aktiv. Ihre Klöster waren gleichzeitig Fluchtburgen; zahlreiche Schulen
wurden gegründet.

3.7.2.2. Vom Beginn der islamischen Zeit bis zur osmanischen Eroberung
          Syriens im 16. Jahrhundert

In kurzer Zeit bauten die Maroniten eine straffe politische und militäri=
sche Organisation auf. So konnten sie den Arabern Widerstand leisten;
diese hatten nach 637 die libanesische Küste erobert und drängten in die
Gebirgsregion. Die Maroniten zwangen die Kalifen sogar, bei den byzanti=
nischen Kaisern Unterstützung gegen sie, die aufsässigen "Bergchristen",
zu suchen: 686 schloß der Omajjaden-Kalif Abd al-Malik ben Marwan einen
Vertrag mit dem byzantinischen Kaiser Justinian, in dem er sich verpflich=
tete, innerhalb eines Jahres Zahlungen von 365 000 Goldmünzen zu leisten.
Dafür sollte ihn der Kaiser im Kampf gegen die Maroniten unterstützen.

Um diese niederzuhalten und zu schwächen, bediente sich der byzantinische Kaiser einer Intrige: nachdem er 12 000 Marder für den Kampf gegen die Perser gewinnen konnte, schickte er sie 686 statt an die persische Front in den Balkan und ließ sie dort untergehen.

Dieses Ereignis wurde zum Wendepunkt in der maronitischen Geschichte. Der Verrat des Kaisers bewog sie zu einem Schritt in die Selbständigkeit; sie wählten 686 den Mönch Yuhanna Marun zu ihrem Patriarchen und gleichzeitigem politischen und militärischen Führer.

693 sandte Kaiser Justinian II.eine Armee in den Libanon, um die Maroniten zu unterwerfen. Aber diesen gelang es, im Nord-Libanon bei Amyun das byzantinische Heer zu schlagen und seinen Oberbefehlshaber zu töten. Diesen Sieg feiern die Maroniten bis heute als Nachweis für eine eigenständige Geschichte. Seitdem stellten sie eine bedeutende politische Kraft im Libanon dar.

Doch blieb das Schicksal der Maroniten wechselvoll. 752 wurden sie von einem vereinigten Heer von Arabern und Byzantinern im Bekaa-Tal geschlagen und mußten sich danach in die unwegsamen Gebirgstäler des Nord-Libanon zurückziehen.

Nach 1075 wurde der Libanon zwischen den Seldschuken und den Fatimiden aufgeteilt. Die Maroniten, von beiden Mächten bedrängt, sahen sich nach Unterstützung von außen um. Zu dieser Zeit (1099) erschienen die Kreuzfahrer an der libanesischen Küste; sie wurden von den Maroniten als Befreier begrüßt und von diesen durch das Land bis nach Jerusalem geleitet. Unter der Herrschaft der Kreuzfahrer konnten die Maroniten 192 Jahre in Frieden leben.

Während dieser Zeit wurden enge Beziehungen zur katholischen Kirche in Rom geknüpft. Damals trennten sich die Maroniten von der inzwischen von Rom und Byzanz aufgegebenen Lehre des Monotheletismus.

Ihre guten Beziehungen zu den Kreuzfahrern brachten ihnen eine moralische Stärkung. Gleichzeitig sicherten sie dem Vatikan einen wichtigen Stützpunkt im Vorderen Orient. In dieser Zeit blühte der Handel zwischen der libanesischen Küste und dem Westen.

Die Kreuzfahrer festigten ihre Macht auch im Libanon und errichteten zahlreiche Klöster und Kirchen, wie z.B. das Kloster Balamand bei Tripoli und die Johanneskirche in Byblos.

Nach dem Niedergang der Kreuzfahrerstaaten rissen die Beziehungen der Maro=
niten zu Europa, besonders zu Frankreich, auch unter der Herrschaft Sala=
dins nicht ab. Geschenke von Ludwig XIV. von Frankreich werden noch heute
in einem maronitischen Kloster aufbewahrt. Seit der osmanischen Eroberung
im 16. Jahrhundert waren die Beziehungen zu Europa erschwert.

3.7.2.3. Die osmanische Zeit bis zum Ende des Ersten Weltkriegs

Deshalb gründeten die Maroniten 1584 die theologische Schule "Collegium
Maroniticum" in Rom und außerdem ein weiteres Institut 1665 in Ravenna.
Durch diese beiden Schulen konnte die Verbindung zwischen orientalischen
und abendländischen Christen auf religiösem und kulturellem Gebiet auf=
rechterhalten werden.

Ein Beispiel hierfür ist der maronitische Gelehrte Assemani, der am Ende
des 17. Jahrhunderts in Rom die europäische Orientalistik begründete.

Im 17. Jahrhundert lehrten zwei maronitische Sprachwissenschaftler in Rom
und in Frankreich Arabisch. Gleichzeitig gaben sie die Polyglotta-Bibel in
Paris und eine andere Bibelausgabe in Rom heraus.

Zur gleichen Zeit nahmen die Maroniten abendländische katholische Missio=
nen im Libanon entgegenkommend auf und gaben ihnen jede nur mögliche Unter=
stützung. Lazaristen, Franziskaner, Jesuiten, Dominikaner und Kapuziner er=
schienen im Libanon; sie erhielten von den Maroniten Land und Gebäude zur
Verfügung gestellt.

Bald entstanden vielerorts gut eingerichtete Grundschulen und Gymnasien.
1875 gründeten die Jesuiten die Universität St. Joseph in Beirut. Auch
richteten sich protestantische Missionen im Libanon ein. Aus dem 1866 ge=
gründeten "Syrian Protestant College" entwickelte sich die Amerikanische
Universität (AUB) in West-Beirut.

An beiden ausländischen Universitäten wurde die Elite der christlichen
und muslimischen Intellektuellen herangebildet. Im Libanon und auch in an=
deren arabischen Ländern bekämpften sie später die Vorherrschaft der Osma=
nen. Nach dem Ersten Weltkrieg gelangten viele von ihnen in Staat und Ge=
sellschaft zu Einfluß.

Schon im 17. Jahrhundert wurde das einheimische Mönchtum durch 3 maroniti=
sche Mönche aus Aleppo reorganisiert. Sie gründeten 1695 den maronitisch-
aleppinischen Orden, der sich 1770 in zwei Teile spaltete. Ein weiterer

Orden, die Antoniner, entstand 1700. Diese drei Orden waren wesentlich
an der geistigen, politischen und wirtschaftlichen Selbständigkeit der Ma=
roniten und am Entstehen des modernen Libanon beteiligt.

Unter der Herrschaft der Osmanen entwickelten sich seit dem Ende des 16.
Jahrhunderts enge Beziehungen zwischen den Maroniten und der Drusendynastie
der Maan. Nachdem Emir Fahr-ed-Din II. 1590 die Regierung in den östlich
von Beirut gelegenen Schuf-Bergen übernommen hatte, ernannte er einige ma=
ronitische Notabeln zu Regierungsbeamten und beseitigte die Diskriminie=
rungen, unter denen die Christen im Libanon während der osmanischen Herr=
schaft gelitten hatten. Es wurde ihnen jetzt z.B. erlaubt, Pferde als
Reittiere zu benutzen, einen Turban zu tragen, Waffen zu besitzen und Kir=
chenglocken zu läuten.

Im Verlauf des 18. Jahrhunderts gründeten maronitische Mönche zahlreiche
Klöster im Nord-Libanon, aber auch im Schuf und im Süden des Landes. Sie
bearbeiteten die brachliegenden Ländereien der drusischen Feudalherren
und Großgrundbesitzer und erhielten dafür die Hälfte des bebauten Landes.
So wurde die Position der Christen im Drusenland und auch gegenüber den
Schiiten im Südlibanon gefestigt.

Die Zusammenarbeit von Drusen und Maroniten ermöglichte dem Libanon weit=
gehende Selbständigkeit unter der osmanischen Herrschaft. - Das Schicksal
des modernen Libanon wurde wesentlich durch den bedeutenden Emir Bschir
Chehab II.(1794-1840) beeinflußt. Er stammte aus einer sunnitischen Fami=
lie, trat aber unter dem Einfluß der Mönche zur maronitischen Kirche über.
Als Symbol der Einheit und Koexistenz der Religionsgruppen im Libanon
ließ er in seinem Regierungspalast von Beit-ed-Din drei Gebetsstätten für
Christen, Muslime und Drusen errichten.

Emir Bschir II. führte mehrere wichtige Reformen durch. In der Verwaltung
schränkte er den Einfluß der Feudalherren ein, setzte erstmalig Stadträte
ein und gab jeder religiösen Gemeinschaft das Recht auf einen Repräsen=
tanten. Auch das Rechtswesen wurde reformiert und seine Ausübung nicht
mehr Feudalherren und religiösen Führern überlassen, sondern drei zivilen
Richtern überantwortet.

Unter der gleichen Regierung reorganisierten die Maroniten 1835 ihre Kir=
che, und die armenisch-katholische Kirche wurde zu dieser Zeit offiziell
anerkannt.

1831/32 vertrieben Muhammed Ali und sein Verbündeter Emir Bschir II. in ge=
meinsamen Aktionen die Osmanen aus Ägypten und den libanesischen Hafen=
städten. Damit konnten sich die Christen bis in den Südlibanon und nach
Haifa hin ausbreiten. In jener Zeit wurden zahlreiche neue Kirchen und
Klöster erbaut. In Deir-al-Qamar, dem Herzen des Drusenlandes, entstand
eine große maronitische Gemeinde von mehreren tausend Mitgliedern. Hier
lag auch die Sommerresidenz des maronitischen Bischofs von Sidon.

Während der längeren Friedenszeit stärkte Emir Bschir II. die Macht der Zen=
tralregierung. Symbol seiner Herrschaft wurde der Palast von Beit-ed-Din
im Drusenland.

Frieden und Einheit im Libanon hielten jedoch nicht lange an. Nachdem Ibra=
him Pascha, Sohn von Mohammed Ali, die osmanische Armee bis nach Konya in
Inneranatolien zurückgeschlagen hatte, traten die europäischen Großmächte
England, Rußland und Österreich auf den Plan, um ihre Interessen im östli=
chen Mittelmeer gegen die mit Ägypten verbündeten Franzosen zu verteidigen.

Die von den Engländern und Österreichern unterstützten Osmanen nahmen
Beirut 1840 unter Artilleriebeschuß. Danach wurde Emir Bschir II. abgesetzt
und ins Exil geschickt. Durch die Rivalitäten der europäischen Großmächte
gerieten die Maroniten zwischen 1840 und 1919 in eine kritische Situation.
Der Libanon wurde in je eine christliche und eine drusische Zone aufge=
teilt. Ein Vertreter des Sultans führte in Beirut die Aufsicht über beide
Zonen. Frankreich, England und Italien konnten bei der Hohen Pforte in
Konstantinopel verschiedene Privilegien, die sogenannten "Kapitulationen"
durchsetzen, u.a. das Recht der Konsulate, im Gebiet des Osmanischen Rei=
ches ihre Bürger in Rechtsangelegenheiten zu vertreten. Im 18. Jahrhundert
erweiterten die Franzosen ihren Schutzanspruch auf die Maroniten und die
anderen Katholiken im Osmanischen Reich. Die Engländer nahmen sich der
Drusen, die Russen der Griechisch-Orthodoxen im Vorderen Orient an.

Machtkämpfe um Interessensphären führten nach 1843 zu ständigen Unruhen
und schließlich zu Massakern an Maroniten. 1860 wurden 12 000 von ihnen
durch Drusen im Libanon, 5 000 durch Muslime in Damaskus getötet. Im Süd-
Libanon, im Schuf und im mittleren Libanon fielen den Christenverfolgun=
gen außerdem 560 Kirchen und 42 Klöster zum Opfer.

Trotzdem konnten sich die Maroniten wieder von den Verfolgungen erholen
und 1865 sogar die missionarische Kongregation der Kreimiten mit dem
Hauptsitz in Jounieh gründen. 1895 entstand im Nord-Libanon der neue

weibliche "Orden der Heiligen Familie", er widmete sich hauptsächlich der
Mädchenerziehung und dem Gesundheitswesen.

Nach Beendigung der Unruhen von 1860 nahm die osmanische Staatsmacht die
Wiederherstellung von Ruhe und Ordnung selbst in die Hand. Die traditio=
nellen Rechte der Libanesen wurden außer Kraft gesetzt; die zerrütteten
Finanzen sollten saniert werden. Doch wucherte die Bürokratie, und das fi=
nanzielle Defizit wurde chronisch. Bis 1880 zahlte die osmanische Verwal=
tung einen Zuschuß, war dann aber selbst außerstande, sich noch finanziell
im Libanon zu engagieren. - Dieser Zustand dauerte bis zum Ende des Ersten
Weltkriegs.

Die maronitische Bevölkerung lebte in den Gebirgstälern fast ausschließ=
lich von der Landwirtschaft. Etwa ein Drittel der nutzbaren Flächen wurde
von den religiösen Stiftungen, Klöstern und den Feudalfamilien bewirt=
schaftet oder Bauern in Halbpacht gegeben.

Dieses System hatte nachteilige Folgen für die Landbevölkerung; die Bau=
ern konnten kaum selbständig existieren. Viele wanderten deshalb schon vor
dem Ersten Weltkrieg in mehreren Wellen nach Nord- und Südamerika aus.

Während des Ersten Weltkrieges hatten die Maroniten stark zu leiden. An=
hänger der Jungtürken besetzten den Libanon; die Führer der nationalisti=
schen Bewegung wurden ermordet. 1918 verhängten die Türken eine Blockade
gegen den Mont Liban, das Zentrum der Maroniten, und 200 000 Menschen, et=
wa ein Fünftel der damaligen christlichen Bevölkerung im Libanon, fielen
nach Schätzungen des Internationalen Roten Kreuzes dem Hungertod zum
Opfer.

3.7.2.4. Die Zeit unter französischem Mandat bis zur Gründung der Repu=
blik Libanon im "Nationalpakt" von 1943

Gemäß den Abmachungen über die Aufteilung des Vorderen Orients zwischen
Frankreich und Großbritannien im sogenannten Sykes-Picot-Abkommen (1916)
wurden der Libanon und Syrien der Mandatsmacht Frankreich unterstellt.
Diese Regelung kam den Wünschen der Maroniten, aber auch denen der ande=
ren Religionsgemeinschaften entgegen.

Der maronitische Patriarch Elias Petrus al-Hueyjik (1899-1931) wurde 1919
von allen libanesischen Religionsgemeinschaften nach Paris gesandt, um
dort mit den Alliierten über die Bedingungen für die Unabhängigkeit des

Libanon zu verhandeln. - Hier erwies sich die damalige Bedeutung der maro=
nitischen Patriarchen in der Politik des Libanon. Seit dem Bürgerkrieg
von 1975 ist ihr politisches Gewicht allerdings zurückgegangen, während
der Einfluß der Mönche der Universität St. Esprit in Kaslik beträchtlich
stieg.

Nach der Mandatsübernahme durch die Franzosen 1920 wurden die wichtigsten
staatlichen Ämter im neuen Groß-Libanon an jene maronitischen aristokrati=
schen Kreise vergeben, die durch die Missionsschulen und an der Jesuiten-
Universität St. Joseph in Beirut eine gute Ausbildung erhalten hatten.
Nach dem Proporzsystem stellen bis heute die Maroniten den Präsidenten -
ein Amt mit wichtigen Kompetenzen.

Im Gegensatz zu den Maroniten war der Einfluß der Muslime im Libanon wäh=
rend der Mandatszeit (1920-1943) nicht bedeutend. Vor allem fehlte es ih=
nen an Schulen für die jetzt auch im politischen Leben notwendige Bildung.

Da die französische Mandatsmacht lange zögerte, dem Libanon die Selbstän=
digkeit zu geben, wuchs auch unter den Christen die Opposition gegen die
Franzosen. 1936 gründete Scheich Pierre Gemayel die Falange-Partei. Sie
verband sich mit den anderen libanesischen Nationalisten unter der Füh=
rung von Scheich Bschara al-Khoury (Maronit) und dem Sunniten Riad as-Solh.
Gemeinsam führten sie 1942 den Unabhängigkeitskrieg gegen die Franzosen
und gründeten 1943 die Republik Libanon.

3.7.2.5.   Von der Gründung des libanesischen Staates bis zum Ausbruch des
           Bürgerkriegs 1975

In diesem neuen libanesischen Staat konnten die Maroniten ihr politisches
Übergewicht noch verstärken. Nach dem Proporz-System stellten sie weiter=
hin den Präsidenten; zusammen mit den anderen christlichen Gemeinschaften
bildeten sie im Parlament eine absolute Mehrheit.

Die Muslime erhielten die Ämter des Ministerpräsidenten und des Parla=
mentsvorsitzenden.

Aufgrund der Verfassung hat der Präsident eine außerordentliche Machtfülle.
Er ernennt den Premierminister. Durch seine Wahl ist der moslemische Par=
lamentspräsident von der christlichen Mehrheit abhängig, die aber seit
dem letzten Zensus von 1932 nicht mehr neu überprüft wurde. Das tatsäch=
liche Zahlenverhältnis der Religionsgruppen hat sich seitdem zuungunsten

der Christen verschoben.

Der Nationalpakt von 1943 sicherte den Maroniten zusammen mit den anderen christlichen Gemeinschaften die Kontrolle über den innen- und außenpoliti= schen Kurs des Libanon. Deshalb konnte er sich pro-westlich orientieren. Handel und Wirtschaft gediehen. Bis zum Ausbruch des Bürgerkriegs galt der Libanon als die "Schweiz des Orients".

Die positive Entwicklung und das Gleichgewicht zwischen Christen und Musli= men war jedoch schon durch die arabisch-israelischen Kriege von 1947 an gestört worden. Etwa 300 000 Palästinenser aus den Städten Jaffa, Haifa, Nazareth und anderen Orten flüchteten 1948 in den Libanon. 77 % der Ver= triebenen waren Sunniten.

Durch die Integration der Palästinenser in die libanesische Gesellschaft, so fürchteten die Maroniten, war das Gleichgewicht zwischen Christen und Muslimen gefährdet. Verstärkte Spannungen führten schließlich zum Bürger= krieg von 1956, den eine US-amerikanische Intervention beendete.

Trotz einer Neutralitätserklärung blieb der Libanon auch in den folgenden Jahren von den Nahostkrisen nicht verschont.

Eine bedeutsame Wende setzte schließlich mit dem Zustrom zahlreicher aus Jordanien vertriebener Palästinenser ein; besonders die Angehörigen der PLO strömten in den Südlibanon. Dort verbündeten sich die Neuankömmlinge mit den unterpriviligierten libanesischen Schiiten, und dadurch verschärf= ten sich die Spannungen zwischen der Staatsmacht, den rechtsgerichteten Kräften und der Masse der sozial Benachteiligten. Die Muslime forderten die Änderung oder Abschaffung des Proporzsystems mit der Begründung, daß sie inzwischen die Christen an Zahl überträfen. Als eine neue Schicht for= mierten sich die verarmten und von den Kämpfen im Südlibanon am schwers= ten betroffenen Schiiten.

Schließlich entluden sich die Spannungen in einem mit äußerster Grausam= keit geführten Bürgerkrieg, dessen internationale Komponente aber auch nicht unterschätzt werden sollte. Zwar wechselten die Bündnispartner mehr= fach, schließlich bildeten sich aber erkennbare Fronten heraus. Auf der einen Seite standen die mehrheitlich rechtsorientierten Maroniten; ihnen schlossen sich Teile der griechischen und syrischen Katholiken, der Grie= chisch- und der Syrisch-Orthodoxen sowie Armenier an.

Ihre Gegner gelten als linksorientiert und sind in der Mehrheit Muslime;

aber auch Christen gehören zu ihnen, besonders Griechisch-Orthodoxe und Armenier. Die verschiedenen Gruppen der "libanesischen Linken" verbünde= ten sich mit den mehrheitlich muslimischen Palästinensern.

Im Verlauf der Kämpfe bildeten sich mehrere, von den Parteien beherrschte Zonen heraus. Der Nord-Libanon, von der syrischen Grenze bis südlich von Batrun, ist in den Händen linker Gruppierungen der Palästinenser und der Anhänger des ehemaligen Präsidenten Franjieh. Von Amschit bis Ost-Beirut beherrschen die vorwiegend maronitischen Kataib-Milizen das Gebiet. In West-Beirut und im Süden hatten sich - ungeachtet großer christlicher En= klaven - bis zum israelischen Einfall linke Gruppierungen und Palästinen= ser eingerichtet. Die Bekaa-Ebene wurde von den Schiiten beherrscht.

3.7.3. Die Rolle der Maroniten seit dem Bürgerkrieg

Der libanesische Bürgerkrieg begann am 13.4.1975 zunächst zwischen den vor= wiegend maronitischen Anhängern der Falange-Partei und den Palästinensern.

Diese hatten im Abkommen von Kairo 1969 das Recht erhalten, sich im Süd-Libanon festzusetzen und von dort aus Angriffe gegen Israel zu richten. In diesem "Fatah-Land" hatte die libanesische Armee nichts mehr zu sagen.

Dieser Zustand war gegen den Widerstand der meisten Maroniten im libanesi= schen Parlament (Falangisten, Nationale Volkspartei von Eddé und liberale Partei von Shamun) im Schnellverfahren durchgesetzt worden. Und das, ob= wohl der Inhalt des Abkommens noch gar nicht bekannt war. Das Abkommen von Kairo gehört zu den Ursachen der Spannungen zwischen Christen und Mus= limen im Libanon.

Zu Beginn der siebziger Jahre dehnten die Palästinenser ihren Einfluß auch auf andere Teile des Libanon aus und wurden zum "Staat im Staate". Immer häufiger kam es zu Zusammenstößen zwischen rechtsgerichteten Maroniten und Angehörigen der PLO, in die auch die von einem Maroniten geführte Armee verwickelt wurde.

Die PLO fand in den linksgerichteten libanesischen Gruppierungen Bundesge= nossen, die sich wie sie in der Gesellschaft benachteiligt fühlten. Zu den linken Gruppierungen gehörten neben den Muslimen der verschiedenen Rich= tungen auch Christen, besonders Griechisch-Orthodoxe, die sich hauptsäch= lich in der PPS (Parti Populaire Syrien) organisiert hatten. Gemeinsam versuchten sie, das herrschende System im Libanon zu stürzen und das Über=

gewicht der Maroniten abzuschaffen.

Diese fühlten nun die ernste Bedrohung ihrer bisherigen Position und grün=
deten während des Bürgerkrieges die "Libanesische Front", in der sich meh=
rere maronitische Parteien zusammenschlossen, die "Nationale Front" von
Raimond Eddé aber nicht beteiligt war.

Als stärkste Kraft innerhalb dieser "Libanesischen Front" profilierte sich
die von Pierre Gemayel und seinem ältesten Sohn Amin geführte Falange-
Partei, deren militärische Verbände von Bschir Gemayel, dem kurz nach sei=
ner Wahl 1982 ermordeten Präsidenten, straff organisiert wurden.

Zur "Libanesischen Front" stießen die "Liberale Partei" des ehemaligen Prä=
sidenten Camille Chamun und die Anhänger des damals noch amtierenden Präsi=
denten Suleiman Franjieh. Außerdem gab es dabei noch kleinere Gruppen von
griechischen Katholiken und Syrisch-Orthodoxen.

Der Bürgerkrieg tobte am Anfang zwischen diesen christlichen Gruppierungen
und den Palästinensern; diese erhielten eine wirksame Hilfe von den Musli=
men, Drusen und den christlichen Angehörigen der PPS-Partei unter Inaam
Road.

Die bedrängten Maroniten bekamen für ihren Existenzkampf unter der Hand
Waffen aus Frankreich, den NATO-Staaten Belgien, Italien und der Bundesre=
publik Deutschland. Eine besondere Unterstützung erfuhren die Maroniten
auch durch Israel; sie erhielten neben Waffen auch wirksame militärische
Hilfe durch eine Blockade der südlibanesischen Häfen Sidon und Tyros. Den
Palästinensern und ihren Verbündeten wurde dadurch die Nachschubzufuhr er=
schwert:

Nach einigen Anfangserfolgen wurden die Milizen der "Libanesischen Front"
von ihren stärkeren Gegnern geschlagen; im März 1976 drohte ihnen eine
totale Niederlage mit allen Folgen. In dieser Lage suchten die Maroniten
in Damaskus um Hilfe nach, und so trat Syrien zugunsten der bedrängten
Christen in den libanesischen Krieg ein, nutzte damit aber auch die Gele=
genheit, seine eigenen Interessen wahrzunehmen.

Nach kurzer Zeit wurden die Palästinenser und ihre libanesischen Verbünde=
ten von den Syrern besiegt. Danach beschlossen die arabischen Staaten auf
einem Gipfeltreffen am 17./18.10.1976 in Riyad und die Arabische Liga am
26.10.1976 in Kairo, eine Friedenstruppe im Libanon aufzustellen. Das
stärkste Kontingent sollte von den Syrern eingebracht werden.

In Ausführung dieser Beschlüsse besetzten die Syrer Anfang November 1976 den ganzen Libanon bis hin zum Litani-Fluß. Der Bürgerkrieg war damit zwar vorerst beendet. Eine Lösung der Konflikte steht jedoch bis heute noch aus.

Nach dem Camp-David-Abkommen verhärtete sich die Libanon-Politik der Syrer. Sie wechselten die Fronten, unterstützten nunmehr Palästinenser und linke Gruppierungen und bekämpften die Rechtsgerichteten, vor allem die vorwie= gend von Maroniten bestimmte "Libanesische Front".

Ein schweres Bombardement der vorwiegend von Christen bewohnten östlichen Stadtteile von Beirut vom 9.-13.1978 richtete schwere Schäden an.

Inzwischen waren unter den Maroniten selbst Machtkämpfe ausgebrochen. Es gelang den von Bschir Gemayel geführten Falangisten unter schweren Blut= opfern für beide Seiten, die Rivalen zu unterwerfen. Expräsident Shamun wurde weitgehend ausgeschaltet, Tony Franjieh am 13.6.1978 mit Frau, Kind und 32 Anhängern im Familienstammsitz Ehden im Nord-Libanon von Milizio= nären der Falange ermordet. Der ehemalige Präsident Suleiman Franjieh schloß sich daraufhin noch enger als zuvor an die Syrer an.

Diese setzten ihren Kampf gegen die Falangisten fort, besonders auch des= halb, weil sich engere Bindungen zwischen diesen Christen und den Israe= lis abzeichneten. Im April 1981 kam es zu massiven syrischen Bombardements von Ost-Beirut und der von Christen bewohnten Stadt Zahle im Bekaa-Tal. Inzwischen hatten die Syrer auch SAM-Raketen in dieser Region aufgestellt, die den Israelis lohnende Angriffsziele boten.

Die Invasion der Israelis im Juni 1982 wurde von vielen Maroniten begrüßt, da sie sich eine Befreiung von Palästinensern und Syrern erhofften. Ihr Optimismus hielt jedoch nicht lange an. Nach dem Teilrückzug der Israelis, der neuen Konfrontation zwischen Falangisten und Drusen, linksgerichteten Kräften und der Friedenstruppe, ist eine Lösung der Konflikte wieder in weite Ferne gerückt, zumal sich die aus Beirut vertriebenen Palästinenser erneut im Libanon, jetzt in der Bekaa-Ebene und bei Tripoli, festsetzen. - Die Bemühungen um eine Aussöhnung der verfeindeten libanesischen Gruppen führten zu der Einsicht, daß das Proporzsystem schnellstens reformiert werden muß.

In Syrien leben die Maroniten unbehelligt, und sie verhalten sich sehr zurückhaltend in allen politischen Auseinandersetzungen.

Auch in Israel halten sich die noch verbliebenen Maroniten zurück, und sie werden von der Staatsmacht im allgemeinen toleriert.

In den kleineren Golfstaaten, in Saudi-Arabien und in einigen Staaten West-Afrikas nehmen Maroniten oft wichtige und hochdotierte Stellungen in Wirt=schaft und Technik ein.

3.8. Die ostsyrischen Anhänger der Alten Apostolischen Kirche des Ostens ("Nestorianer", "Assyrische Kirche des Ostens")

3.8.1. Die Kirchenorganisation

Die "Alte Apostolische Kirche des Ostens" oder "Assyrische Kirche des Ostens" ist im Abendland als "Nestorianische Kirche" bekannt. Ihren Namen erhielt sie nach ihrem Kirchenlehrer Nestorius, seit 428 Patriarch von Konstantinopel, dessen Lehrmeinung von Maria als der Mutter Christi, nicht "Mutter Gottes", und von den zwei Personen und zwei Naturen in Christus 431 auf dem Konzil von Ephesus verurteilt wurde.

Diese Kirche umfaßt heute höchstens 150 000 Anhänger; die Mehrheit von ihnen, etwa 70 000, lebt im Irak, und zwar im Norden des Landes um Mosul, weiter in den Städten Erbil, Kirkuk, Sulaymania, Basra und Bagdad. Von der ursprünglich mehrheitlich nestorianischen Bevölkerung im kurdischen Berg=land an der irakisch-persischen Grenze sind nur noch Reste bei diesem Glauben geblieben.

Im Iran leben heute kaum mehr als 20 000 Anhänger der einstmals so bedeu=tenden Kirche des Ostens. Seit 1962 besteht das Bistum Teheran. Nach der Ermordung des Patriarchen Mar Eshai Shimun XXIII. 1975 und der Wahl des Bischofs Mar Khanania Denkha wurde Teheran Patriarchatssitz. Am Urmia-See im Nord-Iran gibt es noch einige Tausend Nestorianer, außerdem in den Städten Kermanshah und Ahwaz. Bis zum Ausbruch des iranisch-irakischen Kriegs 1980 lebten Nestorianer auch in Abadan.

Nach dem Ersten Weltkrieg kamen einige Tausend Nestorianer aus dem Irak in das Gebiet am Khabur in Nordostsyrien. Dort, in Kamishli, sowie in Aleppo sind heute noch nestorianische Gemeinden zu finden. Von hier aus zogen einige Tausend Kirchenanhänger in den Libanon.

Andere Nestorianer leben in geringer Zahl in der Türkei, in Kuwait und in Europa. Größere Gruppen haben sich in den USA - besonders um Chicago, Detroit und San Francisco - und in Australien gesammelt.

Im südindischen Trichur bestehen Gemeinden von einigen Tausend Gläubigen. Die meisten von ihnen haben sich ebenso wie die Mehrheit der irakischen Nestorianer 1964 von der Kirche getrennt und einen neuen Patriarchen ge= wählt; das geschah, nachdem der später ermordete Patriarch den Gregoria= nischen Kalender eingeführt hatte.

Eine unabhängige Gruppe von Anhängern der Nestorianischen Kirche hat sich nach dem Ersten Weltkrieg in der Sowjetunion aus Flüchtlingen gebildet.

In der Liturgie verwenden die nestorianischen Christen den ostsyrischen Ritus. Sie sprechen einen ostaramäischen Dialekt, der im 19. Jahrhundert zu ihrer Schriftsprache wurde.

Die Apostolische Kirche des Ostens umfaßt folgende Bistümer:

Teheran (z.Z. Patriarchatssitz)

Bagdad

Bervar-i-Bala (Nord-Irak)

Khabur (Nordostsyrien)

Beirut

USA

Ravenna

Wegen der Spaltungen seit 1964 und 1973 ist nicht genau festzustellen, auf welche Seite sich die Gemeinden im Einzelnen gestellt haben. 1971 wurde Mar Addai zum Gegenpatriarchen gewählt. Sein Sitz ist Bagdad. Ihm und eini= gen Bischöfen folgt der kleinere Teil der Nestorianer.

3.8.2.   Zur Geschichte

3.8.2.1. Die Entwicklung der ostsyrischen Kirche bis zur islamischen
          Eroberung

Bereits im 2. Jahrhundert gab es - durch schriftliche Quellen nachgewie= sen - christliche Gemeinden im Zweistromland. Die Kirche selbst führt sich aber schon auf den Apostel Petrus zurück. Seine Briefe aus "Babylon" wer= den als Beweis des frühen Ursprungs der Christenheit im Zweistromland an= geführt. Für das Selbstverständnis sind vor allem der Apostel Thomas und die Heiligen Thaddäus, Aggai und Mari wichtig. Auch die "Drei Weisen aus dem Morgenland" sind ebenso Bestandteil der Überlieferung wie Maria, Jesu Mutter. Auf ihrem Weg nach Indien, so weiß die Tradition zu berichten, rastete sie mit dem Apostel Thomas an verschiedenen Orten Kurdistans, an denen später Kirchen errichtet wurden.

Im Zweistromland und im Iran trafen die Christen auf verschiedene Religio= nen: die zoroastrische Staatsreligion, den Manichäismus und das Mandäertum; sie nahmen von ihnen manche Elemente auf. In diesem Teil der Welt hatte sich schon vor dem Konzil von Ephesus 431 ein Christentum herausgebildet, das sich von dem des Westens unterschied. Deshalb war die Anerkennung des nestorianischen Glaubensbekenntnisses 484 in der Synode von Seleucia-Ktesiphon durch die Kirche des Ostens nur eine Bestätigung der bisherigen Entwicklung.

Schon im 4. Jahrhundert hatte sich das Christentum im persischen Reich ausgebreitet, und mehrere Bistümer waren entstanden. Damals gab es noch Verbindungen zur Kirche im byzantinischen Reich; auf dem Konzil von Nicaea (325) war die persische Kirche durch mehrere Bischöfe vertreten.

Jedoch brachte diese Verbindung zum byzantinischen Erbfeind der Perser den Christen grausame Verfolgungen ein. Die Märtyrerlisten der Apostolischen Kirche des Ostens sind lang. Neben bekannten Heiligen mußten möglicherwei= se Hunderttausende von Christen ihr Leben für ihren Glauben lassen, wie die Geschichte der persischen Märtyrer zu berichten weiß.

Trotz der Anfeindungen durch die persische Staatsreligion, deren Priester sich besonders eifrig an den Christenverfolgungen beteiligten, waren die eigentlichen Gründe eher politischer Art. Man sah ja in den Christen in erster Linie Agenten und Spione der byzantinischen Reichsfeinde.

Nachdem aber im byzantinischen Reich die Verfolgungen gegen die Anhänger des Häretikers Nestorius begannen und viele von ihnen im persischen Reich Zuflucht gesucht hatten, änderte sich die Haltung der Großkönige gegenüber den Christen in ihrem Land.

Bereits 410, in der Synode von Seleucia-Ktesiphon in der Nähe des heutigen Bagdad, erhielt die Kirche im persischen Reich eine eigene Organisation mit einem Katholikos an der Spitze und mit 80 über das Land verteilten Bistümern. Sie gab sich den Namen "Kirche des Ostens". Kirchensprache wur= de das in Mesopotamien und im Iran viel gesprochene Syrisch-Aramäische. In der Theologie lehnte sich die "Kirche des Ostens" an die antiochener Schule an, zu der sich auch Nestorius bekannte.

Nach dem Konzil von Ephesus 431, im Anschluß an die Verurteilung des

Nestorius, nahm die "Kirche des Ostens" im persischen Reich einen raschen
Aufschwung. Schon 457 wurde die Theologenschule von Nisibis (heute Nusaybin
an der türkisch-syrischen Grenze) auf persischem Boden neugegründet (die
Byzantiner hatten sie während einer nur vorübergehenden Herrschaft ge=
schlossen). Hier entwickelte sich das wichtigste geistige Zentrum der
nestorianischen Kirche. Von Nisibis aus wurden weitere theologische Bil=
dungsstätten ins Leben gerufen.

Im Zweistromland bildete sich ein selbständiges Asketentum heraus. Bereits
im 3./4. Jahrhundert verfaßte der Mönch Afrahat theologische Schriften,
deren Gedankengut auf Unabhängigkeit von westlicher Beeinflussung hinwie=
sen. Klöster entstanden oft in Nachbarschaft zu Westsyrern, so auf dem
Tur'Abdin, Dschebel Sinjar in Nordostsyrien und in Obermesopotamien.

Die asketische Bewegung innerhalb der "Kirche des Ostens" zeichnete sich
außerdem durch eine eremitische Lebensweise aus. Viele Mönche befanden
sich auf ständiger Wanderschaft. Eine andere religiöse Form entwickelte
sich mit den "Bundessöhnen" und "Bundestöchtern". Sie bildeten einen Son=
derbund innerhalb einer Kirchengemeinde, lebten asketisch und im Zölibat.
Sie waren mit besonderen kirchlichen Aufgaben betraut; aus diesem Kreis
ging häufig auch der Priesternachwuchs hervor. Die "Bundestöchter" wurden
später den Nonnen gleichgestellt. Um 1 000 nannte man die Frauen der
Priester "Bundestöchter".

Während der obere Klerus im Zölibat lebte, waren die Priester zumeist ver=
heiratet oder aber im Mönchstand. Jedoch strebten einige Patriarchen seit
dem Ende des 5. Jahrhunderts eine Angleichung an die gesellschaftlichen
Verhältnisse im persischen Reich an. In der zoroastrisch-staatskirchlichen
Auffassung der Sassaniden sah man Ehe und Kinderreichtum fast als religiö=
se Pflicht an. Um als gesellschaftlicher Faktor innerhalb dieser Ordnung
anerkannt zu werden, setzte Patriarch Bar Sauma in der Synode von Seleucia-
Ktesiphon 484 die Bestimmung durch, daß die Geistlichen einschließlich
des höheren Klerus verheiratet sein müßten. Jedoch stieß das auf Wider=
spruch und wurde später wieder abgeschafft.

Innerhalb des persischen Reiches erlebte die "Kirche des Ostens" eine
bedeutende Entwicklung. Nicht nur im Bereich der Theologie leistete sie
Bedeutendes, sondern auch auf dem Gebiet der Naturwissenschaften und der
Medizin. Eine berühmte Ärzteschule entstand in Gundishapur am Karun-Fluß
im westlichen Iran.

Große Wirksamkeit entfaltete die Kirche durch ihre Missionstätigkeit, die
sich vielfach auf die Aktivitäten nestorianischer Kaufleute stützte. Diese
hatten oft in der unteren kirchlichen Hierarchie Kenntnisse in Theologie,
Liturgie und im Ritus erworben und schließlich die Diakonatsweihe erhal=
ten. Später zogen sie auf den alten Handelsstraßen nach West- und Inner=
asien und betrieben neben ihren Geschäften auch die Mission. Auf diese
Weise konnte eine erhebliche Anzahl von neuen Gläubigen gewonnen werden.
Bis Indien und China reichte der Einfluß der nestorianischen Kirche.
Manche Christen, auch Geistliche, erhielten Ehrenstellungen von chine=
sischen Kaisern.

3.8.2.2.   Die islamische Zeit bis zu den Vernichtungszügen Timur Lengs
           um 1400

Gegen Ende der Sassanidenzeit war es öfter zu Spannungen zwischen den
Nestorianern und dem persischen Staatskult gekommen. Deshalb begrüßten
viele von ihnen die arabischen Eindringlinge als Befreier, zumal an der
Seite der vorrückenden Muslime auch christliche Araber kämpften. Vor dem
Auftreten des Islam hatte der Nestorianismus auf der Arabischen Halbinsel
Fuß gefaßt, und manche Einflüsse aus dieser christlichen Glaubensrichtung
mögen im Islam zu finden sein, wie z.B. die Lehre von Maria als Mutter
Jesu, nicht als Gottesmutter, oder die Lehre vom Seinszustand der Toten
zwischen Ableben und Auferstehung. Es ist überliefert, daß Mohammed Kon=
takte zu einem nestorianischen Mönch in Syrien hatte.

Obwohl der Islam im Prinzip tolerant ist und ihm an einer zwangsweisen
Massenbekehrung der Unterworfenen in den ersten Jahrhunderten nicht lag,
kam es doch bald unter islamischer Herrschaft zu zahlreichen Übertritten.
Dadurch verlor die "Kirche des Ostens" Anhänger besonders unter Arabern
und Persern.

In Mesopotamien blieb die Lage der Nestorianer dagegen stabil. Die Mission
in Richtung Indien wurde verstärkt. Im 9. und 10. Jahrhundert erlebte die
"Kirche des Ostens" eine neue Blüte. Es entstand ein reiches kirchliches
Schrifttum und ein reges wissenschaftliches Leben. Die Nestorianer traten
unter den Arabern verstärkt als Mittler zwischen der hellenisitischen und
der neuen islamischen Kultur auf. Sie übersetzten griechische Schrift=
steller und Wissenschaftler in die arabische Sprache. Einen besonderen
Einfluß erlangten sie als Professoren der Universität Cordoba auch im

Westen der islamischen Welt und trugen zur Weitergabe des antiken Erbes an
das Abendland bei.

Einfluß gewannen Nestorianer auch als Ärzte, Apotheker, Bankiers, Kauf=
leute, Sekretäre, Handwerker und sogar als Minister. Die Nestorianer wa=
ren ein wesentliches Element in der arabisch-islamischen Kultur.

Innere Schwierigkeiten und Rivalitäten schwächten zwar die Kirche, aber
durch den Einfluß der Notabeln und Klöster blieb ihre Einheit gewahrt. Mit
dem arabischen Vordringen in das byzantinische Reich konnten auch die
Nestorianer dort wieder Fuß fassen und neue Bistümer in Jerusalem und Tar=
sus gründen. Noch um 1310 unterstanden dem Katholikos 25 Metropolien, ein=
schließlich Indien und Sistan.

Die Kirche befand sich damals nicht mehr auf der alten Höhe. Ein erneuter
Aufschwung, der mit der Eroberung des Zweistromlandes durch die Mongolen
und Türken eingesetzt hatte, war nur von kurzer Dauer. Unter den Eroberern
gab es zwar viele nestorianische Christen, darunter auch die Hauptfrau von
Hülägü. In der Folgezeit schlossen sich allerdings immer mehr aus der re=
gierenden heidnischen Schicht und auch Christen dem Islam an.

3.8.2.3. Von der Zeit Timurs bis zum Ende des Ersten Weltkriegs

Als eigentlicher Totengräber der nestorianischen Kirche ist aber Timur
anzusehen, der am Ende des 14. Jahrhunderts den Orient verwüstete und
Millionen von Menschen ermorden ließ. Von den einst so zahlreichen Nesto=
rianern (in ihrer Blütezeit umfaßte die Kirche etwa 80 Millionen Anhänger)
blieben nur einige Hunderttausend in den abgelegenen Gebirgsgebieten Ober=
mesopotamiens und des Nord-Iran am Leben. In Städten wie Mosul, Erbil,
Mardin und Diyarbakir hielten sich Restgemeinden. Innere Streitigkeiten
trugen zum weiteren Niedergang bei. Wohl um den Zusammenhalt der Kirche
zu festigen, wurde das Patriarchat 1450 erblich. Das Amt ging vom Onkel
auf einen schon vor seiner Geburt bestimmten Neffen über. (Seine Mutter
durfte während der Schwangerschaft kein Fleich essen, und der Kirchenfüh=
rer selbst mußte vegetarisch leben.) Dadurch wurden zwar einerseits Rivali=
täten ausgeschlossen, andererseits regte sich heftiger Widerstand gegen
diese Regel. - Schließlich kam es zur Kirchenspaltung. Ein Teil der Kir=
chenanhänger schloß sich nach und nach einer Union mit Rom an. Die oft=
mals schwierigen Unionsverhandlungen fanden 1839 mit der Gründung des
Chaldäischen Patriarchats von Babylon ein erfolgreiches Ende.

Dagegen brachte das 19. Jahrhundert den Nestorianern in Kurdistan schwere
Verfolgungen. 6 000 - 10 000 Opfer forderte das Wüten eines fanatischen
Gouverneurs 1843 und 1847/48. Andere wurden Opfer kurdischer Überfälle. Im
Gebiet des heute osttürkischen Berglands von Hakkari konnten die Nestoria=
ner dagegen die meisten Angriffe abwehren. In jener Region hatten sie eine
Art Autonomie unter der Führung von Stammesfürsten. So konnte auch der Pa=
triarch in der unzugänglichen Residenz Qodshanes seine Unabhängigkeit be=
wahren.

Mehr noch als die Kurden machten der nestorianischen Kirche die verschie=
denen abendländischen Missionen zu schaffen. Nachdem schon mit einem Teil
des Kirchenvolks eine Union mit Rom gelungen war, blieben auch der ameri=
kanisch-presbyterianischen Mission unter den nestorianischen Christen Kur=
distans Erfolge nicht versagt. Ihre Schulen und Krankenstationen waren
hochgeschätzt. Besonders am Urmia-See konnten sie viele Proselyten gewin=
nen. Hier, wo sie auch eine eigene Druckerei betrieben, schufen sie die
neue ostsyrische Schriftsprache, abgeleitet aus dem hier gesprochenen Dia=
lekt der syrischen Christen.

Neben Amerikanern bemühten sich Anglikaner um die Christen am Urmia-See.
Auch sie konnten eine größere Zahl von ihnen gewinnen. Als die einheimi=
sche nestorianische Kirche am Ende des 19. Jahrhunderts vor der Auflösung
stand, sandte der Erzbischof von Canterbury Missionare zu der alten Kirche,
um ihr bei Reformen und einer Neuorganisierung zu helfen. Denn in jener
Zeit war das geistige Leben dieser alten Missionskirche fast abgestorben.
Es war in den Riten und Äußerlichkeiten erstarrt und von inneren Rivalitä=
ten geschwächt.

In die Randzone im kurdischen Bergland zwischen Osmanischem, Russischem
und Persischem Reich streckten auch die Russen ihre Fühler aus. Russisch-
orthodoxe Missionare erschienen unter den von vielen Seiten bedrängten
Nestorianern, erweckten in ihnen die Hoffnung auf russischen Schutz und
bewogen Teile der Gemeinden, sich der Orthodoxie anzuschließen. Bereits
um 1833 siedelten einige Tausend von ihnen in das Gebiet der heutigen Sow=
jetunion nach Transkaukasien um. 1917 flüchtete ein Teil der von Türken
und Kurden geschlagenen Nestorianer von Urmia dorthin.

Stammes- und Clandenken beherrschten damals das nestorianische Kirchen=
volk. Es gab nicht einmal einen gemeinsamen Namen, denn den Begriff
"Nestorianer" hatten erst die Abendländer mitgebracht. Die Bezeichnung

"Apostolische Kirche des Ostens" galt zwar noch offiziell, hatte aber durch die Spaltungen und Rivalitäten schon fast jeden Gehalt verloren. Nachdem nun die verschiedenen Missionen so zahlreiche Proselyten aus der verschüch= terten Anhängerschar der heruntergekommenen, einst so glanzvollen Kirche gewinnen konnten, mußten sie ihnen auch einen Namen geben.

Das hatte die katholische Kirche in Rom rasch erkannt. Ihre neuen Anhänger erhielten den aus der Geschichte des Zweistromlandes bekannten Namen "Chal= däer". - Da kamen den Protestanten die Thesen des Hobby-Archäologen und britischen Konsuls von Mosul, Henry Layard, gerade recht, daß die Christen im oberen Zweistromland die Nachfahren der Assyrer seien, von deren Kultur er gerade in Ninive Überreste entdeckt hatte. So wurden die bei ihrer al= ten Kirche Verbliebenen und auch die zu den verschiedenen Missionskirchen Abgefallenen seit der Mitte des 19. Jahrhunderts immer häufiger "Assyrer" genannt - ein Name, den viele ostsyrische Christen bis heute akzeptieren.

Während die "Assyrer" noch zwischen den verschiedenen Kirchen und Mächten hin- und hergerissen wurden, stürzte sie der Erste Weltkrieg in einen ge= fährlichen Konflikt.

Da sie in den Jahrzehnten vor dem Krieg von ihren muslimischen Nachbarn nichts Gutes erlebt hatten, liehen sie den Versprechungen der Russen und Engländer, ihnen nach einem gewonnenen Krieg gegen das Osmanische Reich einen eigenen Staat einzuräumen, nur zu willig das Ohr. Trotz mehrfacher Warnungen von osmanischer Seite erklärte der Katholikos Schimun XIX,dem Sultan den Krieg. Vor den türkischen Strafexpeditionen flüchtete das nesto= rianische Kirchenvolk unter der Führung der Geistlichen aus seinen Dörfern im Bergland von Hakkari nach Urmia in Nord-Iran, wo ihre russischen Bundes= genossen standen.

Hier kämpften sie an der Seite der Russen gegen das türkisch-kurdische Heer, bis die Russen sich nach der Revolution 1917 aus dem Nord-Iran zurück= zogen und ihre assyrischen Verbündeten im Stich ließen. Nur ein Teil von ihnen ging mit nach Rußland. Die Zurückgebliebenen kämpften noch ein Jahr weiter, bis ihnen Munition und Lebensmittel ausgingen.

Dann schlugen sie sich unter unsäglichen Strapazen auf einem Marsch des ganzen Volkes zu den englischen Truppen in West-Iran durch. Hierbei verlo= ren sie durch Überfälle der Kurden, Hunger und Seuchen fast die Hälfte ihres Volkes. Ihr Patriarch und die meisten Priester wurden in einem Hin= terhalt der Kurden ermordet. Die Briten brachten ihren "kleinsten Alliier=

ten", wie sie die Assyrer nannten, in ein Lager bei Baquba etwa 50 km
nordöstlich von Bagdad. Hier schmachtete das kältegewohnte Bergvolk jahre=
lang hinter Stacheldraht in der brütenden Hitze Mesopotamiens, bis es
schließlich über ganz Irakisch-Kurdistan verstreut angesiedelt wurde.

3.8.2.4. Vom Ende des Ersten Weltkriegs bis zur Gegenwart

Nach dem Sieg der Alliierten hofften die Assyrer, daß sie einen autonomen
Staat zwischen Diyarbakir, Mosul und Urmia, zumindest jedoch in den Bergen
Kurdistans, bilden könnten, wie man ihnen versprochen hatte. Auf der Frie=
denskonferenz in Versailles trugen ihre Vertreter, allen voran die Tante
des noch unmündigen Patriarchen Schimun XXIII.(seine Vorgänger waren er=
mordet oder an Krankheit gestorben), Surma Khanum, die Vorstellungen über
eine Autonomie für alle assyrischen Christen (auch die Jakobiten) dem Ple=
num vor.

Aber diese vergleichsweise unbedeutende Frage trat dann hinter den
aufbrechenden Rivalitäten der Großmächte zurück. Schließlich machte der
Sieg Kemal Atatürks die Rückkehr der in dem brütend heißen Lager von Baquba
und anderen Orten dahinvegetierenden Assyrer in ihre Bergheimat unmöglich.
Einige Versuche todesmutiger Kämpfer, sich in ihre Heimat im Hakkari-Berg=
land durchzuschlagen, wurden von türkischen Truppen vereitelt.

Nach mehreren gescheiterten Versuchen, für die assyrischen Stämme eine neue
Heimat in Argentinien, Syrien, Südafrika oder auf den Inseln Sokotra und
Madagaskar zu finden, wurden sie endlich von ihrem Lagerleben erlöst und
Ende der zwanziger Jahre mit Hilfe des Völkerbundes zwischen den Kurden im
Nord-Irak angesiedelt.

Die Bergbewohner litten anfangs in der klimatisch ungewohnten Umgebung un=
ter Malaria und anderen Krankheiten der Flußniederungen. Außerdem hatten
sie sich unter den einheimischen Kurden und Arabern dadurch unbeliebt ge=
macht, daß sie seit 1922 in das britische Söldnerkorps der "Iraqian Levies"
eingetreten waren. Für gute Bezahlungen halfen sie, Aufstände der Kurden
und Araber niederzuwerfen.

Als aber 1933 das britische Mandat auslief und eine Monarchie eingerich=
tet wurde, nutzten die irakischen Kurden und Araber die Gelegenheit, um
assyrische Dörfer zu überfallen und deren Bevölkerung zu töten oder zu
vertreiben.

Viele Überlebende flohen in das französische Mandatsgebiet Syrien und wur=
den dort am Khabur angesiedelt. Ein anderer Teil, an der Spitze der Patri=
arch, emigrierte nach Zypern, von dort später in die USA. Dort richtete
der Patriarch zuerst seinen Sitz in Chicago, später in San Francisco ein.

Ein besseres Schicksal als ihren Glaubensbrüdern im Irak war den in ihre
Heimat am Urmia-See zurückkehrenden Assyrern unter Reza Schah und seinem
Sohn Mohammed Reza Pahlawi im Iran vergönnt. Dank ihrer Tüchtigkeit konn=
ten viele von ihnen ihre wirtschaftliche Lage verbessern. Im Zweiten Welt=
krieg nutzten sie die Gelegenheit, als Lastwagenfahrer den Nachschub für
die Sowjetunion von den Häfen am Persischen Golf an die sowjetisch-irani=
sche Grenze zu bringen und damit viel Geld zu machen. Auch in der aufblü=
henden Ölindustrie des Landes machten sie sich rasch unentbehrlich. Schließ=
lich konnten sie auch einen Vertreter ins iranische Parlament entsenden.

Aus verschiedenen Gründen wechselten häufig Assyrer ihre Kirchenzugehörig=
keit: von der "Kirche des Ostens" zu den Chaldäern, auch zu den Protestan=
ten oder zu Sekten. Aber nach der Gründung des neuen Bistums der "Kirche
des Ostens" in Teheran (1962) kehrten viele von ihnen zur alten Kirche zu=
rück, zumal sich der junge Bischof als assyrischer Nationalist erwies.

Trotz ihrer günstigen Situation im Iran wanderten viele Assyrer aus den
Dörfern um Urmia und auch aus der Stadt Urmia selbst nach Teheran und
später in die USA oder nach Australien aus; die Angst um eine gesicherte
Zukunft verließ sie niemals.

Im Irak verlief das Leben der Assyrer wechselvoll. In den Städten hatten
sie bald das Hotelwesen in der Hand. Auch in der Ölindustrie gelangten sie
zu Einfluß. Dagegen verharrten die Christen in den Dörfern Kurdistans in
ihrer althergebrachten Lebensweise. Trotz ihrer schlechten Erfahrungen
mit der Politik und den Engländern schlugen sie sich im Zweiten Weltkrieg
auf die Seite der Briten und kämpften in einem Hilfskorps gegen die Re=
gierung Al-Gailani. Nach dem Krieg wurden sie deshalb wieder verfolgt. In
den verschiedenen Kurdenaufständen gegen die Zentralregierung ergriffen
viele der christlichen Dorfbewohner die Partei der Kurden in der Hoffnung,
mit diesen zusammen einen autonomen Staat gründen zu können. Als Folge
dieser Parteinahme mußten viele Assyrer nach Bagdad fliehen, wo bis heute
noch viele in einem Camp leben. Andere wanderten in die USA, nach Kanada
und Australien aus, soweit sie dort Verwandte hatten. Von denen, die sich
den Kurden angeschlossen hatten, flohen größere Gruppen nach Griechenland,

von wo sie in die USA und nach Kanada auswanderten.

3.8.3.   Die Situation heute

3.8.3.1. Im Irak

Die Mehrheit des Kirchenvolks lebt heute im Irak (etwa 70 000). Ihre Lage hat sich durch die Spaltung seit 1964 noch verschärft. Obwohl schwankend, unterstützen doch die meisten Anhänger die "Alte Apostolische Kirche des Ostens" unter dem Patriarchen Mar Shimun XIV.Khanania Denkhà, der selbst aus dem Irak stammt.

Von der laizistischen Regierung der Baath-Partei im Irak werden die Assy= rer freundlich behandelt, soweit sie nicht die Kurden unterstützen oder einen eigenen Staat im Nord-Irak fordern. Trotzdem ist die Kirche wegen ihrer inneren Schwäche auch theologisch zur Bedeutungslosigkeit herabge= sunken.

3.8.3.2. Im Iran

Obwohl die Assyrer unter dem Schah vielfach unterstützt wurden, blieb ihre Lage nach der Revolution nicht ungünstig; die "Apostolische Kirche des Ostens" ist offiziell anerkannt. Ein Angehöriger dieser Kirche vertritt alle Assyrer (auch Chaldäer und Protestanten) im iranischen Parlament. Allerdings haben viele von denen, die sich in die mittelständische Schicht Irans hocharbeiten konnten, mehr als manche andere unter den wirtschaftli= chen Schwierigkeiten zu leiden. Das ist der Hauptgrund für Auswanderungs= wünsche.

3.8.3.3. In Syrien und im Libanon

Während der französischen Mandatszeit nahmen die assyrischen Christen im Nordosten Syriens und auch die anderen Christen dort eine bevorzugte Stel= lung ein. Ihre Dörfer am Khabur blühten auf; manche verdienten als Pächter großer Weizenflächen viel Geld. Das änderte sich nach der Bodenreform in Syrien.

Der Kirchenstreit beeinträchtigt heute vielfach das Gemeindeleben, wenn auch die Mehrheit dem neuen Patriarchen Mar Shimun Denkha anhängt. Von der eher laizistisch ausgerichteten Regierung Syriens haben sie als christli=

che Religionsgruppe nichts zu befürchten. Sie genießen in Syrien wie ande=
re Gruppen Religionsfreiheit. Gefährlich könnte sich aber der assyrische
Nationalismus auf die Situation der nestorianischen Christen in Syrien
auswirken. Das Mißtrauen der Regierung wird auch durch die engen familiä=
ren und kulturellen Bindungen zu Amerika wachgehalten.

3.8.3.4. In den USA und in Australien

Von den nach Übersee ausgewanderten Assyrern konnten sich die meisten in
die jeweilige Gesellschaft integrieren und auch wirtschaftlich und sozial
aufsteigen. Die meisten von ihnen gaben ihre Traditionen auf, oft auch die
Sprache. Doch halten sie vielfach an ihrer angestammten Kirche fest; in
den Gemeinden ist ein starkes assyrisches Nationalgefühl gewachsen. Föde=
rationen und Klubs entstanden. Mit wechselndem Erfolg wurden auch Zeit=
schriften herausgegeben. - Ein Teil der alten Nestorianer, besonders sol=
che aus den Hochgebirgsdörfern Kurdistans, hat den Anschluß an die moder=
ne Welt in der neuen Heimat aber noch nicht gefunden.

3.9.   Die ostsyrischen Anhänger der Chaldäischen Kirche

3.9.1. Die Kirchenorganisation

Die chaldäische Kirche erhielt 1830 im Patriarchat von Babylon ihre end=
gültige Organisationsform, nachdem vorher mehrere Unierungsversuche mit
Rom nicht von Dauer gewesen waren.

Heute liegt der Patriarchatssitz in Bagdad; etwa 100 Jahre lang war er in
Alqosh nördlich von Mosul. Seit 1958 hat Paul II. Scheicho das Patriarchen=
amt inne. Die Kirche ist gut organisiert. Die Mehrheit ihrer Anhänger
lebt im Irak (etwa 500 000), kleinere Gruppen von einigen Tausend gibt es
in Syrien, in Jordanien, Ägypten, im Libanon und in der Türkei. Nach dem
Ersten Weltkrieg bildeten sich größere Gemeinden in Frankreich, Nord-Ame=
rika und Australien.

Im Irak bestehen Bistümer in Alqosh, Erbil, Amadiya, Aqra, Kirkuk, Mosul,
Sulaimaniya, Basra und Bagdad, wo die meisten Chaldäer leben. Weitere Bis=
tümer wurden in den Ländern Syrien, Libanon, Ägypten, Türkei (je eine)
und drei im Iran (in Teheran, Ahwaz und Salmas/Urmia) gegründet.

Zwei Seminare in Mosul und Bagdad bilden den Priesternachwuchs aus. Die chaldäische Kirche verfügt über fast 200 Priester. Außerdem bestehen 3 Schwesterngemeinschaften und der Mönchsorden der Antoniner. Früher lag ein wichtiges geistliches Zentrum im Kloster Rabban Hormuzd nördlich von Mosul, das, in den Kämpfen mit den Kurden zerstört, mit Hilfe der iraki= schen Regierung wiederaufgebaut wurde. In Alqosh ist das Kloster "Deir-Esseide" Ziel vieler Wallfahrer.

3.9.2. Zur Geschichte

Nestorianer und Chaldäer teilten bis um 1830 das gleiche Schicksal. Unio= nen und Abspaltungen blieben ohne nachhaltige Folgen. Nach der Stabilisie= rung der chaldäischen Kirche blieben ihre Anhänger im Irak dank der behut= samen Politik ihrer Kirchenführer weitgehend von den Verfolgungen ver= schont, die den Nestorianern hart zusetzten. Auch hielt Rom seine schützen= de Hand über diese neue Kirche, da sie den Primat des Papstes anerkannte. Die alte Kirchenorganisation blieb weitgehend erhalten, für die Dorfpries= ter auch die Ehe. In der Liturgie wird der ostsyrische Ritus zelebriert; Kirchensprache ist Ostsyrisch, der chaldäische Dialekt, Arabisch und Per= sisch.

Verfolgungen erlitten die Chaldäer seit dem Ende des 19. Jahrhunderts in der östlichen Türkei, besonders aber im Ersten Weltkrieg im Zusammenhang mit den Verfolgungen der Armenier.

Die Zahl der Chaldäer stieg im Irak von etwa 80 000 vor dem Ersten Welt= krieg bis heute auf 300 000 - 500 000 an. Dagegen verloren sie in Anato= lien 1914-18 Zehntausende durch Krieg, Flucht und Vertreibung. Heute le= ben noch höchstens 5 000 Chaldäer in der Türkei.

Während der Kriege der Kurden gegen die Zentralregierung im Irak schlos= sen sich auch Teile der Chaldäer den Aufständischen an; das geschah aber gegen das ausdrückliche Verbot ihrer Kirchenführer. Die Mehrheit der Chaldäer verhielt sich der Regierung gegenüber loyal und erfreut sich des= halb auch bis heute religiöser und kultureller Freiheit.

Die Chaldäer bildeten seit dem 19. Jahrhundert die stärkste christliche Gruppe und eine bedeutende Minderheit im Irak. Sie fielen kaum auf; be= sondere Ereignisse über sie sind auch in anderen Ländern nicht zu berich= ten. Sie halten sich aus der Politik heraus und bemühen sich, unauffällig zu bleiben.

3.9.3. Die Situation heute

Aufgrund dieser Haltung ist das Leben der Chaldäer im allgemeinen kaum be=
einträchtigt. In den Städten gehören sie vielfach den mittelständischen
Schichten an. Zusammen mit den Nestorianern haben sie im Irak einen großen
Teil des Hotelwesens in der Hand, arbeiten als Ingenieure und Manager in
der Ölindustrie und sind auch sonst in der irakischen Gesellschaft recht
wichtig.

Einige Chaldäer sind auch in der Baath-Partei zu Einfluß gekommen. 1985
ist der stellvertretende Ministerpräsident und Außenminister Tariq Aziz
chaldäischer Christ.

Im Iran verlor die Kirche besonders in den sechziger Jahren durch Übertrit=
te Anhänger an die "Assyrische Kirche des Ostens". Die Chaldäer können im
Iran ihre Religion frei ausüben; in Teheran gehören ihnen 2 Schulen.

In der Türkei lebt ein Teil der Chaldäer unter schweren Lebensbedingungen
im südöstlichen Grenzgebiet des Tigris. Viele von ihnen werden von den kur=
dischen Feudalherren wie Leibeigene gehalten und wandern deshalb nach
Istanbul und ins Ausland aus.

Den Chaldäern in Amerika ist der Aufbau einer gesicherten Existenz gelun=
gen, da sie aufgeschlossen und anpassungsfähig sind und häufig auch eine
gute Schulbildung haben.

In den bäuerlichen Gebieten des Nord-Irak, Nord-Irans und Nordostsyriens
sind die Chaldäer wirtschaftlich ebenfalls gutgestellt. Sie assimilieren
sich leichter als ihre nestorianischen Verwandten und geben ihre angestamm=
te Kultur eher auf. Ihre Kirche weist heute viele lateinische Elemente
auf. Zur assyrischen Nationalbewegung im Irak bekennen sich viele junge
Chaldäer. Der Klerus dagegen geht hier, wenn es sich um eine Absonderung
von Staat und Gesellschaft handelt, auf Distanz. Das kann man auch im
Iran beobachten, wo die Chaldäer sich durchgesetzt haben, und die syri=
schen Christen heute unter dem Namen "Assyrochaldäer", und nicht "Assyrer",
im Parlament vertreten sind. In den von den Konfliktherden des Vorderen
Orients weit entfernten Vereinigten Staaten dagegen engagieren sich mehr
Chaldäer in der "Assyrischen Nationalbewegung". Flüchtlinge und Asylsu=
chende sind unter den Chaldäern heute selten.

3.10. Die assyrischen protestantischen Kirchen

3.10.1. Die Situation heute

1982 lebten im Iran kaum noch mehr als 3 000 Anhänger der presbyteriani=
schen und baptistischen Kirche mit neusyrischer assyrischer Sprache. Die
Mehrheit der Mitglieder ist in Teheran zu finden, eine andere Gruppe in
Urmia und Umgebung. Sie können ihrem Glauben ungehindert praktizieren und
werden durch den Abgeordneten der Assyrochaldäer im Parlament mit vertre=
ten.

Diese assyrischen Protestanten sind Reste von großen Gemeinden, die sich
seit dem Ersten Weltkrieg - anfangs durch das schon beschriebene Schicksal,
am Kriegsende dann durch Auswanderung nach Amerika und durch Übertritte
zur "Assyrischen Kirche des Ostens" - größtenteils auflösten. Ihre engen
Verbindungen in die USA haben ihrem Ansehen unter der iranischen Bevölke=
rung häufig geschadet und sie auch schon zu Zeiten des Schahs zur Auswan=
derung bewogen. Im Irak gibt es kaum noch Protestanten.

3.10.2. Zur Geschichte

Die moderne protestantische Mission in Iran begann nach den Erweckungsbe=
wegungen in Großbritannien und den USA zu Beginn des 19. Jahrhunderts.
1834 erschienen die ersten Missionare der American Board of Commissioners
for Foreign Missions in Täbriz, 1835 in Urmia. Es gelang ihnen, eine grös=
sere Zahl von Nestorianern zu gewinnen, nicht aber, wie geplant, die Kir=
che als Ganzes. Die Kirche leistete gegenüber den Missionsversuchen hefti=
gen Widerstand.

In Urmia konnten die Missionare ein großes Zentrum, in den Dörfern der Um=
gebung kleinere Stationen aufbauen. Sie gründeten Schulen, um das Volk zu
alphabetisieren und in die Lage zu versetzen, die Bibel selbst zu lesen.
Im Druck wurde die neusyrische Sprache für Bibeln und religiöse Schriften
verwendet. Das alte Brauchtum und die Liturgie wurden abgeschafft, da es
den Missionaren als Abweichung vom wahren Christentum erschien. In diesem
Zusammenhang sammelten sie auch die alten Handschriften ein und schickten
sie nach Amerika. So wurde auch den Nestorianern im Nord-Iran ein großer
Teil ihrer Tradition genommen, und nicht nur das protestantische Kirchen=
volk, auch diejenigen, die an ihrer alten Kirche festhielten, wurden durch
häufige Aus- und Übertritte ihres kulturellen Erbes beraubt.

Erst spät erkannten die Anglikaner, daß die "Apostolische Kirche des Ostens" durch die Tätigkeit der presbyterianischen Mission einer Auflösung nahe= gekommen war. 1887 entsandte der Erzbischof von Canterbury eine Mission zu den Nestorianern, um Möglichkeiten zu erkunden, wie der Bestand der alten Kirche gesichert werden könnte. In Rivalität zur amerikanischen Mission, die den Versuchen, das Althergebrachte zu retten, mißtrauisch gegenüber= stand, gelang den Anglikanern eine Festigung der Kirche des Ostens.

Später wurden die Reibereien zwischen den beiden großen evangelischen Mis= sionen dadurch beigelegt, daß in einer durch den 34. Breitengrad festge= legten Demarkationslinie das Tätigkeitsfeld voneinander abgegrenzt wurde: südlich dieser etwa bei Isfahan verlaufenden Linie waren die Anglikaner, nördlich davon die Presbyterianer tätig. Damit gerieten die assyrischen Christen ganz unter den Einfluß der amerikanisch-presbyterianischen Mission. Nach dem Zweiten Weltkrieg konnten außerdem Baptisten, Adventisten und die Pfingstbewegung unter den assyrischen Christen Anhänger gewinnen.

Während die abendländischen protestantischen Kirchen einerseits viel für Bildung und Gesundheit ihrer Anhänger taten, entfremdeten sie diese fast vollständig von ihrer alten kirchlichen Tradition. In diese Lücke stieß der assyrische Nationalismus mit der - für die ostsyrischen Christen neu= artigen - Pflege der Volkskultur, die angesichts der ständigen Bedrohungen fast gänzlich in Vergessenheit geraten war.

3.11.   Dokumente und Presseberichte

3.11.1. Syrisch-orthodoxe und syrisch-katholische Kirche

DECRET DU CONSEIL DU COMMANDEMENT DE LA REVOLUTION ACCORDANT LES DROITS CULTURELS AUX CITOYENS D'EXPRESSION SYRIAQUE

Dans sa séance du 16-4-1972, le C.C.R. a pris le décret suivant :

1. Les droits culturels sont accordés aux citoyens d'expression syriaque, "Assyriens", "Chaldéens" et "Syriens", conformément aux paragraphes suivants :

   A. La langue syriaque devient langue d'enseignement dans toutes les écoles primaires où la majorité des élèves parle cette langue. L'enseignement de l'arabe y est obligatoire.

   B. Le syriaque est enseigné dans les écoles secondaires où la majorité des élèves parle cette langue. L'arabe y est la langue d'enseignement.

   C. Le syriaque est enseigné à la faculté des Lettres de l'Université de Bagdad, au même titre que les langues anciennes.

   D. Un programme syriaque spécial est créé à la Radio de la République Iraquienne ainsi que dans les stations de télévision de Kirkouk et de Ninive.

   E. Une revue mensuelle en syriaque sera publiée par le ministère de l'Information.

   F. Une association des hommes de lettres et écrivains d'expression syriaque sera fondée et leur représentation sera assurée au sein des Unions et associations littéraires et culturelles du pays.

   G. Les hommes-de-lettres, écrivains et traducteurs d'expression syriaque recevront une aide matérielle et morale pour l'impression et la publication de leur production littéraire et culturelle.

   H. Les citoyens d'expression syriaque pourront ouvrir des clubs culturels et artistiques pour faire revivre et développer leur folklore et leurs arts populaires.

2. Ce décret entre en vigueur à compter de la date de sa parution au Journal Officiel. Les ministres sont chargés de veiller à son application.

Ahmed Hassan el-Bakr
Président du C.C.R.

THE SYRIAC BROADCASTING STATION

On 1st July, 1972 a new section of the Baghdad Radio Station started for the first time broadcasting a special programme in the Syriac language. A short while after the "Syriac Section of the Baghdad Radio" was inaugurated, Syriac programmes were introduced in the general programmes of the Kirkuk (Ta'meem') Television station in addition to relays from Baghdad and Nineveh TV station on various occasions.

This achievement came to crown the decree promulgated by the RCC in April 1972 granting cultural rights to the Syriac speaking citizens of Iraq which laid among its objectives to set up special programmes in Syriac in different TV and broadcasting stations in Iraq.

These new Syriac media of communication opened new horizons for the language to reach the masses and created wide perspectives for the Syriac speaking intellectuals and artists to convey their talents and activities to the people as well as being great step forward promoting the arts and literature of the Syriac speaking people.

Today, the wide spectrum of programmes broadcasted and relayed covers political, social, literary and heritage fields in addition to music, plays and dramas presented in Syriac.

The Syriac language was for centuries in early history a widely spoken lanuage of literature and culture and contrib uted its share to humanity in those ages. But unavoidable circumstances forced it to be confined to certain villages and to the monasteries and churches.

Now, and after six years of free practising of cultural rights various Syriac cultural institutions, such as societies and clubs, have emerged and flourished to meet the aspiration of these citizens.

The Syriac speaking community is holding a celebration this evening to commemorate this occasion under the auspices of the Minister of Information. Artists representing all nationalisties of Iarq are expected to take part in these ceremonies.

JAMIL RAPHAEL

Baghdad Observer
1.7.1978

SYRIAC SPEAKING CITIZENS IN IRAQ

Among the most progressive laws enforced in the country after the glorious 17th July Revolution concerning the preservation of cultural and social heritage of the citizens was the law of granting the cultural rights of the Syriac speaking citizens; by this law all those citizens had their wishes and dreams come true for keeping their ancient heritage in culture and civilization as well as keeping their language and reviving it. This law enabled those citizens to easily take to the new developed social system of life besides keeping their traditional and social way of living.

As a result of enforcing this law the required means for teaching the Syriac language were made available, magazines issued and old as well as modern writings published and distributed. Many societies, unions and clubs were established to play their prominent role in organizing the Syriac speaking public in social, artistic and cultural organisations and give them the opportunity to develop their education and display their talents.

These insitutions perform their standing programmes, which comprises lectures, seminars, iterary meetings with personalities, monthly parties and celebrations, artistic evenings and adequate social atmospheres. In addition they take part in all national occasions and perform extra activities.

In responce to having achieved all their wishes and aims, the various institutions of the

Syriac speaking citizens are jo-ining the rest of the Arab citiz-ens in celebrating the 10th ann-iversary of the July Revolution and that comprises various sorts of activities

The institutions that are cele-braing this important event in Iraq's history are the Assyrian Cultural Club., the College Fa-mily Club. the Rafidain Club, the Social Nimroud Club, the Ikhaa Club and the Syriac So-

ciety. They have organized **in** these glorious days lectures, ex-hibitions for wall posters and paintings. the political poster show, a plastic art exhibitions, a poetic evening for the Syriac poetry organized by the Union of the Syriac speaking Writers, artistic evenings in various clu-bs such as al-Ta'aruf. Ur. Assy-rian Society. Sanharib. Assyrian National. Babil, **Sumer, Ashtar** and Tammouz comprising songs.

dances and oher joyful perfor-mances.

As commented upon in one of the documentary films made by the Iraqi Cinema and Thea-tre Es'ablishment, this big feast celebrated by the Syriac speak-ing public is not a temporary feature that is witnessed at the present time alone. but it is las-ting, it is their new life.

Jamil Raphael

Baghdad Observer
19.7.1978

Assyrian Patriarch lauds Turkey

TURKISH DAILY NEWS
ANKARA-Head of State General Kenan Evren received Damascus Assyrian Patriarch Ignatios. I Zakka Ayvas and an accompanying delegation at the Cankaya Presid-ential Palace on Thursday.

An announcement from the Press

Department of the Head of State's Office said the Assyrian Patria-rch and the accompanying delega-tion expressed their pleasure at the Turkish Government's anti -

sectarian attitude and extended th-eir loyalty and gratitude to Head of State Evren.

Reportedly the Patriarch and the accompanying delegation said they think of themselves as Tur-ks and not as a minority.

Turkish Daily News
21.5.1982

Patriarch of Syriac Orthodox Church visits Iraq

Mr Abdullah Fadhil. Minister of Awqaf (Endow-ments) and Religious Affairs, received on Mon-day, Patriarch of Antioch and the Syriac Orthodox Church in the world.

The Minister welcomed the Patriarch expressing hid deep appreciation for the honourable stands of the Patriarch regarding Iraq's just war fought under the leadership of President Sad-dam Hussein against the Ira-nian aggressors.

The Minister explained

the importance attached by the Ministry of Religious Affairs on the directives of President Saddam Hussein, to all religious sects in Iraq. and offering them various forms of support.

The Patriarch expressed his deep pleasure to visit his homeland and said that it was done by a citizen to his homeland, despite that his religious responsibilities had kept him away from Iraq but his heart was with Iraq wherever he went.

The Patriarch praised

President Hussein and de-scribed him as the hero of national liberation he also praised Iraq's courageous army for defending Iraq and the Arab nation's dignity

and said that Iraqi people were fighting against the aggressive Iranian regime.

He appreciated the care attached by the Ministry of Endowments and Religious Affairs to all religious sects.

The Patriarch had arrived in Baghdad last Friday and in a statement on his arrival, secretary and other Iraqi religious dignitaries in Baghdad and Basra, and many citizens from the Syriac Orthodox Church .

In the afternoon of the same day (Friday) the Patriarch in a sermon said that his visit to his country Iraq will start by praising the martyrs of the homeland who offered their life in defence of Iraq.

He said that Iraqi Army was defending today the nation's dignity in order to bring back her legitimate rights in the eastern flank of the Arab homeland and added that Muslims and Christians were fighting side by side in the battle of Sad-

had said that his visit to Iraq was a visit paid by a citizen to his homeland.

He added that he admired the Iraqi people and their steadfastness to defend their holy soil in defence of the eastern flank of the Arab homeland, stressing that Iraq will be victorious by the will of God.

The Patriarch said that his visit to Iraq was not for religious purposes but to take part in supporting Iraqi men in their struggle against the racist and expansionist Iranian regime.

The Patriarch was received at the airport by the Ministry of Endowments and Religious Affairs Under-

dam's Qadissiya in defence of their integrity and this will be recorded highly and immortally in history, he added.

The Patriarch concluded his sermon by praying to God to make Iraq achieve victory over its enemies and protect President Saddam Hussein who is leading the people to final victory.

Baghdad Observer
15.11.1982

In Gronau hört man immer häufiger die Sprache Jesu

In der Türkei fühlen sie sich verfolgt. In den Niederlanden, wo eines ihrer geistigen Zentren steht, erhalten sie kein Asyl. So kamen sie nach Gronau: Die aramäisch sprechenden syrisch-orthodoxen Christen.

Von C. GRAF SCHWERIN

Die kleine Stadt Gronau an der holländischen Grenze ist seit fünf Wochen zum Zufluchtsort von religiös verfolgten syrisch-orthodoxen Christen aus der Türkei geworden. Anfangs meldeten sie sich einzeln bei den örtlichen Behörden, dann kamen sie in Gruppen von 50 bis zu 80 Personen; häufig Familien mit ihren Kindern. Heute sind 550 dieser Flüchtlinge, die nicht Türkisch, sondern Aramäisch, die Sprache Jesu, sprechen, in einem von der Stadtverwaltung für sie angemieteten Wohnheim untergebracht.

Niemand weiß, wann dieser Flüchtlingsstrom abreißen wird; die Gemeinde Gronau wäre einer größeren Zahl von Asylbewerbern nicht mehr gewachsen. Der nordrheinwestfälische Innenminister Schnoor hat das Außenminsterium eingeschaltet, um die Sachlage zu klären.

Diese aramäischen Christen kommen aus der kurdischen Provinz Mardin im Südosten Anatoliens, 2000 km von Istanbul entfernt. Wer und mit welchen Mitteln die Umsiedlung der Flüchtlinge aus diesem fernen Land bis in die Bundesrepublik organisiert und finanziert, ist bislang unbekannt. Eins aber ist sicher: Ihr Weg führt über Belgien und Holland. Nach Belgien gelangen sie mit einem Flugtikket der Sabena, das in Istanbul für die Strecke Mailand über Brüssel und zurück gelöst worden ist. Die belgische Fluggesellschaft hat keinen Grund, den Flugschein nicht auszuschreiben, da Italien als einziges Land der EG für Türken nicht visumpflichtig ist.

Da ganz offensichtlich das ursprüngliche Ziel der Flüchtlinge das syrisch-orthodoxe Kloster Sankt Ephrem in Holland ist, melden sich die Flüchtlinge bei der belgischen Grenzpolizei mit der Bitte um politisches Asyl, um auf diese Weise aus dem Transitraum auf dem Brüsseler Flughafen herauszukommen. Das Asylbegehren wird von der belgischen Behörde, die die aramäischen Christen ins Land läßt, an das Brüsseler Büro des Hohen Kommissars der Vereinten Nationen für Flüchtlinge (UNHCR) delegiert, das ihnen bescheinigt, ein Asylgesuch in Belgien gestellt zu haben.

Aber dann, so erzählen die Belgier, verschwinden die Flüchtlinge plötzlich aus ihren Unterkünften bei karitativen Verbänden in Brüssel. Sie tauchten schließlich im Kloster Sankt Ephrem zwischen Losser und Glaner Brug gegenüber Gronau an der deutsch-holländischen Grenze wieder auf. Die niederländischen Behörden jedoch, die sehr bald das wahre Ausmaß dieses neuen Flüchtlingsstroms erkannten, verweigerten den Aramäern die Aufenthaltsgenehmigung. Daraufhin suchten sie bei den Deutschen um politisches Asyl nach. So kamen die ersten Flüchtlinge über das Kloster, wo sie neu eingekleidet wurden, nach Gronau. Hier, in der Nähe eines der geistigen Zentren ih-

rer Religion, wollen sie auch bleiben. Ihnen ist offenbar gar nicht bewußt, heißt es in der Stadtverwaltung von Gronau, daß die Holländer sie nicht mehr zurück über die Grenze lassen.

Daß es in der Türkei eine Verfolgung christlicher Minderheiten gibt, steht außer Zweifel, auch wenn dies von der Regierung in Ankara nicht zugegeben wird. Christen in der Türkei leben heute in geistiger und leiblicher Unsicherheit. Die schlimmsten Berichte über Verfolgungen von Christen kommen aus der Osttürkei, wo die Zahl der Aramäer in sieben Jahren von 40 000 auf 10 000 gesunken sein soll. Belgische Behörden haben den Verdacht ausgesprochen, daß die Regierung in Istanbul selbst die Ausreise der Aramäer zumindest wohlwollend duldet, wahrscheinlich sogar fördert.

Asylbewerbungen aramäischer Christen wurden bislang in Deutschland unterschiedlich behandelt. Ihrem Asylbegehren wurde stattgegeben, wenn der Antragsteller noch nicht seinen Wehrdienst in der Türkei abgedient hatte. Christliche Wehrpflichtige seien, so heißt es, in der türkischen Armee Repressalien und Drangsalierungen durch mohammedanische Soldaten ausgesetzt. Einige von ihnen sollen durch Mißhandlungen zu Tode gekommen sein.

Ein Ausländer jedoch, so heißt es in einem Urteil des Oldenburger Verwaltungsgerichts, „der befürchten muß, in einem Teilgebiet seines Heimatstaates politisch verfolgt zu werden, hat keinen Anspruch auf Asyl in der Bundesrepublik, sofern ihm der Aufenthalt in einer anderen Region jenes Staates zumutbar ist, in der ihm politische Verfolgung nicht droht". Mit dieser Begründung hat das Oldenburger Gericht 1983 die Klagen von neun aramäischen Christen aus der Türkei, die die Ablehnung ihrer Asylanträge durch das Bundesamt für die Anerkennung ausländischer Flüchtlinge in Zirndorf angefochten hatten, abgewiesen.

Nach dem Willen von NRW-Innenminister Schnoor soll das Auswärtige Amt nun klären, wie die Lage der

Christen in der Türkei heute zu beur-
teilen ist. In Brüssel soll nachgefragt
werden, ob die vorgetäuschte Asylbe-
werbung in Belgien das Verlassen des
internationalen Transitraums auf
dem Flughafen rechtfertigt.

the silent minorities

THE SYRIAN CHRISTIANS: COMMUNITY OF RAGS AND RICHES

There are around 42,000 Christian Syrians
residing permanently in Lebanon, most of them
(30,000) Orthodox and the rest Catholic.

Both the Orthodox and the Catholics came
to Lebanon for refuge, the largest waves arriving
in 1922 after the massacre which the Christian
minorities endured in Syria, followed by smaller
waves in 1939, after the cession of Alexandretta
to Turkey. Most of the Syrian refugees, poverty-
stricken, settled in camps in Beirut's Msaitbi and
Furn esh-Shebbak areas.

The Catholics at present are scattered around
the Eastern section of the city (Furn esh-Shebbak,
Ashrafia and Nahr), and the Orthodox in the
Western section (Msaitbi and Mazraa), Catholics
are also to be found in Tripoli, and many of the
Orthodox were attracted by the Bekaa's purely
Christian town, Zahle.

CATHOLICS: LEBANESE PEDIGREE

Some of the Syrian Catholics here, claiming
much deeper roots in Lebanon than their Orthodox compatriots, trace their Lebanese history as
far back as the seventh century when, they say,
many of them were driven out of Homs, Aleppo
and Houran and settled in North Lebanon before
moving south to Beirut. (As their sect was not
organized in Lebanon then, they followed the
Maronite church, which had the same Syriac
rites -- the rites common in Syria before Islam.
Bishop Ifram Jarjour of Beirut's Syrian Catholic
Church pointed out, with pride, that St. Maron,

patron and founder of the Maronite sect, was a
Syrian monk in the St. Maron Catholic monastery
on the Orontes River).

Bishop Jarjour named some of the old Syrian
Catholic families in Lebanon: de Tarazi, Moussali, Saab, Shaqqal, and Habis. Among their most
prominent descendents, he said, was Count Philip
de Tarazi, founder of the National Library and
author of the four-volume work, *History of
Arab Journalism.* Among the current names belonging to the Syrian Catholic Church are:

*Ambassador Antoine Fattal, legal advisor at
the ministry of foreign affairs.*

*Jean Fattal, the millionaire importer whose
goods fill the Lebanese market.*

Antoine Moussali, director general of customs.

*Dr. Edmond Rabbat, prominent attorney and
professor of constitutional law.*

CATHOLIC POVERTY

But the Syrian Catholics are neither all well-
heeled nor all learned. In fact, the majority of
them are in the lower income groups, living
mostly in the camps of Nahr and Furn esh-Shebbak. The camp-dwellers, most of them late-
comers and still non-Lebanese, have limited
employment opportunities and are currently
busying themselves with crafts, small trades and
minor jobs in the private sector.

Very few of the Syrian Catholics have been
able to enter the public sector, and this is a sore
point with the Syrian Catholic Church. Bishop

Jarjour, speaking to Monday Morning, bitterly criticized the "injustice" of the Lebanese public recruitment law, which, he said, provides no quota for the minorities of the nation. Many of these minorities, the bishop pointed out, are finding themselves in the position of second class citizens. The educated and naturalized among them, he said, are becoming frustrated and leaving the country. The quota system in public recruitment, he declared, is responsible for much of Lebanon's brain drain.

ORTHODOX COMPLAINT

The same grievance was voiced to Monday Morning by the Syrian Orthodox Church, in the person of Bishop Athanasius Fram. As the guardian of his flock, Bishop Fram said, he was finding himself forced to help them emigrate. Already, 200 Syrian Orthodox families have left for Sweden in the past few years, and more families are currently being processed for emigration to the United States and Australia.

And economically, as Bishop Fram pointed out, the Syrian Orthodox are not doing badly at all. Among their prominent merchants are Kano, Badro, Bazaz, Asmar and Najjar, and among the leading professionals are *Drs. Joseph Hajjar (neurologist), Ishak Shahla (surgeon), Ibrahim Asmar (cardiologist) and Saho (surgeon), lawyers Gaby Sauma and George Khalife and AUB Professors Matta Akrawi (education), Yakoub Namek (sciences) and Kanaan Kano (engineering).*

SURVIVAL OF SYRIAC

Syriac, which is used in Syrian and Maronite church services, is also spoken as a living language by the older Syrians in Lebanon. It is, in fact, still being taught in the sectarian Syrian schools (both the Catholics and the Orthodox have schools of their own here).

On the political level, the Christian Syrians are maintaining good relations with President Chamoun, and those of them who carry the Lebanese nationality are sought after with a will when elections time comes around.

Monday Morning
Juni/Juli 1973

3.11.2. Maronitische Kirche

Toward Israel
Pope Urged to Take Steps To Aid Expelled Maronites

AMMAN, July 24, (AP) — Maronite Christians in Israel have threatened to convert to Judaism unless Pope Paul intervenes on behalf of Christians expelled by Israel from two upper Galilee villages, a Jordanian newspaper reported Monday.

The Jordanian weekly newspaper "Al Sabah" said 1,200 Maronites asked Bishop Yousef Raya to relay their threat to the Vatican.

According to the paper, the Israelis have recently expelled Christians from the villages of Akrat and Kafr Daraam in the Upper Galilee on the pretext that non-Jews are not allowed to live in border areas.

The Maronites said if the Pope did not act urgently they would have to take up Judaism to stay in their villages.

Maronites are Christians belonging to the Western Catholic Church.

The paper said Israeli Deputy Prime Minister Yigal Allon submitted an urgent motion to the government to allow some villagers to return while paying compensation to others.

It added that Allon's plan is aimed at stifling any protests the church might make, and to cover the fact that large areas of land have been seized from the villagers for the establishment of Israeli settlements.

Turkish Daily News
25.7.1972

SOCIOLOGICAL AND SPIRITUAL MEMBERSHIP IN THE CHURCH, Hamid Mourani (1)

The present crisis of the Maronite Church is a crisis in the very concept of the Church. That statement calls for a two-fold explanation:

a)   By "concept of the Church" we do not mean that the crisis is doctrinal, i.e. it is not directed at the system of propositions in which the nature of the Church and its universal mission are expressed. It is something quite different -- precisely it has to do with the way we understand our member- ship in the Church and our manner of living the Church, feeling it and finally vindicating it by our behaviour. In terms of classical theology, the crisis is aimed at the credibility of our Church.

b)   A crisis on this level is necessarily total and radical. The determining question: is it still truly the Church of Jesus Christ? Must be leveled at every subject and at the very roots. It is in that uprooting attitude of faith that the Church, i.e. each of us and all of us together, give ourselves unconditionally to God's judgment.

On the basis of what has been said, we understand that a gesture of reform at the top and in small segments, or a movement only at the base, would be inadequate. A synod is the only historic action which would enable our Church to be redefined concretely and validly for its sons and the world in which it carries out its mission. This having been said, it seems to me that the crisis can be more specifically defined in the following statements:

1.   The Church has a mystery of unity with the risen Christ, and the marriage relationship is the symbol of that unity. Just as a man and a woman become "one body", so Christ and his Church constitute "one Spirit", i.e. a single and unique historical existence. The spiritual aspect of this commu- nion of Christians with one another and with Christ in the Church has been displaced because of the struggle beginning in the 16th century against the Protestantism which repudiated the entire juridical structure of the Church. That is why the Church became a rather juridical organism and the Christian found himself in a situation which resembled that of the citizen in relation to the state. This imbalance was fortunately adjusted by Vatican II in put- ting the hierarchical character and juridical aspect of the Church in their place, i.e. in the service of the Church as mystery of faith.

2.   The Maronite Church was a pilgrim Church in the faith. Like Abraham it left its country, its culture, the material world of its existence to seek refuge in faith in God. But the vicissitudes of a history lived in absolute precariousness and without horizon naturally led this Church to think in terms of self-preservation, self-justification and controversy. The juridical influence of Roman Catholic theology can be added to this histo- rical sequence, evident at least since the Lebanese Synod of the 18th century. Thus the Abrahamic faith of the Maronite Church was deflected toward faith in a land and in a fulfilled history.

3.   The Church of the Aggiornamento sought to be renewed by following two movements: (a) a return to the primary intention of Christ and the self- consciousness which the Church had among the Apostles and the first great Witnesses of our faith; and (b) a rediscovery of the Church for the modern world; from which movement two new theological categories came into being: "the Church-in-the-world of this age" and "the signs of the times".

The crisis of the Maronite Church is located in that imperceptible and deep boundary between a Church which appears to its sons and others as a power of this world, and a Church which is determined to be faithful to the intention of its Founder and hence transcendent with respect to the world; between a Church closed in on itself and continuing to conduct itself in terms of a situation or even a world which no longer exists, and a Church open to the world and seeking to anticipate the questions and expectations of a world in change and explosion on the levels of both personal and social life.

In the final analysis the crisis which comes of this is the beginning of a rupture between "a sociological membership and a spiritual membership" in the Church.

What, then, is a "sociological membership" in the Church? In our case, its name is Confessionalism. Among us, a confession functions and appears primarily as a syndicate of believers. Now syndicalism consists in setting up one group against another with the legitimate aim of avoiding every form of exploitation which either exists or is possible. But is that language adequate to describe the nature of relationships in the Church on the one hand, and between the Church and other religious or even social groupings on the other hand?

Here is a statement written by a Maronite who is a professor of philosophy but who still unfortunately expresses an attitude common to most Lebanese: "The Lebanese are believers from father to son. The Lebanese does not and will not deny God; and even if he does it at times... he will stand up to defend his religion when it has been insulted by another segment of the population opposed to his religion"... In another context, the same philosopher writes: "I am against 'Ta'assob' fanaticism... but I defend the confessional 'assabié' which constitutes the social and cultural form of religion.

Let us examine the concepts employed in that statement: one may be an unbeliever on the personal level, but on the group level it is impossible; the term "assabié" is reminiscent of Ibn Khaldoun and designates the biological ties which make for unity in a tribe. Finally, note that this is a faith which is transmitted from father to son and against which we have no objection insofar as it does not transform the "tradition of the faith" or the continuous transmission of the faith in a process of "reproduction".

On the basis of the preceding analysis, sociological membership in the Church means the absence of all personal choice in the faith. It makes communion in the faith a mere fusion of the emotional and self-protective order, closing the way to any free creativity on the level of the faith since mechanical reproduction is the rule.

Two other characteristics of this sociological membership in the Church or in any other confession may be mentioned. Our language is not honest, It is a language of hostility to other confessions when we are among ourselves, but deferential and ambiguous when we are face to face with the others. But more deeply, do we have the same language with regard to the same important events? Am I not inclined to be said about something which happens when I see that the other confession rejoices in it?

Sociological membership in a Church or a confession has not merely paralyzed our faculty of judgment and our critical reason, but it has also contributed to a limitation of our freedom. Is not some of what we do and say a reaction to the behaviour of others? The Christian, as the statement quoted above puts it, cannot be an unbeliever since he goes to the defense of his insulted religion. Is such a Christian truly free? Would it not be more exact to say that he is "conditioned" by the sociological context or even "manipulated" by determinants outside his freedom?

Sociological membership in the Church makes that Church appear as a society which defends the interests of its own members only, and whose cohesion is due inwardly to a bond of emotional and self-protective factors and outwardly to self-preservation against other groups. The members are subject to the laws of their group; critical truth and personal liberty would be the gravest menace since reproduction is the fundamental law.

Certainly one continues in a Church like that to proclaim his sincere allegiance to the propositions of the faith and to receive its sacraments. That Church may even flourish in its institutions and be powerful in its influence. Yet despite that fact, can it be said that the Church of Jesus Christ is recognizable in those terms?

To reply still more precisely to that question, we are going to analyze certain aspects of spiritual membership in the Church. There is first the sociological faith which is imposed on its members by the group and which aims primarily at the self-preservation of the group. Now what is the true faith of the Church? Has not the witness to Abraham's faith been invited to leave everything which gives man the objective guarantees of existence, i.e. his land, his tribe, his culture, etc. to trust only in the Word of God? Has he not renounced his immediate present in order to project himself into God's future? This is to say that the future is a gift of God, and finally that man's absolute future is not perturbed by death since there is a God who gives life in the resurrection.

Also, according to our faith, the Church is one and catholic; i.e. in accordance with a dynamic rather than static concept, I should witness by my faith to universal brotherhood and seek to eliminate all the barriers which separate me from others. Do not the catholicity and unity of the Church signify the Church's obligation to witness on behalf of unity among men without exclusivism?

Thus spiritual membership in the Church manifests itself by a faith open to the future of God, the future given by God, a future which insists upon the unity of all men in the redemptive love of Jesus Christ. But unity among men and universal brotherhood should not be emptied of the theological intention which nourishes them. This is how it should be understood:

The Church has been willed by Christ as the new people of God. The twelve tribes of Israel were replaced by the twelve apostles. This new people was born of the word of God for which the twelve were made responsible. Biological inheritance has no place in this.

A new and basic element is added to this idea of a people of God constituted by the word of God: this people is the Body of Christ. The Church is transformed by the Eucharist into oneness with Christ. This Body of

Christ is the new temple which unites Christians of all times and places.

If the Eucharist unites us to Christ and to one another, this means
that it is not only rite and liturgy but that love of neighbour is an essential part. Daily kindness is also true liturgy, and only he who does it
in brotherly love truly participates in the Eucharist. Outside this milieu,
love becomes merely a humanitarian sentiment.

Finally, the Eucharist signifies not only love but order and hierarchy.
It is at this source that union with the bishop and the primate himself can
have significance; and outside this source authority becomes a legalism
devoid of spiritual substance.

In terms of this brief analysis, spiritual membership in the Church
seems to us to be constituted by faith in God, a faith which draws man entirely
beyond himself and enables him to live in the rhythm of God. And by that
very fact he lives in the rhythm of all men because it is impossible for men
to meet one another apart from the mediation of God. But this faith and this
openness to all men are celebrated in the Eucharist, which is a single and
indivisible act of faith and love. It is, then, in the Body of Christ that
the Church is constituted as hierarchical order and transmitted to all men.

The crisis in the Maronite Church has been defined as a rupture between
these two forms of membership in the Church, sociological and spiritual.

The question which naturally arises now would be this: how do we pass
from one form of this membership to the other?

--Let us avoid thinking that this passage can be accomplished by a
gesture. It is a matter of continual passage toward God, of a metanoia, i.e.
a conversion to God and man. To do this is the continual, minute-by-minute
duty of the Church and the faithful.

A complex step seems necessary if this passage is to be made:

--First, we must fix our mind on the whole message of Christ. In our
case this means keeping ourselves vigilant and remaining faithful in both
feeling and behaviour to the essence of the Church as we have attempted to
define it in this brief discussion of spiritual membership.

--The other aspect of this step has to do with attention to history or,
as we now say, to the signs of the time. To the extent that the world in
which I live becomes the questions put to my faith, this faith is renewed,
rediscovers its motives, and by the same token renews and rediscovers the
Church.

Let me use an example: The modern world is too complex and too rich;
we can lose ourselves in it. Just as the rhythm of its history is rapid
and incoherent, so also the problems raised in it are manifold and tangled.
But we can also acquire a profound spiritual wealth in it if we confront it
with clarity, faith and courage. When we consider the major events of this
past month, we can see how many there were in so small a country: a farmers'
strike, a teachers' strike, violent movements on political and student levels,
not to mention the confessional problems.

There would be a place for a phenomenology of Lebanese attitudes with respect to those events. But from the viewpoint of the believer and the Church, they are the best means by which to rejuvenate faith and make it concrete, to see in those events questions raised for my faith and my responsibility. Has any light been shed on all these events and on the fact that they happened together? What should a believer think about them? What attitudes should he have?

On the other hand, if I remain undisturbed and go about my business as usual, am I then truly Christian, a universal brother? Am I faithful to Jesus Christ who by his incarnation entered into a dialogue of love and truth with men and their world?

Now we understand that the manner in which we practice our faith and belong to the Church should be dedicated to the process of becoming, with respect and love for a Lebanon which is altogether in that process. And it is impossible to rediscover this country unless its believers rediscover their faith in God first of all and also in men.

The process of rediscovery will liberate the believer from the sociological hold of the group, restore his freedom and critical reason, and enable him to bring the dimensions of communal existence to his religious group. The believer on this level is no longer a type in which the system is reproduced, but he becomes a new and irreducible means to be the group, in our case to be the Church.

So it is a duty of our faith, all of us, to go to the root of problems which the current history of our country raises on the level of social relationships, religious relationships, habitual behaviour, the negative values now held and the values which are being sought through all the agitation.

If we do not do this task, the ideologies will do it. Their great force will put order into the disconcerting multiplicity of our times; but their calamity consists in the fact that they are incapable of respecting the whole reality because in principle they must bend that reality to suit the requirements of their ideological system.

It is only in the faith, which is God's vision of men and things, that true reality can be approached with respect, love and truth, and find its significance; the great problem of modern man is to know whether life has meaning and is therefore worth the trouble of living.

(1) *Hamid Mourani, born in Lebanon in 1930, is a Maronite secular priest in the diocese of Tripoli. He is a professor of philosophy on the Theological Faculty of St. Joseph University and the author of many articles in Arabic. The text here published was read in the course of a round-table organized by the "Soirées Culturelles" on February 8, 1973.*

Al Montada
No.57 1973

Au Liban

La succession du cardinal Méouchi suscite un vif intérêt

De notre correspondant

Beyrouth. — C'est mardi matin 14 janvier que se dérouleront les funérailles de Sa Béatitude Paul-Pierre Méouchi, patriarche de la communauté maronite, décédé samedi au siège de Bkerké, *(le Monde* du 12-13 janvier). Les personnalités politiques et les chefs religieux de toutes les familles spirituelles du Liban, les membres du corps diplomatique, le président de la République, le chef du gouvernement, les ministres, les députés et plusieurs milliers de fidèles se sont déjà recueillis devant la dépouille du prélat, exposée dans la chapelle du siège patriarcal, revêtue des ornements sacerdotaux. Parmi les personnalités venues présenter leurs condoléances à Mgr Khoreiche et Mgr Sfeir, coadjuteurs patriarcaux, et à la famille du défunt, figuraient M. Saëb Salam, ancien président du conseil et M. Yasser Arafat, leader de l'O.L.P., qui se trouvait à la tête d'une importante délégation.

Neuf jours après les funérailles, le synode de la communauté, composé de quatorze personnalités (sur neuf au Liban et cinq à l'étranger), doit se réunir en conclave pour élire le nouveau pa-

triarche. Le doyen de la famille des Khazen, l'un des plus illustres de la communauté, sera nommé « *gardien des portes* ». L'élection se fera aux deux tiers du collège des évêques, dans un délai de quinze jours. Passé ce temps et à défaut d'un accord au sein du synode, le pape s'octroie le droit d'intervenir pour désigner lui-même le nouveau patriarche. Parmi les candidats en lice, les noms les plus cités sont ceux de NN.SS. Mkhayel Doumet, Abdou Khalifé et Antonio Khoureich et parfois celui de Mgr Harès Khalifé.

Chef spirituel d'une confession devenue minoritaire au Liban, alors qu'elle fut la raison d'être de ce pays, le patriarche maronite continue à remplir dans la vie publique libanaise un rôle d'arbitre ou de catalyseur. C'est en grande partie grâce à lui que les Libanais ont pu sauvegarder leur unité nationale. S'il faut s'en tenir à l'œuvre des trois derniers chefs de cette Eglise d'Orient, on rappellera que le patriache Elias Houwayek avait été délégué par tous les groupes religieux du

Liban, chrétiens et musulmans, auprès des alliés, lors du traité de Versailles, pour négocier le mandat français « *conçu et réclamé afin de préparer le pays à l'indépendance* », après cinq siècles de domination ottomane. Mgr Arida, qui lui succéda, avait soutenu le mouvement nationaliste de 1943, qui a émancipé le Liban de la tutelle étrangère. Enfin, le dernier des patriarches, Mgr Méouchi, n'avait pas hésité, en 1958, à prôner une politique pro-nassérienne contre un alignement par trop systématique de la présidence de la République sur les positions des pays du pacte de Bagdad, qui ont valu au Liban une guerre civile suivie de l'intervention des « marines » américains. La clairvoyance du patriarche défunt, soutenu par une poignée de notables de sa communauté, devait empêcher la cassure du pays entre chrétiens et musulmans.

D'où l'intérêt que portent en ce moment les Libanais à la succession de Mgr Méouchi.

ÉDOUARD SAAB.

Le Monde
14.1.1975

LE STATUT DE L'UNION MARONITE MONDIALE RENDU PUBLIC A MEXICO

Le statut et les règlements intérieurs de l'Union maronite mondiale ont été adoptés et rendus publics hier à Mexico. Ils stipulent en substance que le chef spirituel de l'Union est le patriarche Khoraiche. Son objectif essentiel est l'unité de

la parole et de l'action et la consolidation des rangs au service de la cause nationale. Son slogan est la sauvegarde de ses droits confessionnels et la promotion de son patrimoine. Son message s'inscrit dans le cadre de la lutte pour l'instauration

de la paix et la collaboration avec tous les organismes libanais.

Enfin, le statut prévoit que chaque dix maronites doivent fonder une branche locale de l'Union maronite mondiale.

Le Réveil
8.3.1979

3.11.3. Alte apostolische Kirche des Ostens

Die «assyrische» Kirche ohne Patriarch

Politische Hintergründe einer Absetzung

H. G. Kairo, im September

Kürzlich haben sich die Bischöfe der *«Apostolisch-katholischen Kirche des Orients»* im Christ-Königs-Kloster bei Beirut zu einer sechstägigen Synode versammelt, die der Situation nach der *Absetzung* ihres Katholikos-Patriarchen *Mar Ischay Schimun XXIII*. Rechnung zu tragen hatte. Die zum Teil *stürmischen Auseinandersetzungen* um diese Bischofskonferenz, bei denen sich Befürworter und Gegner einer Aussöhnung dieser ostsyrischen Kirchengemeinschaft mit dem irakischen Baath-Regime bekämpften, vereitelten vorläufig die Wahl eines neuen Oberhirten der rund 200 000 Gläubige im Irak, in Syrien, in Libanon, in Iran, in der Sowjetunion, in Indien und in Amerika zählenden Kirche. Obwohl die Ernennung eines Nachfolgers um sechs Monate aufgeschoben werden mußte, sind doch die politischen und ökumenischen Auswirkungen der als «Rücktritt» verschleierten Absetzung des «Katholikos von Seleukia-Ktesiphon, Patriarch des Ostens und der Assyrer» bei den Diskussionen zwischen den sieben versammelten Bischöfen klar zutage getreten.

Rückblende

Die *politischen Hintergründe* der Ausschaltung des 67jährigen Patriarchen gehen in das *Jahr 1933* zurück, als sich die etwa 80 000 «assyrischen» Christen des Iraks gegen die britische Mandatsmacht und die Bagdader Regierung erhoben. Der damals noch jugendliche Mar Ischay Schimun XXIII. wurde ausgewiesen und nahm seinen Sitz in den Vereinigten Staaten. Während ihm seine Bistümer in Kurdistan und die Diaspora außerhalb des Iraks die Treue hielten, wurde in Bagdad ein den dortigen Machthabern ergebenes «Gegenpatriarchat» errichtet. Es stand bis 1969 unter der Leitung von *Mar Thomas Darmo*, der sich zuletzt auch bei dem 1968 an die Macht gekommenen Regime Bakr Liebkind zu machen wußte. Er erlebte es aber nicht mehr, daß die Bagdader Regierung seiner Gruppe Ende 1969 das gesamte kirchliche Vermögen des «assyrischen» Patriarchats übertrug und die kanonische Hierarchie samt ihren Gläubigen als «Agenten des ausländischen Imperialismus» verurteilte. Dieses Vorgehen hing in erster Linie mit der führenden Rolle zusammen, die von den Bischöfen *Mar Yuhanna von Rawanduz* und *Andre-you Allaha von Barairi Bala* in Nordkurdistan an der Seite der kurdischen Freiheitskämpfer gespielt wurde.

Das irakische *Kurdenabkommen* von 1970 hat dann aber auch in der Bagdader Politik den «Assyrern» gegenüber einen Wandel gebracht. Der von den bisherigen «Kollaborateuren» zum Nachfolger Darmos als Patriarch gewählte zwanzigjährige *Mar Addai* durfte nicht geweiht werden. Auf der anderen Seite wurde Mar Ischay Schimun XXIII. die ihm 1933 von

dem damaligen «imperialistisch-monarchistischen Regime» aberkannte irakische Staatsbürgerschaft zurückgegeben. Der Patriarch konnte den Irak im Herbst 1970 besuchen und in Bagdad die «assyrische» Bischofssynode präsidieren. Am 22. April 1972 hat der *irakische Revolutionsrat* dann der «assyrischen» (und mit ihr der chaldäisch-katholischen) Minderheit «die Ausübung ihrer kulturellen Rechte und ihres geistigen wie sprachlichen Erbes» gestattet. Dazu wurde im Juli 1972 eine «Assyrische Akademie der Wissenschaften» in Bagdad gegründet. Mit diesem Entgegenkommen hat die irakische Regierung aber immer nachdrücklicher die Forderung nach der Rückkehr von Mar Ischay Schimun XXIII. verbunden, der wieder *Sitz in Bagdad* nehmen sollte. Sie stieß jedoch auf die hartnäckige Weigerung des Patriarchen, der sich und seine Kirche, wie erklärt wurde, «nicht gegen die Kurden ausspielen lassen» wollte.

Damit war die Zeit für ein neuerliches staatliches Eingreifen in die Belange der «Apostolisch-katholischen Kirche des Orients» reif geworden. Um ein neues Schisma zu vermeiden, sah sich Mar Ischay Schimun XXIII. am 26. August dieses Jahres zum Rücktritt genötigt. Der Patriarch gab zusammen mit seiner Abdankung auch seine *Verehelichung* bekannt, statt sich nach altem Kirchenbrauch in ein Kloster zurückzuziehen. Die Rolle, die seine nunmehrige Frau, die *24jährige Imama Schamun*, bei der ganzen Affäre gespielt hat, ist bisher unklar. Sprechen die Anhänger des alten Patriarchen von einem «Lockvogel der Baathisten», so gehen seine Kritiker von der Erwägung aus, daß sich der Kirchenfürst einfach angesichts seines Abtretens vom Patriarchenthron mit der jungen Imama «getröstet» habe.

Ende des Nepotismus

Aussichtsreichster Kandidat dieser Gruppe ist der Bischof der «Assyrer» in Libanon, *Mar Dersai Sibai*. Mit seiner Wahl zum neuen Katholikos-Patriarchen war schon für die September-Synode gerechnet worden. Vor allem unter dem Eindruck des auf die Beiruter Residenz des Bischofs verübten *Dynamitanschlags* wurde dann ein Kompromiß erzielt: Metropolit *Yussef Chnanischo* von Bagdad, der sich bisher ebenso durch Treue zum Patriarchen wie geschicktes Agieren den irakischen Behörden gegenüber ausgezeichnet hat, wurde für sechs Monate zum *Patriarchatsverweser* gewählt.

Die Absetzung Mar Ischay Schimuns XXIII. verspricht der «Apostolisch-katholischen Kirche des Orients» im internen Bereich ein Ende des *Nepotismus* bei der Besetzung des Katholikats von Seleukia-Ktesiphon. Die seit dem Mittelalter geübte Praxis, die kirchliche Führung jeweils auf einen der Neffen des verstorbenen Katholikos-Patriarchen ohne Rücksicht auf Alter und Eignung zu übertragen, hat im Fall Mar Ischay Schimun XXIII. zu einem unerfreulichen Ergebnis geführt und wird daher wohl keine Neuauflage mehr erleben. Ebenso erwarten die sich selbst als «Assyrer» bezeichnenden und die Einstufung als «Nestorianer» zurückweisenden ostsyrischen Christen von ihrem neuen Patriarchen die Abkehr vom erzkonservativen Kurs der letzten vierzig Jahre und die Oeffnung zur *Oekumene*.

Neue Zürcher Zeitung 26.9.1973

FIRST SERMON BY NEW CHURCH OF EAST PATRIARCH

Gov't with those who strive for success of the country

— EVALUTES MEETING WITH RCC VICE-CHAIRMAN

BY OUR SPECIAL CORRESPONDENT

Mar Dinkha IV, in his first sermon yesterday in Baghdad since he was elected in October last year as the Patriarch of the Church of the East, expressed his gratitude to the Government for the warm welcome and facilities afforded to him on his arrival in the country last Thursday. He said he was very pleased with his meeting on Sunday with Mr. Saddam Hussein, Vice-Chairman of the Revolutionary Command Council.

"His Excellency emphasised in his talk with me that the Government of Iraq treats all the people on equal footing and relentlessly strives for the welfare of all citizens who perform their duties deligently for the success of the country as a whole with the aim of achieving a prosperous society", Mar Dinkha said.

His Holiness urged the Assyrians to assume an active role in the development of the country and critised those who leave their homeland seeking a bewildered life in Europe and America. "Stop listening to some of your relatives and friends who draw a cosy picture of life abroad. You have a lovely country. The chances of success here are much greater, so are the chances of attaining high education. The love and fraternity you find here will disappear in a foreign country and your heritage will vanish, as family ties are too loose", he stressed.

Tracing the history of the Church of the East, Mar Dinkha said that the seat of the church will revert back to Baghdad, as it was from this glorious city that the church spread its faith to the four corners of the world. He said that in the 13th century, the Chinese monk, Mar Yawalaha, was consecrated Patriarch to the sea of Selucia-Ctesiphon (now called Mada'en — Salman Pak).

The sermon was officiated in St. Mary's Church in N'eriyah, New Baghdad, to a great congregation of people.

Baghdad Observer
22.3.1977

Tremendous Transformations in Northern Iraq

His Holiness Mar Dinkha IV, Patriarch of the Church of the East, who recently toured the northern governorates, told the Baghdad Observer that tremendous social and economic transformations have taken place and the area looks completely different in comparison to the period of his early youth days. "Arbil and Dohuk then were small villages, but today they are another picture: big towns with modern buildings, wide thoroughfares, schools, hospitals and recreational amenities" he added.

The Patriarch, whose earlier predecessor Mar Dinkha I Arbi-laya (1265-1281) was born in Arbil with his seat in Cteciphon, near Baghdad, in an exclusive interview granted to our Foreign News Editor Shimshon Kasso, said that there is a development boom in the northern area, and if this continues unabated, the area will emerge, in a few years' time, as one of the region's most attractive spots. He said the tour was a very pleasant one and expressed his gratitude to the Government officials and the citizens for the amiable hospitality afforded to him wherever he visited.

When asked as to when he intends to establish the seat of the Church of the East in Iraq on a permanent basis, His Holiness replied: "This awaits the construction of a building for the Patriarchate on a plot of land allotted to the church by the Government of Iraq. The building will also house a school for the clergy and a printing press for publishing books and a magazine to be the mouthpiece of the Church of the East. The ownership formalities of the plot of land, which is situated in Karradt Mariam, are now in their final stage."

In reply to a question on the consolidation of unity within the church, Mar Dinkha said: "Since our arrival here, we have made a number of contancts with our brothers of the breakaway faction and there are encouraging signs that full unity within the church will be achieved. In Kirkuk, a large number of the church members from the breakaway faction attended our sermon and some of their leaders came to see us."

The Patriarch, when asked if the Church of the East has any connections with Assyrian Universal Alliance, he said: "Being a non-political institution, our church has no connection with the Assyrian universal alliance, which groups all Assyrian federations and groups throughout the world. Our church has always, since times immemorial, looked after the welfare of its members, the majority of whom are Assyrians, whose forefathers founded the Church of the East and spread Christianity to the four corners of the globe."

His Holiness urged those members of the church who have emigrated to foreign countries seeking employment to return home and participate in the construction boom taking place in the country under the wise leadership of the revolutionary government of Iraq. He said the chances of employment and business successes as well as the chances of study, are much greater here than in western countries. "Many of our people I met abroad are longing to return home", he added.

Mar Dinkha was born in August, 1935, in Harir, Arbil Governorate, after completing his preliminary education in Arbil, he joined the clergy school under the guidance of the Church of The East metropolitan in Harir. He was ordained priest in 1957 and assigned to Iran. In 1962 the late Patriarch Mar Shimon consecrated him as Bishop of Teheran, at a meeting of synod of bishops in London on October 17, 1976 Mar Dinkha was elected Patriarch.

At the end of his present visit to Iraq, Mar Dinkha· will tour Church institutions in Iran, Australia, America, Europe, returning to Iraq in early autumn of this year.

Baghdad Observer
9.5.1977

3.11.4. Chaldäische Kirche

THE CHALDEAN-CATHOLIC COMMUNITY IN PALESTINE AND TRANSJORDAN

A brief note on the period 1900-1963

(For details prior to 1900 as far back as the first century A.D. reference may be made to published notes and manuscripts)

(1) 1900-1929

In 1903 the Chaldeans in Palestine and Transjordan had a Bishop, Ishak Khudabakhsh — an Assyrian by origin and of Iranian nationality — acting as Patriarchal Vicar, residing permanently in Palestine and visiting on occasion Transjordan for the affairs of his Community. When Bishop Ishak was absent from his place, Latin clergymen looked after his people. He had no fixed place of abode, no monastery of his own, no church where he could perform his religious duties. He used churches of the Latin rite to serve his flock, and lived normally in Jerusalem in Catholic monasteries.

Before the first world war a wealthy Chaldean on a visit to Jerusalem seeing how matters stood, promised to do what he could to build a church and a monastery for the Chaldeans there, and went home to raise the necessary funds. War was declared and the project abandoned.

The end of the war and the British Occupation of Palestine and Transjordan found Bishop Ishak Khudabakhsh residing in Jerusalem among other heads of religious communities. Art. 2 of the

Succession Ordinance 1933 published in the Palestine Gazette (Chapter 135 of Drayton's issue, Laws of Palestine, Vol. II, page 1391) scheduled the Chaldean Community as one of the Christian Communities there. Art. 1 Chapter 1 of the Law governing the Personal Status of Catholic Communities in the East has the Chaldean Community scheduled as one of them.

The Bishop of the Chaldeans resided in the Holy Land until 1929 serving members of his Community as best he could. He had to leave the country then in old age for health reasons.

(2) 1929-1944

On the departure of Bishop Ishak the Chaldean authorities woke up to the welfare and interests of their people, and asked Father Ibrahim Fattah, a Chaldean priest of Assyrian origin and Iraqi nationality then in the German Benedictine monastery on Mount Zion, to represent them temporarily in the room of the Bishop. He did so without hesitation, serving his people well as also visitors, with apostolic zeal as his predecessor. He had no church or quarters of his own and did his work mostly on the Benedictine property where he lived, carrying on for fifteen years until 1944. He died in the occupied part of Jerusalem in 1951.

(3) 1944-1963

On the 12th March 1944 His Beatitude Patriarch Joseph Emmanuel II delegated Father Butrus Sha'ya as Patriarchal Vicar in Palestine and Transjordan in the room of the Benedictine Father Ibrahim Fattah. On the 1st June 1955 this appointment was confirmed by the succeeding Patriarch Joseph VII Ghanima. The wording of the confirmation was as follows:

"*We hereby declare for the information of all those whom it may concern, that we have appointed our son the Reverend Father Butrus Sha'ya as our Patriarchal Vicar in the Holy Land and the Hashemite Kingdom of Jordan, and have entrusted him with the task of looking after the interests of our children of the Chaldean Community domiciled in the Holy Land and the Hashemite Kingdom of Jordan, and to undertake the establishment of a Chaldean Centre in the Holy City of Jerusalem similar to those of the other Christian Communities. Therefore we have furnished him with this document under our Signature and Seal.*

Baghdad, June 1, 1955.   † **JOSEPH VII GHANIMA**
Patriarch of Babylon of the Chaldeans".

On the 1st of February 1961 the appointment was confirmed again by the present Patriarch His Beatitude Mar Bulos II Sheikho. The wording of his declaration is as follows:

"*I hereby confirm the above mentioned appointment made by our predecessor His Beatitude the late Patriarch Joseph VII Ghanima. By virtue of this declaration I hereby sign accordingly.*

Baghdad, February 1, 1961.   † **BULOS II SHEIKHO**
Patriarch of Babylon of the Chaldeans."

Father Sha'ya taking over his duties in 1944 carried on until 1955 without a proper place of worship and abode as residence. He lived here and there as Bishop Ishak had done while trying to find and establish a centre for his Community in compliance with the instructions of his superiors.

On the 20th of July 1955 this wish was realised, several obstacles having been overcome. The Chaldean authorities purchased a plot of land and house built thereon composed of a basement, ground floor and a first floor, an area of 1000 sq. m. all told, outside of Damascus Gate on the Nablus Road, Saad & Said Quarter in Jerusalem. The representative for the Chaldeans was Father Butros Sha'ya of course as purchaser, the seller being Mr. Tadros Costandi Dadush — a refugee then in Cairo, for J.D. 7000 as purchase price. On the 7th of August 1956 a Council of Ministers' decision was passed in Amman under Ref. No. 4/19/A/2/5124 to have the property registered in the name of His Beatitude the Chaldean-Catholic Patriarch. This was duly done in the Land Registry of Jerusalem on the 15th September 1956, under ref. No. 350/56.

On the 24th of October 1957 the Accountant, Jerusalem, informed Father Butrus by letter Ref. No. 1/2/2/1993 of the approval of the Finance Minister to exempt this property from the Building and Land Tax.

Today the place is known as the Chaldean Patriarchal Vicariate and used as a residence for the Vicar and a place of worship. The Chaldean authorities are now trying to build a church of their own next to the Vicariate on the east side to meet their requirements.

• • •

As to their numbers, there were about 500 Chaldeans all told before 1948 residing mainly in Jerusalem, Haifa, Jaffa, Acre and Nazareth. Some of them had then to leave for Amman, the Lebanon, Iraq and America as refugees. Those who are now in the Occupied Territory are being served by our brethren of the Greek Catholic Church there. In Jordan their numbers do not exceed 200 persons, now residing mainly in Amman and Madaba, a few are to be found in Jerusalem.

As to their social status, they work in commerce and industry, some are employees and they are self-supporting. They are happy as Chaldeans, living the Christians they are in Jordan under the protection of His Majesty the King and His Government in peace and security.

Jerusalem, February 1, 1963.

Fr. BUTRUS SHA'YA

the silent minorities

THE CHALDEANS: THE BABYLONIAN DIASPORA

In Lebanon today, there are around 4,000 descendents of the people of ancient Babylonia -- the Chaldeans. Although their first settlement in Lebanon (started by a few merchants and Ottoman officials) can be traced back to 1895, their numbers did not begin to increase significantly until after World War I, when persecution (in Dayr Bakr, the Syrian Jazzira, Seert, Urfeh and Mardin) first drove 400 families of them into Lebanon and followed them with several hundred more.

CHALDEAN DIASPORA

Large numbers of them, of course, sought refuge in other countries. Although some 6,000 of them remain in Syria, the majority today live in Iraq (300,000), while others reside in Iran (40,000), Detroit (10,000) and Turkey (5,000). The Chaldean clergy are doing their best to keep these widely distributed communities aware of their origins through constant contact, effected primarily through a widely distributed magazine published by the Chaldean patriarchate, called "Mesopotamia".

In Beirut, where the Chaldeans publish yet another magazine ("Babylon"), efforts to maintain a certain cohesiveness in the Chaldean community have been fruitful. Beirut became a Chaldean diocese in 1957, and contacts between the members of the community is being maintained through the church. Solidarity is also enhanced by the fact that the Chaldean language is being kept alive: although many Chaldeans know Turkish, Armenian and Arabic, Chaldean is still spoken in the homes and taught as an optional language in Chaldean schools. All this, in addition to a Chaldean Cultural Society (which promotes welfare and cultural programs among members of the community), has kept the Chaldean community, 80 percent of which can be found in the Ashrafiya area of Beirut, aware of itself as a separate entity and maintained their old cultural and social traditions.

CHALDEAN INTEGRATION

This does not mean, however, that the Chaldeans are not integrated. On the contrary, over half of them have acquired the Lebanese nation-

"The sectarian quota system does not suit the 20th century"

ality, and many of them have become prominent businessmen and professionals in the country.

To name a few:

George Younan, former president of the Beirut Stock Exchange.

Drs. Sami Zebouni, Albert Zebouni and Jack Tabib.

George Salji, attorney at law.

Roger Tamraz, of Kidder Peabody.

Alphons Bechir, owner of Optica Stores, Bab Edriss.

Although they become involved in politics when a member of their community runs for minorities' seat in Parliament (Chaldean lawyer Shafik Nassif served as M.P. in the 1937-39 and 1953-57 parliaments), the Chaldeans generally steer clear of local politics and certainly have not been able to secure public appointments -- a fact which has incurred the displeasure of the leaders of the community.

CHALDEAN COMPLAINTS

Father Augustin Sadek, the Chaldeans' Beirut Parish priest since 1955, told Monday Morning that the grievances of the Chaldeans are held in common with all of Lebanon's "silent minorities"

First, he said, many members of the minor sects in Lebanon are still considered aliens, although they were born and lived all their lives here, in the hope of some day becoming Lebanese by nationality.

Second, the quota system which is followed in Lebanese public appointments gives the minorities no chance whatsoever of ever being considered for a government post -- which is "unjust and unbecoming of a country living in the 20th century".

Third, the current method of allocating the minorities' Parliament seat is unfair and does not lead to proper representation.

Monday Morning
Juni/Juli 1973

4.   DIE GRIECHISCH-ORTHODOXEN IM VORDEREN ORIENT UND IHR
        UNIERTER ZWEIG

4.1.   Die Anhänger des griechisch-orthodoxen Patriarchats von Antiochia

4.1.1. Die Kirchenorganisation

Die Anhänger der griechisch-orthodoxen Kirche von Antiochia leben heute in
ihrer Mehrheit in Syrien und im Libanon. Außerdem bestehen Gemeinden in
der Türkei, in Jordanien, im Irak, in Kuwait, in Palästina/Israel, in Afri=
ka, Amerika und Australien. Einige Tausend von ihnen leben als Gastarbei=
ter oder Asylbewerber aus der Türkei in Nord- und Mitteleuropa. Über die
Zahl der Gläubigen gehen die Angaben weit auseinander. Sie schwanken zwi=
schen ca. 600 000 bis 1,5 Millionen.

Seit 1453 befindet sich der Sitz des Patriarchen in Damaskus; dort resi=
diert heute Ignatius Hazim IV.

Im Dienst der Kirche stehen 25 Archimandriten und 485 Priester. Ihr gehö=
ren im Vorderen Orient 19 Klöster und Konvente mit 10 Mönchen und 90 Non=
nen, darunter das berühmte Wallfahrtskloster Seidnaja nordöstlich von Da=
maskus, 37 Schulen, 10 Waisenhäuser, 1 Krankenhaus und 5 Kliniken. Außer=
dem gibt es 200 Klubs und 30 griechisch-orthodoxe Sonntagsschulen mit
3 500 Schülern.

Mitte der Sechziger Jahre wurde im Kloster Balamand bei Tripoli im Nord-
Libanon ein Priesterseminar aufgebaut; es konnte nur kurze Zeit arbeiten
und mußte wegen des libanesischen Bürgerkriegs geschlossen werden. Heute
sind Priesterseminar und Schule offen, gleichzeitig studieren noch einige
Studenten an der Theologischen Hochschule in Thessaloniki.

Von der ursprünglich griechischen Liturgiesprache sind nur Teile im Kern
der Liturgie übriggeblieben. Bereits seit dem Mittelalter ist Arabisch
Volks- und Kirchensprache.

4.1.2. Zur Geschichte

4.1.2.1. Die Entwicklung bis zu den Auseinandersetzungen mit den Arabern

Die griechisch-orthodoxe Kirche von Antiochia ist im Orient entstanden und
wurde der einheimischen Überlieferung nach von den Aposteln Petrus und

Paulus begründet. Wie die Apostelgeschichte sagt, entwickelte sich die erste christliche Gemeinde in Antiochia in den Jahren zwischen 36 und 42 nach Christus. In dieser alten syrischen Metropole und Handelsstadt sei auch der Name "Christen" entstanden. Von Antiochia breiteten sich die Mis= sionen nach Osten und Westen aus.

Um die Mitte des 4. Jahrunderts umfaßte das Patriarchat von Antiochia be= reits 15 Kirchenprovinzen mit 220 Bistümern, darunter Phönizien, Syrien, Arabien, Mesopotamien, Kilikien, Isaurien und Zypern. Diese große kirchli= che Organisation wurde jedoch nach den Konzilien von Ephesus 431 und Chal= kedon 451 durch dogmatische Streitigkeiten aufgesplittert.

Die Griechisch-Orthodoxen hielten damals zur byzantinischen Reichskirche und verfeindeten sich dadurch mit den West- und Ostsyrern, die ihnen den verächtlichen Namen "Melkiten", d.h. "Die Kaiserlichen" gaben. Viel später wurde dann diese Bezeichnung für den mit Rom unierten Zweig der griechisch-orthodoxen Kirche gebraucht.

Die griechisch-orthodoxen Gemeinden bestanden von Anfang an nur zu einem geringen Teil aus Griechen. Damals wurde Griechisch in den Metropolen ge= sprochen, Syrisch-Aramäisch dagegen von der Landbevölkerung. Schon früh integrierten sich diese Christen nach der arabischen Eroberung um 636 in die islamisch-arabische Gesellschaft.

Der Name "Griechisch-Orthodox" bezieht sich auf die Nachfolger der alten byzantinischen Reichskirche und darauf, daß sie den byzantinischen Ritus am Ende des 13. Jahrhunderts auch offiziell annahmen.

Bis zur arabischen Eroberung wurde zwar die Liturgie auf Griechisch zele= briert, jedoch oft gleichzeitig auch ins Syrische übersetzt. Nach 200 Jah= ren arabischer Herrschaft wurde dann die griechische Sprache fast voll= ständig aufgegeben.

4.1.2.2. Von der Arabischen Eroberung im 7. Jahrhundert bis zum Beginn
          der osmanischen Herrschaft im 16. Jahrhundert

Den Arabern gelang es erst in jahrhundertelangen Kämpfen, die Macht des byzantinischen Reiches bis tief nach Kleinasien hin zurückzudrängen. Die Frontlinien wechselten häufig. Ein Teil der griechisch-orthodoxen Christen von Antiochia verblieb noch lange unter byzantinischem Einfluß, während viele andere in Syrien schon früh unter arabisch-islamische Herrschaft

gerieten. Nach der Eroberung von Damaskus im Jahre 636 erkannten die Grie=
chisch-Orthodoxen die neuen Herren an; viele christliche Beamte wurden
Diener des neuen Staates. Der bekannte Theologe Johannes Damascenus ver=
faßte schon damals seine Werke teilweise in Arabisch und rief zur Zusammen=
arbeit mit dem islamischen Staat auf. Andere griechisch-orthodoxe Christen
taten sich als Übersetzer griechischer Schriften ins Arabische hervor. -
Unter dem Khalifen Mu'awija I. wurden der Christ Sarjun ben Mansur und
später sein Sohn sogar Chef des Diwans in Damaskus.

Damals begann jene Zusammenarbeit zwischen einem Teil der griechisch-ortho=
doxen Christen und der arabischen Staatsmacht in Syrien, die auch heute
noch eine wichtige Grundlage der syrischen Gesellschaft ist.

Dennoch erlebten die Griechisch-Orthodoxen unter islamischer Herrschaft
auch Zeiten des Niedergangs, so während der Regierung der Abbassiden-Khali=
fen Al-Ma'mun (813-833) und Al-Mutawakkil (847-861). Viele Christen traten
damals unter dem Druck der Verhältnisse zum Islam über; die Zahl der Bis=
tümer ging von 152 zu Beginn der islamischen Herrschaft auf 70 am Anfang
des 10. Jahrhunderts zurück.

Die Patriarchen von Antiochia stammten aus der einheimischen Bevölkerung
und wurden von besonderen Gremien gewählt. Nach seiner Wahl erhielt der Pa=
triarch einen Anerkennungsbrief vom Khalifen in Bagdad bzw. in Damaskus.
Darin wurden ihm eine bestimmte Autorität über sein Kirchenvolk zugespro=
chen und die Rechte seiner Anhänger bestätigt. Später, im osmanischen
Millet-System, erfuhr die Autorität des Patriarchen noch eine Erweiterung.

Nachdem die Byzantiner zwischen 969 und 1085 Antiochia und weite Teile
Nord-Syriens zurückerobert hatten, beanspruchte der Patriarch von Konstan=
tinopel den Primat über seinen Kollegen in Antiochia. Beide Kirchenführer
zeigten dem byzantinischen Kaiser ihre Ergebenheit. Sie wurden aus den
Reihen des griechischen Klerus nominiert und stammten entweder aus Konstan=
tinopel oder aus einem der Klöster.

Im 10. Jahrhundert umfaßten die griechisch-orthodoxen kaum die Hälfte der
insgesamt 160 syrisch-orthodoxen Bistümer. Ihre Anhängerschaft war halb so
groß; etwa eine halbe Million Gläubige in Syrien und 200 000 im Libanon.

Als die Kreuzfahrer in den Orient kamen, verschlechterte sich die Lage der
orthodoxen Kirchen. Im Jahre 1100 vertrieb der Fürst Bohemond den Patriar=
chen von Antiochia nach Konstantinopel und setzte einen lateinischen Amts=

träger an seine Stelle. Auch in späterer Zeit mußten die griechisch-ortho=
doxen Patriarchen noch mehrmals den Sitz wechseln.

4.1.2.3. Die osmanische Zeit bis zum Ende des Ersten Weltkriegs

Unter der Herrschaft der Osmanen führte die griechisch-orthodoxe Kirche
von Antiochia ein eher kümmerliches Dasein und sah sich äußerem Druck von
mehreren Seiten ausgesetzt. Der Patriarch von Konstantinopel versuchte
ständig, sich in die inneren Angelegenheiten der Kirche einzumischen. An=
dererseits übten die osmanischen Behörden in Syrien und Palästina auch po=
litischen Druck auf den Patriarchen von Antiochia aus.

Um dieser doppelten Bedrückung zu entgehen und mehr Handlungsfreiheit zu
gewinnen, suchte die griechisch-orthodoxe Kirche Schutz beim entfernten
russischen Zaren. Bis heute bestehen noch enge Beziehungen zwischen der
orientalischen und der russisch-orthodoxen Kirche. Trotz dieser neuen Bin=
dungen hielten die Patriarchen von Konstantinopel mit Unterstützung der
Pforte an ihrem Recht fest, den antiochenischen Stuhl mit einem Griechen
zu besetzen. Die Orthodoxen syrischer Volkszugehörigkeit konnten erst 1899
wieder das Recht durchsetzen, den Patriarchatssitz von Antiochia mit einem
einheimischen Bischof zu besetzen.

Erst im 19. Jahrhundert entstand unter den Anhängern dieser Kirche ein
neues Selbstbewußtsein, das sich am neu erwachten arabischen Nationalis=
mus orientierte. Gemeinsam leisteten Christen und Muslime Widerstand gegen
die Osmanisierungsbestrebungen.

4.1.2.4. Von der Zeit unter französischem Mandat nach dem Ersten Welt=
          krieg bis zur Gegenwart

Zwischen den beiden Weltkriegen waren griechisch-orthodoxe Christen maßgeb=
lich an der Gründung von zwei nationalistisch ausgerichteten arabischen
Parteien beteiligt.

1935 gründete der Libanese Antun Saadé in Beirut die "Syrische Volkspar=
tei". Ihr Ziel war die Vereinigung aller Länder des "Fruchtbaren Halbmon=
des". Sie scheuten auch vor Attentaten nicht zurück. Militante Anhänger
dieser Partei erschossen 1951 den jordanischen König Abdallah ibn Hussein
in der Al-Aksa-Moschee in Jerusalem, weil sie ihn für die Gründung des
Staates Israel mit verantwortlich machten.

Später gelang dieser Partei unter dem Obersten Hussni az-Zaim die Macht=
übernahme in Syrien (März-August 1949). Im Libanon scheiterte 1961/1962
ein Putsch. Im libanesischen Bürgerkrieg von 1975-1982 stellten sich die
Mitglieder der "Syrischen Volkspartei" (PPS), deren Mitglieder hauptsäch=
lich der griechisch-orthodoxen Religionsgemeinschaft angehören, auf die
Seite der libanesischen Linken und der Palästinenser.

Eine andere Gruppierung, die Baath-Partei, war 1936 durch den griechisch-
orthodoxen Syrer Michel Aflaq gegründet worden. Ihre zwei Flügel bilden
heute Regierungen einerseits in Damaskus und andererseits in Bagdad.

Mehr als den anderen orientalischen Kirchen ist es der griechisch-orthodo=
xen Kirche von Antiochia gelungen, gute Beziehungen zu mehreren arabischen
Regierungen herzustellen. Patriarch Elias IV.tat sich darin besonders her=
vor. U.a. stattete er im Juni 1975 König Khalid von Saudi-Arabien einen Be=
such ab und erhielt von ihm die Erlaubnis zur Errichtung eines orthodoxen
Bistums in al-Hasa, wo zahlreiche griechisch-orthodoxe Techniker aus Syrien
und dem Libanon in der Ölindustrie arbeiten und dort auch mit ihren Fami=
lien wohnen. Das war die erste Gründung eines christlichen Bistums auf dem
Boden der Arabischen Halbinsel seit Entstehung des Islam.

Im Februar 1974 nahm Patriarch Elias IV. im Auftrag der anderen orientali=
schen Patriarchen und sogar des Vatikans an einer panislamischen Tagung
über die Palästina- und Jerusalemfrage in Lahore (Pakistan) teil. Dort er=
klärte er öffentlich die Solidarität der arabischen Christen mit der Ara=
bischen Welt und betonte, daß sie deren Standpunkt hinsichtlich der Heili=
gen Stätten teilten.

Auch bei anderen Gelegenheiten, so z.B. in einem Hirtenbrief von 1976,
sprach sich Patriarch Elias IV. für ein enges Zusammengehen von Christen
und Muslimen im Rahmen einer arabischen Nation aus und forderte den Ein=
satz aller Kräfte für die Sache Palästinas und eines arabischen Jerusalems.

4.1.3.   Die Situation heute

Nach dem Tod von Elias IV.wurde Ignatius Hazim IV.im Juli 1979 der 165.
griechisch-orthodoxe Patriarch von Antiochia. Er ist Syrer und sieht die
ökumenischen Beziehungen zu den anderen Kirchen als sein besonderes Anlie=
gen an. Zusammen mit den Vertretern der anderen unabhängigen Kirchen be=
müht er sich im "Middle East Council of Churches" um die Einheit der Kir=

chen im Orient.

Außerdem verbesserte er die Beziehungen zu den anderen orthodoxen Kirchen. Im Juli 1981 besuchte er das ökumenische Patriarchat in Konstantinopel und anschließend die Landeskirche in Athen. 1981 stattete er dem Patriarchat von Moskau einen Besuch ab

An der Kirchenleitung in Damaskus sind 8 Laien mitbeteiligt, die zusammen mit 4 Metropoliten einem "Nationalrat" angehören.

Zu einer wichtigen Kraft bei der geisten Erneuerung des griechisch-ortho= doxen Kirchenvolks hat sich die "Orthodoxe Jugendbewegung" in Syrien und im Libanon entwickelt. Sie entstand 1942 unter dem Einfluß der "Zoe"- Bewegung in Griechenland und strebt innere Reformen der Kirche an. Ihr ver= dankt die Kirche nach Zeiten der Erstarrung einen neuen Aufschwung.

Führende Laien und Orden gingen aus der "Orthodoxen Jugendbewegung" hervor. Zu ihnen gehören auch Professoren für Theologie, Schriftsteller, Publizis= ten und Katecheten. Das Nahost-Büro des Ökumenischen Weltrats der Kirchen in Beirut steht unter der Leitung von Gabriel Habib, einem aktiven Angehö= rigen dieser Bewegung.

Auch die Klöster wurden neu belebt. Dabei haben junge Mädchen eine beson= dere Rolle übernommen, indem sie z.B. das Kloster Mar Jakub oberhalb von Tripoli im Nord-Libanon neu gründeten. Vom Kloster Deir al-Harf aus haben junge Männer intensive ökumenische Beziehungen geknüpft.

Die Griechisch-Orthodoxen erfreuen sich in den arabischen Ländern allge= mein günstiger Lebensbedingungen. In Syrien konnten sie während der Regie= rungszeit von General Hafiz Al-Assad in bedeutende Staatsstellungen auf= steigen. Ihr Einfluß in der Wirtschaft ist auch unter dem sozialistischen Regime ungebrochen.

Im Irak habe sie zwar zahlenmäßig kein Gewicht, werden jedoch von staatli= cher Seite geachtet, weil der Gründer der Baath-Partei, Michel Aflaq, in der irakischen Baath-Partei eine Ehrenstellung hat.

In den Ölförderländern am Golf sind die Griechisch-Orthodoxen als Fach= kräfte nicht wegzudenken.

Ihre Situation im Libanon erscheint ambivalent, da sich ein Teil von ihnen den rechtsgerichteten Maroniten, ein anderer aber in der PPS-Partei den linken Kräften angeschlossen hat. Durch die Besetzung des Süd-Libanon

und durch die Vertreibung der PLO aus Beirut durch israelische Truppen
wurde der Einfluß der Linken hier nur vorübergehend geschwächt.

Ein großer Teil der Griechisch-Orthodoxen in West-Beirut und im Nord-Liba=
non bemühte sich während des Krieges - oft ohne Erfolg - um Neutralität.

Vom Problem der Palästinenser sind die Griechisch-Orthodoxen in Israel,
auf der Westbank und als Palästina-Flüchtlinge betroffen. Innerhalb der
muslimischen Mehrheit bilden sie eine kleinere Gruppe von einigen Zehntau=
send Christen.

Am schwierigsten ist ihre Lage in der Türkei schon seit der Zeit vor dem
Ersten Weltkrieg, da sie in die Armenier- und Griechenprobleme mit hinein=
gezogen wurden. In Antakya, dem einstigen Patriarchatssitz Antiochia, le=
ben kaum moch mehr als 1 000 Christen, und auch in den Dörfern der Umge=
bung ist ihre Zahl stark zurückgegangen; in der Türkei gehören kaum noch
10 000 Menschen dem griechisch-orthodoxen Patriarchat von Antiochia an.
Aus dem Hataygebiet wanderten viele Griechisch-Orthodoxe seit der türki=
schen Annektion von 1938 hauptsächlich nach Syrien aus. Sie sprechen heu=
te noch in der Türkei zumeist Arabisch und nennen sich deshalb auch "Ara=
bische Christen". In Europa sind sie als Gastarbeiter und Asylbewerber auf=
getaucht. Ihnen steht in Köln eine Kirche mit einem Priester (Europäer
mit dem Ritus von Antiochia) zur Verfügung, während sie in der Türkei zer=
streut leben und nur noch selten seelsorgliche Betreuung erhalten.

4.2.   Die Anhänger der griechisch-orthodoxen Kirche von Alexandria

4.2.1. Die Kirchenorganisation und die Situation heute

Die griechisch-orthodoxe Kirche von Alexandria ist wie die Schwesterkir=
chen von Antiochia, Jerusalem und Konstantinopel autokephal, d.h. unabhän=
gig und selbständig. Mit diesen Kirchen feiert sie gemeinsam die Liturgie
des Heiligen Basilius des Großen und des Johannes Chrysostomos. Gemeinsa=
me Kirchensprache ist Griechisch.

Zu Beginn der fünfziger Jahre unseres Jahrhunderts lebten in Ägypten noch
etwa 60 000 orthodoxe Griechen. Damals gab es 8 Metropolitien in Ägypten.
Nach der Revolution der jungen Offiziere und der darauf folgenden Natio=
nalisierungswelle wurde ein großer Teil der griechischen Bevölkerung ver=
trieben.

Heute leben kaum noch mehr als 5 000 griechisch-orthodoxe Christen in den 3 noch bestehenden Diözesen. Der Patriarch Nikolaus IV.residiert in Alexan= dria.

Diese einst bedeutende Kirche ist zwar in Ägypten fast verschwunden, hat jedoch in Schwarzafrika große Aktivität entwickelt. In Südafrika besteht eine Metropolie mit 45 Geistlichen; in Daressalam gehören 70 000 - 250 000 Mitglieder (verschiedene Angaben) zur griechisch-orthodoxen Kirche von Alexandria. Außerdem unterstehen mehrere Gemeinden in Zaire, Kamerun, Sim= babwe, Äthiopien, Uganda und Kenia der Jurisdiktion des Patriarchen von Alexandria. In der Nähe von Nairobi entstand ein theologisches Seminar.

In Konkurrenz zum Ökumenischen Patriarchat in Istanbul wurde 1975 ein neu= er Exarch für Amerika ernannt.

4.2.2. Zur Geschichte

Wie die koptische Kirche führt sich auch die griechisch-orthodoxe Kirche von Alexandria auf die Mission durch den Heiligen Markus zurück. Bereits am Ende des 2. Jahrhunderts war die Katechetenschule von Alexandria weit= hin bekannt. Hier lehrten auch die berühmten Theologen Klemens, Kyrillos, Athanasius und Origines.

Im 4. Jahrhundert umfaßte das Patriarchat von Alexandria etwa 100 Bistü= mer zwischen Oberägypten und Libyen. Erhebliche Spannungen entstanden, nachdem 313 Konstantinopel gegründet und zum ersten Bischofssitz des Mor= genlandes erhoben worden war. Den Primat von Konstantinopel erkannte der Patriarch von Alexandria niemals an; schließlich kam es im Konzil von Chalkedon 451 zum Bruch auch mit der byzantinischen Staatsmacht.

Die Mehrheit der Ägypter schloß sich danach der koptischen Kirche an, wäh= rend das griechisch-orthodoxe Patriarchat seine theologische Bedeutung verlor und sich vorwiegend auf die eingewanderten Griechen beschränkte.

Nach der arabischen Eroberung Ägyptens blieb das griechisch-orthodoxe Pa= triarchat über ein Jahrhundert unbesetzt; erst 730 wurde ein neuer Patri= arch gewählt; er stand unter dem Einfluß Konstantinopels.

Unter den Mamluken mußten die griechisch-orthodoxen Patriarchen Ägypten verlassen und ihren Sitz nach Konstantinopel verlegen. Sie konnten erst 1846 wieder nach Alexandria zurückkehren und blieben weiter unter dem

Einfluß des Patriarchats von Konstantinopel.

1939 erhielt die Kirche eine neue Verfassung. Danach wird der Patriarch
von 36 Geistlichen und einem Rat von je 36 Ägyptern und Griechen gewählt.
Sie stellen eine Liste von 3 Kandidaten zusammen, aus denen die Metropoli=
ten einen Vertreter wählen.

4.3.   Die Anhänger des griechisch-orthodoxen Patriarchats von Jerusalem

4.3.1.   Die Kirchenorganisation und die Situation heute

Dem griechisch-orthodoxen Patriarchat von Jerusalem gehören etwa 15 000
Mitglieder an; 1948 waren es noch 90 000. Obwohl diese Kirche von den drei
griechisch-orthodoxen im Vorderen Orient die kleinste ist, ist ihre Bedeu=
tung wegen ihrer Geschichte und ihrer vielen Bildungseinrichtungen größer,
als ihre Mitgliederzahl vermuten läßt.

Patriarchatssitz ist Alt-Jerusalem. Die Kirche ist in 5 Bistümer geglie=
dert: 1. Jerusalem, 2. Tabor, 3. Askalon, 4. Nablus, 5. Hierapolis/Menbij
(Nordostsyrien, Sitz in Amman). Außerdem gehören die drei Exarchate Kon=
stantinopel, Athen und Zypern zum griechisch-orthodoxen Patriarchat von
Jerusalem. 1972 wurden in Jerusalem mehrere Hilfsbischöfe für die Missions=
kirchen in Uganda, Kenia und Tansania geweiht.

60 % der christlichen Gedenkstätten und 22 % des Grundbesitzes der seit
1967 israelisch besetzten Altstadt von Jerusalem befinden sich im Besitz
der griechisch-orthodoxen Kirche. Zum Patriarchat gehören 90 Kirchen, 69
Pfarreien, davon 24 in der Westbank, und 4 Nonnenklöster. Von den bekann=
ten Wallfahrtsorten unterstehen dem Patriarchen die Auferstehungskirche
mit dem Grab Christi, Golgatha, das Grab Marias in Gethsemane, die Stätte
der Himmelfahrt Christi, die Geburtshöhle Jesu mit der Basilika in Bethle=
hem und ein Kloster am Jordan. Die Bruderschaft des Heiligen Grabes umfaßt
105 Mitglieder; sie sind hier das Zentrum des religiösen Lebens.

Im Bildungswesen ist das griechisch-orthodoxe Patriarchat trotz vielfachen
Drucks führend: es unterhält ein Gymnasium und drei Mädchenschulen mit 137
Lehrern und 2 454 Schülern. Unterrichts- und Kirchensprache ist Arabisch.
Zu den kirchlichen Einrichtungen gehören außerdem ein Krankenhaus und ein
Altersheim für Männer.

In ihrer Situation unterscheiden sich die Anhänger des griechisch-orthodo=

xen Patriarchats von Jerusalem nicht von den anderen arabischen Christen im israelischen Machtbereich.

4.3.2. Zur Geschichte

Der Überlieferung nach entstand die erste christliche Gemeinde Jerusalems in apostolischer Zeit unter der Leitung des "Herrenbruders" Jakobus. Nach der Zerstörung der Stadt durch die Römer im Jahre 70 verlor die Kirche dort an Bedeutung. Zwischen dem 2. und 5. Jahrhundert war das Jerusalemer Patriarchat von Antiochia abhängig und wurde dann nach dem Konzil von Chalkedon in Palästina zu einem selbständigen Patriarchat mit 60 Diözesen.

Nachdem die Araber 638 Jerusalem erobert hatten, nahm die Zahl der Chri= sten in der Stadt rasch ab. Später, während der Kreuzfahrerzeit, wurde der orientalische durch einen lateinischen Patriarchen ersetzt. Der griechisch-orthodoxe Patriarch verlegte damals seinen Sitz nach Konstantinopel. Erst nach der Vertreibung der Kreuzfahrer konnte er nach Jerusalem zurückkeh= ren, geriet aber wieder unter den Einfluß des Ökumenischen Patriarchats in Konstantinopel.

Zwar wurde der Patriarch von Jerusalem ab 1860 unabhängig von Konstantino= pel gewählt, und die meisten Gläubigen sind arabischer Herkunft, dennoch wird der hohe Klerus bis heute von Griechen besetzt. Deshalb kam es in den vergangenen 100 Jahren zu heftigen Auseinandersetzungen innerhalb der Kir= che. Die arabische Mehrheit forderte immer wieder die Besetzung der Ämter mit Arabern.

In der jordanischen Zeit (1948-1973) wurde der Druck auf die Hierarchie verstärkt. Im Reformgesetz von 1958 kam es dann zu einer Kompromißlösung: die arabischen Gläubigen erhielten das Recht, in den säkularen Angelegen= heiten des Patriarchats mitzuentscheiden. Außerdem wurde dem Patriarchen auferlegt, zwei arabische Geistliche zu Mitgliedern der Synode zu ernen= nen.

Der Arabisierungsprozeß im griechisch-orthodoxen Patriarchat von Jerusa= lem wurde jedoch durch den Einmarsch der israelischen Armee im Jahre 1967 vorerst angehalten. Nach der Besetzung flüchteten viele orthodoxe Chris= ten ebenso wie viele Palästinenser nach Jordanien.

4.4. Die Anhänger der griechisch-katholischen Kirche von Antiochia (Melkiten)

4.4.1. Die Kirchenorganisation

Die Anhänger des "Griechisch-Katholischen Patriarchats von Antiochia und dem ganzen Osten, Alexandria und Jerusalem" leben in ihrer Mehrheit im Libanon, in Syrien, Palästina, Jordanien und Ägypten. Kleinere Gemeinden bestehen in der Türkei, im Irak, in Kuwait und im Nord-Sudan. Außerdem haben sich größere Gemeinden in Nord- und Südamerika und Australien ge= bildet.

Der Patriarch residiert abwechselnd in Damaskus, Ain Tras (Libanon) und Alexandria. Gegenwärtiger Amtsträger ist Maximos V. Hakim. Im Vorderen Orient bestehen 13 Bistümer.

Die Priesterausbildung wird im Ste. Anne-Seminar der "Weißen Väter" in Jerusalem, im Seminar der Paulisten in Harissa bei Jounieh (Libanon) und in kleineren Diözesan-Priesterausbildungsstätten durchgeführt.

Zur griechisch-katholischen Kirche gehören je vier Mönchs- und Nonnenor= den (Muchallisiin, Schueiriten, Alleppinische Basiliten und Paulisten) sowie mehrere religiöse Gemeinschaften. Mehr als 400 Männer und Frauen dieser verschiedenen Organisationen arbeiten im sozialen Bereich.

Einen Schwerpunkt ihrer Arbeit sehen viele Geistliche und Laien auf dem Gebiet der Ökumene mit anderen christlichen Kirchen, vor allem aber auch im Kontakt mit dem Islam. So unterhält die Kirche u.a. in Beirut ein For= schungszentrum für Religionssoziologie.

Im Bereich von Sozialreformen, aber auch im Zusammenhang mit der geistigen Renaissance der arabischen Kultur, treten die Melkiten in Theorie und Pra= xis besonders in Erscheinung.

4.4.2. Zur Geschichte

Die griechisch-katholische Kirche ist aus einem Zweig der griechisch-orthodoxen Christen hervorgegangen; diese wollten eine Union mit Rom und wählten deshalb 1724 Kyrillos VI.Tanas zu ihrem Patriarchen. Er verkünde= te den offiziellen Anschluß an die römische Kirche.

Die Anhänger der neuen Organisation wurden von nun an "Melkiten" genannt.

Ihre Geistlichen zelebrieren die alte byzantinische Liturgie in arabi=
scher Sprache.

In den ersten Jahrzehnten ihres Bestehens erkannte die Hohe Pforte die
griechisch-katholische Kirche unter dem Einfluß des orthodoxen Patriar=
chen nicht an. Erst nach langen Bemühungen gelang es dem Patriarchen Ma=
ximos III. Mazloum (1833-1855), am 31.10.1837 einen Anerkennungs-Firman
zu erhalten.

Schon bald nach der Entstehung ihrer Kirche entfalteten die Melkiten eine
rege Aktivität im Bildungswesen. In der Priesterausbildung wurden sie da=
bei vor allem von den "Weißen Vätern" unterstützt. 1882 gründeten sie
ein Seminar in Jerusalem, später ein weiteres in Riaq in der Bekaa-Ebene
im Libanon. Hier wurden Generationen von gut ausgebildeten melkitischen
Priestern und Bischöfen herangezogen.

Auf dem Zweiten Vatikanischen Konzil leistete diese Kirche unter der Füh=
rung ihres Patriarchen Maximos IV. wichtige Beiträge zur Erneuerung der
katholischen Kirche; ihrem Einfluß können folgende Reformen zugeschrieben
werden:

1.) Die Einführung der gesprochenen lebenden Sprachen in die Liturgie.

2.) Die Einrichtung von nationalen und internationalen Bischofskonferen=
    zen.

3.) Die Einführung der Kollegialität in der Kirchenführung.

4.) Die Internationalisierung der römischen Kurie und der Vertretung des
    Vatikans.

5.) Die Vergrößerung des Gewichts der Laien im Apostolat der Kirche.

Wie die Orthodoxen haben die griechischen Katholiken ein gutes Verhältnis
zu Staat und Gesellschaft ihres jeweiligen Heimatlandes. Sie bekennen
sich zum Arabertum.

Weniger gut ist ihr Verhältnis zum Staat Israel, da Melkiten in der pa=
lästinensischen Bewegung eine bedeutende Rolle spielen. Erzbischof Capucci
von Jerusalem setzte sich sehr energisch für die Rechte der Palästinenser
ein und scheute auch vor Waffentransporten in seinem Dienstwagen nicht zu=
rück. Deshalb wurde er verhaftet, zu einer Gefängnisstrafe verurteilt
und schließlich unter der Bedingung abgeschoben, nicht in den Vorderen
Orient zurückzukehren. Zunächst nach Amerika versetzt, lebt er jetzt in
Rom und ist für die Melkiten in Europa zuständig. 1980 konnte er dank sei=

ner guten Beziehungen zu islamischen Kreisen bei der Geiselnahme im Iran
vermitteln und ermöglichen, daß die Leichen der bei dem gescheiterten Be=
freiungsversuch tödlich verunglückten US-Soldaten in ihre Heimat zurückge=
bracht werden konnten.

Während des libanesischen Bürgerkriegs schlossen sich viele Melkiten der
rechtsgerichteten "Libanesischen Front" an. Im Süd-Libanon machte Major
Haddad von sich reden, als er unter israelischer Herrschaft einen "Frei=
en Libanon" ausrief und sich damit vom libanesischen Staat lossagte. Im
Raum Tripoli sympathisierten die Melkiten dagegen eher mit der moslemi=
schen Seite. Die Kirchenleitung bemühte sich um Neutralität, da sie ihre
verstreuten Anhänger nicht gefährden wollte.

4.4.3. Die Situation heute

Als christliche Gruppe gewannen die Melkiten weit über ihre Zahl hinaus
in Wirtschaft und Geistesleben Einfluß. Viele kamen zu Vermögen. Sie kön=
nen heute auf den höchsten Bildungsstand in den Ländern des Vorderen Ori=
ents hinweisen. Einer der renommiertesten Druckereibetriebe in dieser Re=
gion gehört dem Paulisten-Orden, der sich den Dialog mit den Muslimen zur
Hauptaufgabe gemacht und bedeutende Schriften über den Islam herausgege=
ben hat.

Ein wichtiges Ziel ihrer Arbeit sieht die melkitische Kirche in einer
Wiedervereinigung der Orthodoxie mit Rom. Sie betrachtet sich als Vermitt=
lerin zwischen abendländisch-christlicher und arabisch-islamischer Kul=
tur.

Dank ihres Bildungsstandes entwickelten die Melkiten einen besonderen
Sinn für die sozialen Probleme in ihrer Umwelt. Als ein wichtiger Sozial=
reformer ist der frühere Erzbischof Gregoire Haddad von Beirut, der jetzt
mit Sonderaufgaben betraut ist, im Vorderen Orient bekanntgeworden. Er
vertrat ungewöhnliche theologische Thesen, setzte sich für die Palästi=
nenser ein und begann in seiner Diözese mit sozialen Reformen. 1957 rief
er die "Soziale Bewegung" (al-harakat al-ijtimaijat) ins Leben, die er
jetzt im Auftrag seiner Kirche führt.

Diese Bewegung geht davon aus, daß die schwierige innenpolitische Lage im
Libanon wesentlich durch soziale Probleme bedingt ist. Deshalb müsse die
Entwicklung des Landes auf dem Wohnungssektor, im Bereich von Gesundheit,

Alphabetisierung, Sozialarbeit und Berufsausbildung vorangetrieben werden. Dafür sei sozialwissenschaftliche Forschung und der Ausbau der Statistik erforderlich.

Haddad hat in Beirut und in verschiedenen Gebieten im Libanon "Zellen" ge= gründet, in denen Christen und Muslime zusammen an der Lösung der anstehen= den Probleme arbeiten.

4.5. Die Anhänger des griechisch-orthodoxen Ökumenischen Patriarchats von Konstantinopel

Zum griechisch-orthodoxen Ökumenischen Patriarchat von Konstantinopel ge= hören fast ausnahmslos Griechen, bzw. griechisch-sprechende. Deshalb wird diese Kirchenorganisation im allgemeinen nicht dem orientalischen Christen= tum zugerechnet.

Die vorliegende Dokumentation bezieht sie jedoch ein, weil griechisch-orthodoxe Christen vom Patriarchat von Konstantinopel bis heute in der Türkei und in einigen Ländern des Vorderen Orients leben. Wegen seines be= sonderen Charakters wird das Patriarchat aber nur kurz dargestellt.

4.5.1. Die Kirchenorganisation und die Situation heute

Das griechisch-orthodoxe Ökumenische Patriarchat von Konstantinopel um= faßt in der Türkei 5 Diözesen mit etwa 10 000 Anhängern, wovon die meisten in Istanbul leben. Außerhalb der Türkei befinden sich einige Diözesen im Bereich des griechischen Staates, so Kreta, Dodekanes und die Mönchsrepu= blik Athos.

Die Jurisdiktion des griechisch-orthodoxen Patriarchen von Konstantinopel wird von den Griechen in West- und Mitteleuropa anerkannt. Außerdem befin= den sich griechisch-orthodoxe Exarchate (Diözesen) in Afrika, Nord- und Südamerika, Australien und Ozeanien. In der Bundesrepublik Deutschland unterstehen die Griechisch-Orthodoxen einem Bischof in Bonn.

Offiziell wird der Ökumenische Patriarch auch von der griechischen Staats= kirche als geistiges Oberhaupt anerkannt. Bis heute wurde der Erzbischof von Athen noch nicht zum Patriarchen gewählt, um die moralische Macht des Kirchenoberhaupts in Istanbul nicht zu mindern. Wenn jedoch seine Gemein= de in der Türkei durch Auswanderung der Anhängerschaft unter 10 000 sinkt, könnte das Patriarchat nach Athen verlegt werden.

Obwohl die griechisch-orthodoxe Kirche neben der armenischen im Vertrag von Lausanne 1923 eigene Rechte erhielt, verschlechterte sich die Lage ihrer Anhänger seitdem ständig durch politische Spannungen, besonders wäh= rend der Zypern-Krisen. Ihre Zahl sank von 1923-1983 in der Türkei von über 100 000 auf wenig mehr als 10 000.

Zwar besitzt sie noch mehr als 20 Schulen; diese kann sie aber kaum noch halten, da nur griechisch-orthodoxe Kinder aufgenommen werden dürfen. - Die Theologische Schule Chalki wurde im Zuge der Verstaatlichung aller höheren Bildungseinrichtungen 1971 geschlossen. Der Priesternachwuchs stu= diert jetzt in Griechenland.

Nachfolger des allseits geachteten Patriarchen Athenagoras I. wurde 1972 der auch der türkischen Regierung genehme Dimitrious I., der bessere Be= ziehungen zu den staatlichen Organen herstellen konnte. Jedoch vermag er die Auswanderung seiner Anhänger nicht zu verhindern.

Bei Auslandskontakten ist er zurückhaltend, während sein Vorgänger z.B. gute Beziehungen zum Papst in Rom unterhielt. Der jetzige Patriarch hält sich eher an den Ökumenischen Weltrat der Kirchen in Genf und die ihm an= geschlossenen Kirchen.

Wie auch bei anderen christlichen Gemeinschaften, ist die Lage der griechisch-orthodoxen Kirche von den innenpolitischen Verhältnissen in der Türkei abhängig. Zeiten der relativen Ruhe wirken sich auch posi= tiv für die Christen aus. Aber das Auf und Ab der letzten 100 Jahre und eine ungewissen Zukunft haben den Exodus der Christen aus der Türkei ver= stärkt. Die Griechisch-Orthodoxen sind durch die politischen Ereignisse von der einst größten zur kleinsten christlichen Gruppe innerhalb der Tür= kei geworden.

4.5.2. Zur Geschichte

Das Patriarchat von Konstantinopel wurde nach der Gründung der Stadt im 4. Jahrhundert eingerichtet. Auf dem Konzil von Konstantinopel 381 er= hielt es den nach Rom höchsten Rang zugesprochen - gegen die Widersprüche der alten Patriarchate von Alexandria und Antiochia. Kirchensprache war Altgriechisch.

Zu Auseinandersetzungen mit den altorientalischen Kirchen kam es 431 in Ephesus und 451 in Chalkedon und schließlich zur Trennung von diesen.

Aber auch mit dem Patriarchen von Rom gab es bis zum endgültigen großen Schisma 1054 mehrfach Schwierigkeiten.

Nach der Eroberung Konstantinopels 1204 durch die Kreuzfahrer wurde das Patriarchat zeitweise mit einem lateinischen Kirchenoberhaupt besetzt. Später ging es wieder an einen Byzantiner über. Mehrere Versuche, das Schisma zu überwinden, mißlangen in der Folgezeit.

Die Lage der Kirche änderte sich grundlegend nach der Eroberung Konstanti= nopels 1453 durch Mehmet II. Unter der osmanischen Herrschaft wurde die orthodoxe Kirche von einer Reichskirche zu einer griechischen Volkskirche. Sie erhielt Millet-Status. Der Patriarch wurde Führer seiner Glaubensge= meinschaft im religiösen, kulturellen, ehe- und zivilrechtlichen Bereich und erhielt nun mehr Rechte, als er vordem im byzantinischen Reich gehabt hatte. Er trug den Titel "Ethnarch", d.h. Vorsteher eines Millets, und vertrat die Gemeinschaft der Orthodoxen dem islamischen Staat gegenüber.

Unter den Osmanen stiegen Griechen wie Armenier in hohe Verwaltungsposten auf und hatten großen Einfluß in Wirtschaft und Kultur.

Seit dem Ende des 18., besonders aber im 19. Jahrhundert wurden die Grie= chen in die Konflikte zwischen den europäischen Großmächten und dem Osma= nischen Reich hineingezogen. Nach der Gründung des unabhängigen Staates wurde die griechische Kirche in Griechenland 1833 autokephal. 1850 er= kannte das Ökumenische Patriarchat die Unabhängigkeit der Kirche in Grie= land an; einige Bande blieben jedoch bis heute bestehen.

Nach dem Ersten Weltkrieg scheiterten die Unabhängigkeitsbestrebungen der Griechen in Westanatolien. Im Friedensvertrag von Lausanne 1923 wurde ein Bevölkerungsaustausch zwischen Griechenland und der Türkei vereinbart. 2 Millionen Griechen siedelten in den griechischen Staat um, und es blieb nur ein kleiner Rest der ehemals großen Volksgruppe zurück.

4.6.   Dokumente und Presseberichte

4.6.1.   Patriarchat von Antiochia

Intrigen um ein altes Patriarchat im Orient

Bischofsfronde gegen Theodosios VI. von Antiochia – Russen und Griechen in der Kulisse

Von FRIEDRICH-WILHELM FERNAU

Im orthodoxen Patriarchat von Antiochia ist die Zwietracht wieder einmal offen ausgebrochen. In den Kirchenstreit mischt sich, so scheint es, die politische Intrige. Theodosios VI., seines vollen Titels „Patriarch der großen Gottesstadt Antiochia, Syriens, Arabiens, Ziliziens, Mesopotamiens und des ganzen Orients", ist ein alter Herr von 88 Jahren. Der Kampf um die Nachfolge kündigt sich an. Einige Bischofssitze, deren Stimme für die Patriarchenwahl wichtig ist, sind verwaist, darunter auch das nordsyrische Bistum von Lattakia. Eine als prorussisch geltende Gruppe von Bischöfen hat, nachdem im Heiligen Synod keine Einigung hatte erzielt werden können, auf eigene Faust einen neuen Bischof von Lattakia gewählt. Der Patriarch verweigert dem rechtswidrigen Vorgehen die Anerkennung. Die Mehrheit der Bischöfe hält zu Theodosios gegen die Fronde der prorussischen Metropoliten.

Antiochia ist eines der vier alten Patriarchate der Ostkirche. Im Range steht es an dritter Stelle hinter Konstantinopel (Istanbul) und Alexandria, aber vor Jerusalem. Vom einstigen Glanz dieses Patriarchats — es zählte in seinen besten Tagen 220 Bistümer — ist wenig übriggeblieben. Die „große Gottesstadt" Antiochia, heute auf türkischem Boden gelegen, ist nur noch ein kleines Provinzstädtchen. Das Patriarchat hat schon lange seinen Sitz in der syrischen Hauptstadt Damaskus. Außer dem Erzbistum Damaskus, das der Patriarch selbst leitet, gehören 19 Bistümer zu ihm, fünf in Syrien, sechs in Libanon, je eines in der Türkei und im Irak sowie sechs auf dem amerikanischen Kontinent. Die Zahl der Gläubigen ist gering. Man spricht von einer Million, doch dürfte die Hälfte der Wahrheit näherkommen. Nach der Zahl allein kann man freilich nicht gehen. Zur Gemeinde des Patriarchats rechnen einige der reichsten Kaufmannsdynastien Beiruts, wie die Sursoks, die Bustros und die Trads; orthodoxen Bekenntnisses sind neben armseligen Bauern im Orontestal und im Haurangebirge mehrere einflußreiche Familien von Damaskus. Die Auswanderung nach Übersee, an der die christlichen Araber besonders stark beteiligt sind, hat in den USA, in Brasilien, Argentinien und Australien eine wohlhabende Diaspora entstehen lassen.

Rubel und Dollar

Russen und Griechen intrigieren in den Kulissen der alten Patriarchate des Orients gegeneinander. Das ist schon eine alte Geschichte, älter als der Kommunismus und die Sowjetunion. Bei den Russen fanden die arabischen Laien Rückhalt in ihrem Bestreben, die jahrhundertelange Vorherrschaft der Griechen im hohen Klerus der orientalischen Patriarchate zu brechen. Als vor rund siebzig Jahren zum erstenmal wieder ein Araber auf den Thron der Patriarchen von Antiochia gelangte, waren die Russen daran nicht unbeteiligt. Seither macht sich der russische Einfluß besonders in diesem Patriarchat fühlbar. Aber auch die Griechen sind nicht untätig. Mit amerikanischer Hilfe bieten sie den Russen Schach. Rubel und Dollar fließen in die Kassen des finanziell nicht eben starken Patriarchats. Alexander III., der Vorgänger des gegenwärtigen Patriarchen, war ein eifriger Parteigänger der Russen. Nach seinem Tode im Jahre 1958 kam es zu einer dramatischen Kampfwahl. Der Kandidat der Russen unterlag. Der neue Patriarch Theodosios VI. kehrte zu einem neutralen Kurs zwischen der russischen und der griechischen Partei zurück.

Früher sind die russischen Zaren als Beschützer der orthodoxen Christenheit im Orient aufgetreten. Die Sowjetdiplomatie verschmäht diese alte Tradition nicht, soft es ihr zweckmäßig erscheint. Mit ihrer Unterstützung hat das Moskauer Patriarchat langsam wieder einen Teil der Positionen gewonnen, die die russische Kirche vor der bolschewistischen Revolution im Nahen Osten innehatte. In den Patriarchaten von Jerusalem und Alexandrien war den Russen nur mäßiger Erfolg beschieden. Besser sind sie in Antiochia gefahren. Seit acht Jahren besteht in Damaskus eine ständige Vertretung des Moskauer Patriarchats beim Patriarchen von Antiochia. Zur Zeit hat der russische Bischof Vladimir (Kotliarow) diesen Posten inne. Er war schon früher in Palästina tätig. Besser bekannt ist er in kirchlichen Kreisen des Westens aus der Zeit, als er das Moskauer Patriarchat beim Ökumenischen Rat in Genf vertrat.

Die „russische Partei" im Patriarchat von Antiochia stellt nur eine Minderheit dar. In erster Linie sind es diejenigen, die ihre geistliche Ausbildung in Rußland erhalten haben. Zwei Bischöfe in Syrien und zwei in Libanon werden fest zur prorussischen Gruppe gerechnet. Alexander Ghea, Metropolit von Homs (Syrien), war der erfolglose Kandidat der Russen bei der Patriarchatswahl von 1958. Ein anderer, auf den die Russen offenbar ihre Hoffnungen setzen, ist der Metropolit Basilios Semaha. Vor einigen Jahren fand man ihn noch unter einer Adresse in Moskau, wo er sich als eine Art inoffizieller Verbindungsmann zur russischen Kirche betätigte. Die „russische Partei" begünstigte die Wahl Basilios Semahas zum Metropoliten von Tripolis (Libanon), weil der Vorsteher dieser wichtigen Diözese meist die größten Chancen hat, Nachfolger des Patriarchaten zu werden. Der Versuch schlug fehl, Basilios Semaha mußte sich mit dem weniger wichtigen Bistum des Hauran begnügen. Nun hat die prorussische Gruppe einen „Handstreich" auf den Bischofssitz von Lattakia unternommen. Es mag sein, daß sie Mut zu ihrem eigenmächtigen Vorgehen geschöpft hat, nachdem in Damaskus der sowjetische Einfluß wieder im Steigen ist. Die Fronde scheint das Wohlwollen der syrischen Regierung zu genießen, aber sie hat einen offenen Konflikt mit dem Patriarchen und der Mehrheit des Kirchenvolkes provoziert.

Handelsblatt
27.7.1966

UNE DÉLÉGATION DU PATRIARCAT GREC-ORTHODOXE D'ANTIOCHE VISITE LE ROI KHALED D'ARABIE

Nous avons rapporté dans le n. 62 de AL MONTADA (mars-mai 1974, p.22) la nouvelle de la visite en Arabie Séoudite du 22 au 24 avril 1974, du Cardinal Sergio Pignedoli. Le président du secrétariat romain pour le dialogue avec les non-chrétiens avait apporté au Roi Fayçal un message du Pape Paul VI concernant la vieille ville de Jérusalem et les Lieux Saints.

Un an après, le 7 mai 1975, c'est Elias IV, Patriarche grec-orthodoxe d'Antioche qui a rendu visite à Khaled Ben Abdel Azíz, roi d'Arabie Séoudite. Cette démarche se situe dans la ligne du rôle que le chef de l'Eglise la plus enracinée dans le monde arabe et la plus sensibilisée à sa destinée a inauguré, surtout avec sa présence au Sommet Islamique de Lahore, en février 1975. "Pour la première fois depuis la naissance de l'Islam", rapporte le correspondant du quotidien libanais AN-NAHAR (8 mai 1975), "une des plus grandes personnalités religieuses arabes se rend en Arabie Séoudite en portant la croix... et cette croix est la question de Jérusalem".

Le Prince Fawaz, qui recevait la délégation à l'aéroport, a reçu le Patriarche en disant:" La venue de Votre Béatitude dans notre terre est un événement très important dans l'histoire de notre pays et dans l'histoire de nos relations spirituelles". Au cours de l'entretien avec le Roi Khaled, qui a eu lieu dans le palais d'Alhamra à Djeddah, le Patriarche Elias IV a affirmé que les Arabes, chrétiens et musulmans se sont soutenus et ont combattu ensemble pour la libération et l'indépendance dans plusieurs de leurs pays. En abordant le problème de Jérusalem, il a ajouté:"nous considérons que la perte de Jérusalem affecte la cause arabe en général. Nous sommes persuadés que notre réunion aujourd'hui souligne l'unité de but qui nous lie, Jérusalem étant aussi chère à votre coeur qu'elle l'était au coeur du roi Fayçal, ce roi qui avait allumé l'espoir au coeur de la nation arabe (le Patriarche a employé l'expression "oumma arabiya") en disant qu'il espérait que nous fassions ensemble le pèlerinage à Jérusalem là où les Arabes chrétiens et musulmans se rencontrent dans la prière et la supplication... nous ne devons ménager aucun effort pour que Jérusalem demeure une ville arabe ouverte à tous les croyants et au monde entier."

Le Patriarche Elias IV était accompagné d'une délégation composée de membres de l'Eglise orthodoxe de Syrie et du Liban . C'est un fait assez significatif qui a permis au roi wahabite et à sa cour de prendre contact avec des chrétiens arabes qui ont chacun pris la parole pour mettre en évidence un aspect du problème de Jérusalem et de la situation au Moyen-Orient en elle-même et dans son contexte mondial, sans négliger l'importance du dialogue islamo-chrétien en lui-même. Ainsi Mgr Ignace Hazim, Métropolite de Lattaquié (Syrie) et co-président du Conseil des Eglises du Moyen-Orient, a rappelé, en tant que représentant de l'Eglise grecque-orthodoxe du Patriarcat d'Antioche au sein du COE et de la Conférence Chrétienne pour la paix, "que l'opinion publique chrétienne prend de plus en plus conscience que la Ville Sainte n'est pas uniquement un lieu touristique ou un ensemble d'édifices historiques, mais bien une ville vivante et le lieu de résidence d'un peuple de croyants". Mgr Georges Khodre, métropolite du Mont Liban, membre de Foi et Constitution, a surtout mis l'accent sur le fait que "en dépassant toutes les difficultés du passé, avec pureté de coeur et d'esprit, chrétiens et musulmans ont entamé, en toute liberté et charité un dialogue créateur."

Les trois laics de la délégation étaient le Dr. Constantin Zreik, professeur de l'Université Américaine de Beyrouth, le Dr. Georges Tohmé, consultant de l'Institut d'Etudes Palestiniennes de Beyrouth, et Ghassan Tuéni, libanais, ancien ministre de l'Education Nationale. Le Professeur Zreik, s'adressant au roi wahabite, a rappelé l'histoire des rapports entre chrétiens et musulmans à partir de leur collaboration dans les conquêtes arabes et de la défense contre les croisés. Le Dr. Georges Tohmé, après avoir exprimé ses sentiments "de citoyen arabe tout d'abord, et de citoyen arabe chrétien ensuite", a rappelé que, en tant qu'ambassadeur de Syrie aux Nations Unies de 1965 à 1972, il a pris part à la rédaction des décisions que la suprême instance internationale a prises au sujet de la Ville Sainte. Ghassan Tuéni, pour sa part, a rappelé le rôle actuel du souverain wahabite sur la scène internationale. "Notre rencontre d'aujourd'hui, a-t-il dit, signifie que le roi Khaled peut s'adresser au monde chrétien au nom du monde arabe tout entier, chrétiens et musulman, pour montrer le visage total de l'arabité et de sa mission dans le dialogue des civilisations".

Pour sa part, le souverain wahabite a fait l'éloge de la position adoptée par la délégation grecque-orthodoxe. Réitérant l'option prise par le roi Fayçal -"être arabe avant d'être musulman"- le roi Khaled a souligné les mérites du dialogue islamo-chrétien pour assurer l'arabité de la Ville Sainte.

Avant de quitter Djeddah, Mgr. ELIAS IV a lancé l'idée d'un congrès chrétien au Proche-Orient pour unifier les positions des différentes communautés religieuses au sujet de "L'arabité de Jérusalem".

La visite de la délégation grecque-orthodoxe en Arabie Séoudite a eu aussi des conséquences sur le plan pastoral proprement dit. Lors de son séjour à Riad, le Patriarche a obtenu -en dérogation de l'interdiction stricte en vigueur jusqu'ici- l'autorisation d'ériger un siège métropolitain dans la province pétrolifère d'Al-Hasa et d'y faire célébrer des offices publics à l'intention des chrétiens qui travaillent là-bas. Pour la première fois depuis 1300 ans, il y aura en Arabie un évêque et des prêtres auxquels il sera permis d'avoir une activité pastorale. Ceux qui en bénéficieront seront les techniciens de nationalité grecque et des chrétiens arabes originaires d'autres pays que l'Arabie Séoudite. Mais toute activité missionnaire et tout prosélytisme demeurent interdits, l'activité pastorale de l'évêque et de ses prêtres ne pouvant concerner que les étrangers.

AL MONTADA

L'ARCHEVEQUE D'ATHENES EN VISITE AU PATRIARCAT D'ANTIOCHE

Ala tête d'une délégation de neuf membres éminents de l'Eglise orthodoxe en Grèce, l'Archeveque Séraphim d'Athènes s'est rendu du 10 au 16 Mai au Liban, en Syrie, pour une visite officielle au patriarcat d'Antioche. Comme il a été annoncé, il y a eu pendant cette visite "un échange de vue sur des sujets d'intérêt commun aux deux Eglises, toujours dans le cadre de l'unité pan-orthodoxe et des rapports tant étroits que cordiaux qu'entretient l'église de Grèce avec le Patriarcat d'Antioche". Comme l'a déclaré par ailleurs l'Archevêque d'Athènes, "la ligne suivie par le Patriarche oecuménique et l'unité pan-orthodoxe sont prédominantes dans les vues de l'Eglise d'Antioche".

Au cours de son séjour, l'Archevêque Séraphim d'Athènes a été reçu par les Présidents des gouvernements républicains du Liban et de la Syrie. Les entretiens ont porté surtout sur le besoin de collaboration entre Arabes et Grecs au sein de l'Eglise orthodoxe, avec un resserrement des liens existants.

La suite de l'Archevêque d'Athènes comprenait, entre autres, les Métropolites Barnabas de Kritos, président du département des affaires extérieures de l'Eglise grecque, Pantéléimon de Corinthe, Damaskinos de Phthiotide et Christodoulos de Démétriade.

EPISKEPSIS, n. 125, 27 mai 1975

DOCUMENT N° 6   **Lebanese Documents**

Message of the Holy Orthodox Antiochene Assembly

To

The Orthodox Christians in Lebanon

August 23, 1975

(NAH. 24/8/75 p. 4)

We address you, dearly beloved, from the seclusion of our Synod. All through our meeting this beloved country was the cause of our apprehensions, but at the same time the object of our hopes. We witnessed this country in tears and in suffering, sorrowing to death. And yet, the country has begun to look to its resurrection. Of what will the mouth speak while the heart grieves? "But God shall wipe away every tear," (Apocalypse 4: 21) if justice is given its place and if people begin to believe in a single nation which passion does not cleave nor fear divide.

The righteous among our countrymen and among those residing in our land have departed for the heavenly fatherland where there is no strife. They have all received a single mercy and great favor. God will console us for their loss and will grant us pardon and purification and the building up of a single humanity to a better tomorrow.

Having purified our feelings and our hearts from hatred, from vainglory, and from introversion, and having cast from us the past which is a nightmare, not an inheritance, we accepted the call to meditate on the role of this nation and on our role within it. From the position of guardianship entrusted to us, we turn to you in the power of the living faith which unites us and opens before us the paths to life. We know that this faith does not dictate a single political position for you, nevertheless, in the Gospel itself are found guidelines for political reflection. The members of our Church are led by their analysis and involvement in public affairs to certain conflicting choices, still, it cannot be denied that in face of the challenges of the times, the Christian heritage sets out Gospel values which the believer translates into action. Thus we have tolerance, freedom, support for the wretched of the earth and sharing the earth's resources as the basic pillars for our guardianship of the world so that we may inherit it in honesty, justice and love.

The Reality and the Formula

We do not intend by this message to present you with ready-made solutions. Rather it is to aid you in the attempts you will undertake with other citizens in the service of this great Lebanon once you have surrendered yourselves sincerely to its plea, to be neither fragmented nor made the pawn of systems or texts, and once you have considered the path it should take with its Arab neighbors in order to bring mankind to enjoy those rights which Lebanon has protected and which will enable it to face the consequences which this situation imposes. In the measure that justice and right become a reality in every part of Lebanon, in that measure will those who fear be set at ease and those who are deprived approach a comfortable life. [5] The fusing of these two groups, the fearful and the deprived, into a reality in which there is no discrimination and no privilege will establish an authentic co-existence which is not based on any formula but on reality. When the light of truth prevails, the shadow of the formula [6] will pass away.

If you reflect, with the simplicity of Christ, on the other man, you will see him in his authentic splendor since there shines forth in him those virtues which create the future. It is important that you believe that this country needs all its sons, especially those left uncorrupted by affluence who did not turn their eyes away from the misery widespread among us. Your efforts for reconstructing this country call for much repentance and much forbearance. Those who rise from the dead will be your supporters in this new nation. Our fathers of old pondered these issues and looked forward to a time in which the people would be filled with the good things of the earth, and in which its wealth -- which God willed for all men -- would be apportioned to all the sons of the earth unselfishly and without avarice. Whatever may be your views concerning economic systems, there is nothing which justifies the monopolists nor the greedy rich. The weak are noble in the eyes of him who is sincere, for he finds himself in them, since he hungers when they are hungry, he is a prisoner whenever they are afflicted, and he is a refugee whenever they are made refugees.

After you have taken care of all bloodshed no matter where it took place, and after you have contacted every wounded person, you must work to eliminate all shedding of blood in order that there may remain for us a country which we can build in social and national (qawmī) [7] peace. You reject opinions dictated to you and you refuse to allow others to speak on your behalf. To a certain degree your cultural presence has become more concentrated.

Since 2000 Years

By deepening your awareness of your country's problems everyone far and wide will be aware that you have entrusted your own defense to no one. You have lived here in the Middle East for 2000 years in continuous strength and with a spirit of deep-rooted ancestry; you are neither vagabonds nor of abject origin. You have received from him who stood up for knowledge and prestige the conviction that you should loathe every "Christian" ghetto and every "Christian" existence for Lebanon, for any closing of the ranks must be nationwide, motivated by our common destiny. In your awareness of that you have borne, together with other citizens, the torch of national (qawmī) liberation since the last century. Since the dawn of Arab history you have been a continual shining presence within Christianity as a whole. You have had your share in the transmission of the ancient heritage to Arab civilization. Throughout all aspects of Arab life you have disseminated graciousness, human understanding, and sympathy. [8]

You have participated in national activity, both as members of political parties and as non-members. Your Church has embraced you, both in your weakness as well as in your strength, in your perplexity as well as in your persistence. This Church did not limit your action, but supported you as free persons. You have always been hostile to the growth of confessional formations, and even when there was an Orthodox political party, your political committment was according to the caliber of your magnanimous aspirations and dreams. The climate of freedom has always nourished this commitment, because our theology of freedom and the practice of consultation which is a mark of our Church have fitted you to become leaders in your country.

Any truly great leader wills sovereignty for all; if he enslaves others, he himself becomes a slave. It is our concern

that all of us be firmly grounded in justice as we work for the
revival of freedom. The marriage of justice with freedom has
been a human aspiration ever since man began his life of toil.
Lebanon will mean nothing for the people if it does not exert
effort to achieve this happy union.

No system is going to present an obstacle for those who
arrive at this vision. We do not address you in what pertains
to the state directly. The serious man who is creative creates
a state according to his image. This legal form whose name is
"state" may become a splendid lofty legal structure, but what
does it profit a man were he to gain the whole state yet suffer
the loss of his soul? If our people acquired tenacity in honesty
and the discipline necessary for morality, if they really thought
and acted, then our difficulties with the state would find their
solution.

Because your horizons are wider than the state, because
they are the horizons of the people, we will not follow the conf-
essionalist logic whereby we compete with someone for a position.
Rather, we shall always affirm, in the name of mankind in Lebanon,
that the distribution of public offices on a confessional basis
constitutes a worn out system which pushes along someone who does
not merit to hold the highest degrees of responsibility, because
he has been marked from his mother's womb. In this system the
dignity and integrity of man will be placed in question if he is
removed from a particular office. The repression that stems from
confessionalism is our Lebanese racisim. For the sake of the
Lebanese we call upon you to fight for the abolition of confessionalism even though we concur with your impartial treatment
under the auspices of the present set-up. We hope that those who
are drawing up certain regulations, like the electoral law, will
not have proceeded to strike out our historical effectiveness and
obliterate our individuality. If so, perhaps it will be a punish-
ment meted out to us because of those aspirations of ours which
they saw and the fact that we did not reduce the country to narrow limits as they did.

Because our fidelity to Lebanon is not conditioned by the
rivalry among the leaders or by their capacity, we shall persevere
in giving our best.

We commend you to the kindness and goodness of God. "We
rejoice when you are strong" (II Cor. 13:9) and therefore "strive
for perfection, and be comforted. Have the same concern and live
in peace. And may the God of love and peace be with you." (II
Cor. 13:11)

Appealing to your filiation in the Lord,
        The Fathers of the Holy Antiochens Assembly.

Notes:

1. The allusion here is to the belief in one God and life
after death which is common to both Christians and Muslims, but
till now has not helped overcome other differences.

2. The allusion is to the creation of Greater Lebanon in
1920.

3. Refers to the defense of the free enterprise system
and the disputed article 95 of the Constitution.

4. This is an indirect way of saying that Lebanon is the
only Arab country where one is really free.

5. "Those who fear" refers to the Christians, and "those
who are deprived" refers to the Muslims. The more usual combin-
ation of late has been "fear" and "deception", the latter being

applied to the Sunni. The Synod has opted for the "deprived" Shiites rather than the "deceived" Sunni.

6. See Introduction, note 11.

7. Here and in the following paragraph qawmī not watanī is chosen for "national". The overtones are decidedly "Arab."

8. This paragraph is a delicate refutation of the Muslim tendency to equivalate Arabism with Islam.

9. Patriarch Elias IV headed a Christian delegation to the Second Islamic Summit Conference at Lahore February 22-24, 1974. See Vision and Revision in Arab Society, CEMAM Reports 1974, pp. 37-47.

10. This is an indirect complaint of the status of Christians in Arab Muslim states which is that of a "protected people", i.e., second class citizens.

11. A Lebanese Christian argument is that when Muslims develop to the point of giving Christians full freedom in Arab Muslim states, then the Christians of Lebanon will be able to drop their need for "guarantees" without fear.

DEATH OF "THE PATRIARCH OF THE ARABS"

Damascus, Syria (EPS) - His Beatitude Elias IV of Antioch and all the East passed away in Damascus, on 21 June, at the age of 67. He had been at the head of the Greek Orthodox Church since September 1970. In a telegram addressed to the Holy Synod of the Greek Orthodox Church, the general secretary of the World Council of Churches, Dr Philip Potter, honoured Elias IV, and described him as a man who was deeply rooted in the Orthodox faith, and who worked for the witness of the Church and restoration of human dignity.

He played an active role on behalf of Arab and Palestinian causes and was the only Christian representative at the 1974 Islamic Conference in Lahore, Pakistan, where his work on behalf of Palestine and the Arabs earned him the title of "Patriarch of the Arabs".

Born in Lebanon, Elias IV studied theology in Lebanon and Syria, then continued his studies at the faculty of theology of Halki, Turkey. In 1947 he was sent on a mission to Brazil, where he lived for three years. He was then elected Metropolitan of Aleppo.

Elias IV was one of the most influential leaders in the true renewal which has taken place in the Antioch Patriarchate. The Greek Orthodox Church of Antioch and all the East has its See in Damascus, and exercises jurisdiction in Syria, Lebanon, Iraq, Kuwait, the Arabian Peninsula, Iran, part of Turkey, and the Arabic dioceses in the Americas, Australia and New Zealand. In 1954 the Greek Orthodox Church became a member of the WCC.

EPS
28.6.1979

New Antioch orthodox Patriarch appointed

'DAMASCUS, July 4 (R) -- The newly-elected Orthodox Patriarch of Antioch and the Whole Orient will be formally installed at St. Mary's Cathedral here on Sunday, an official church statement announced today.

Agnatius Hazeem, Bishop of the northern Syrian port city of Latakia, was elected yesterday in succession to the late Patriarch Elias IV who died of a heart attack last month, at age 65.

The new 59-year-old primate, to be known as Agnatius IV, was chosen in a secret ballot from among three candidates by the Orthodox Holy Synod attended by 12 bishops.

He was born in 1920 in the village of Mahrada, in the Hama province of Central Syria. Later he moved to Lebanon where he joined a seminary.

The new patriarch travelled to France where he obtained a doctorate in theology in 1953. He became bishop of Latakia in 1965 following his appointment four years earlier as patriarchal vicar.

In addition to Arabic, he is well versed in French and English, knows Russian and Greek and has translated or written several books.

Jordan Times
5.7.1979

LE PATRIARCHE HAZIM AVOCAT DE LA CAUSE LIBANAISE EN URSS

Poursuivant sa tournée en URSS, Mgr Ighnatios IV Hazim, patriarche grec-orthodoxe d'Antioche et de tout l'Orient, se trouvait vendredi à Erevan (capitale de la République socialiste soviétique d'Arménie) où il a notamment rencontré les représentants de diverses associations arméniennes.

Parlant au cours de cette réunion du problème libanais, le prélat a souligné que «le sauvetage du Liban est la meilleure voie pour l'établissement d'une paix durable au Proche-Orient». Il a, en outre, pressé la conscience mondiale à œuvrer «pour mettre un terme à l'épreuve subie par le peuple libanais depuis plus de sept ans et restituer les droits légaux au peuple palestinien».

l'Orient le Jour
2.11.1981

IGNACE IV HAZIM POURSUIT SON AMBASSADE DE LA PAIX EN U.R.S.S.

Véritable ambassadeur de la paix, le Patriarche grec-orthodoxe Ignace IV Hazim poursuit sa visite à l'église orthodoxe en URSS, profitant de chaque occasion qui lui est offerte pour entretenir ses hôtes de la crise du Moyen-Orient. C'est ainsi qu'après avoir visité Erivan, capitale de l'Arménie soviétique, le Patriarche Hazim est arrivé hier en Géorgie.

A Erivan, toutes les interventions du Patriarche Hazim étaient axées sur «la nécessité de trouver un statut spécial pour Jérusalem et celle d'aider le Liban à retrouver son unité et la paix, comme préalable à la consolidation de la paix au Moyen-Orient».

l'Orient le Jour
2.11.1981

4.6.2. Patriarchat von Alexandria

Cairo expels five bishops

Protest by Greek Embassy

CAIRO, Tues. — Security authorities have ordered five Cairo-based Greek Orthodox bishops to leave the country, the Greek Embassy and the Interior Ministry said today.

An Interior Ministry spokesman said the expulsion was ordered "at the request of the head of the Greek Orthodox Church" — Patriarch Nicolaos.

"This has been done in coordination between the Interior Ministry and the Foreign Ministry," the spokesman, Major General Baha-Eddin Ibrahim, said. He declined further comment.

Greek Embassy spokeswoman Mrs. Catherine Yianakakos said the bishops, some of whom had been born in Egypt, were told of the expulsion order on Sunday and were given five days to leave.

She said Greek Consul General Jean Jepos protested against the expulsion to the Foreign Ministry yesterday and got a two-week extension of the expulsion notice but "was not given any explanation at all."

The Foreign Ministry spokesman said. "Our information is that the church in Greece requested the bishops' return."

"This is a security matter for the Interior Ministry to handle," the spokesman said. "It has nothing to do with our relations with Greece."

Traditionally Egypt and Greece have maintained close friendly relations. Mrs. Yianakakos said Greek Ambassador Antonis Nomicos was delivering another protest at the Foreign Ministry later today.

Mrs. Yianakakos said the expulsion notice was served on the bishops by the Interior Ministry which oversees the police and national security.

She identified the bishops as:
● Dionissios, metropolitan of Memphis
● Philemon, bishop of Canopou
● Chrisostomos, bishop of Nicopoleos
● Theoclitos, bishop of Heliopolis
● Hirodotos, bishop of Babylon

She said at least two of them, Dionissioos and Chrisostomos, were born in Egypt.

"We hope to have the situation cleared up soon," Mrs. Yianakakos said.

She said the Greek Orthodox Church in Egypt has its seat in the Mediterranean city of Alexandria, but the bishops ordered out all worked in Cairo. The church is headed by Patriarch Nicolaos.

The Greek community in Egypt, which numbered about 200,000 before the 1952 overthrow of the monarchy by the military, has shrunk to 7,000 now. But it remains the largest foreign community of permanent residents, the spokesman said. — AP

Kuwait Times
23.3.1983

4.6.3. Patriarchat von Jerusalem

Life Getting Harder for Christian Missions Under Israeli Occupation

TEL AVIV, Feb. 9 (AP)-- Life is getting harder for Christian missionaries in Israel-- and violent, too.

Last Tuesday night an unidentified group tried to burn down a shop selling Christian literature on the Mount of Olives and the Israeli government is being urged to stop Christian evangelizing.

Police are holding four members of the militant Jewish Defense League-- JDL-- on suspicion of the arson bid, Rabbi Meir Kahane leader of the JDL denies any responsibility, but says he condones and praises the act.

The government, on the one hand, is afraid of compromising its claim to be a protector of Christian holy places; on the other hand, it is under heavy pressure from Orthodox Jewish circles, to whom evangelism and the Cross are anathema.

The latest escalation in this religious tug-of-war appeared to begin last week with headline stories in a mass-circulation Tel Aviv newspaper, claiming missionaries were working on the campus of Jerusalem's Hebrew University.

The paper, "Maariv", said the missionaries called their movement "Jews for Jesus" and operated mainly among foreign Jewish students swept up in America's so-called "Jesus Revolution."

Last year, the government expelled two American missionaries, claiming they had endangered the peace by proselytizing in public.

Shortly after the second ex-pulsion-- of Arnold Butler,3 8-"Maariv" published its reports on "Jews for Jesus."

Orthodox Jews were enraged. Demands poured into parliament for action, and Moshe Baram, a senior member of the dominant Labor Party, announced he would ask the government to discuss "the grave problem."

Another Labor leader said the Israeli Foreign Minister was against taking action, for fear it would make a bad impression on Christians outside Tel Aviv.

Then came the arson attempt. Eyewitnesses quoted the seven attackers as shouting: "Enough Jewish blood has been spilled for Jesus. Get out. or we will spill more.

Dozens of Bibles were scorched by the blazing kerosene, and a mail-order card system listing thousands of clients was destroyed.

The manager, Shlomo Hizak, 38, denies he is engaged in missionary work.

Daily Star
10.2.73

Jordan's Roman Catholic bishop tells of acts against Christians in Israel, West Bank

AMMAN, Feb. 8 -- West Bank Christian leaders say an extremist Jewish group killed a Christian priest in Jerusalem last year. Bishop Ni'meh Sima'an, Jordan's Roman Catholic (Latin) bishop told the Jordan Times today.

He said that he learned this week from "West Bank religious sources" that, last October the Greek Orthodox parish priest of St. Jacob's Church (near the Church of the Holy Sepulchre in Jerusalem) was "assassinated by members of Rabbi Meir Kahane's fanatical Jewish group."

Rabbi Kahane is the founder of the radical U.S.-based Jewish Defence League and leader of the Kach sect, operating in Israel, which preaches violent methods to uphold Jewish supremacy.

Bishop Sima'an said that the Greek Orthodox patriarch made a strong speech denouncing both the murder and the unwillingness of Israeli authorities thoroughly to investigate the matter and punish the offenders, during a meeting with Israeli President Itzhak Navon on Jan. 1.

The meeting, an annual event held by the president to give his regards for the new year to some 20 Christian leaders residing in the West Bank and Israel, is considered to be largely a protocol affair. In the context of the meeting, the protest from the not usually outspoken Orthodox patriarch was extraordinary, Bishop Sima'an said.

He added that the protest had been lodged after no action had been taken on a memorandum detailing incidents of Jewish violence against Christians that was presented to Israeli Prime Minister Menachem Begin "last November or December" by Christian religious leaders.

The memorandum protested not only the murder but also incidents of Kach desecration of Christian shrines. It said that the group had smashed stained glass windows at the Church of the Dormition on Mount Zion, defaced Christian tombstones, vandalised Christian bookshops and smashed property at a Baptist house in Israel. The group is also accused of writing slanderous graffiti on churches and painting swastikas on their walls.

Bishop Sima'an said he knew of no particular motive for the murder of the Orthodox priest, but said that the Kach group has claimed that Christians have been proselytising among Jews and desecrating the "Jewish character of Jerusalem."

The memorandum, said to be the first of its kind sent by Christians from both Israel and the West Bank, was signed by Father Mancini of the Roman Catholic Christian Information Centre, Father Bargil Pixner of the Church of the Dormition and Reverend Roy Kreider of the predominantly Protestant United

Christian Council in Israel.

Last week Mr. Begin expressed his regret at the incidents and said he will prevent "a recurrence of such criminal acts." Bishop Sima'an said that the church leaders have been dissatisfied with the prime minister's response.

They have, he continued, sent telegrams to U.N. Secretary General Kurt Waldheim and to the U.N. Human Rights Commission, currently in session in Geneva, calling for an internationally guaranteed statute for Jerusalem, to prevent further religious attacks.

They also have protested to foreign consuls in Jerusalem that the Israeli authorities are not taking adequate measures against the anti-Christian Jewish violence, Bishop Sima'an added.

Jordan Times
9.2.1980

4.6.4. Griechisch-katholische Kirche von Antiochia

Patriarch Maximos IV. Sayegh gestorben
Der geistige Führer aller katholischen Christen in Syrien

Vck. BEIRUT, 5. November. Kardinal Maximos IV. Sayegh ist am Sonntagmorgen in Beirut im Alter von neunzig Jahren gestorben. Der Patriarch war erst vor wenigen Tagen, als sein Zustand schon hoffnungslos schien, von seinem Amtssitz in Damaskus in ein Krankenhaus in Beirut gebracht worden. Maximos IV. hat nicht nur als Oberhaupt der mit Rom unierten melkitischen Christen (auch griechische Katholiken genannt) in der katholischen Kirche eine bedeutende Rolle gespielt, er galt auch als der geistige Führer aller katholischen Christen in Syrien.

Seine letzten Lebenswochen waren von einem schweren Konflikt mit der syrischen Baath-Regierung überschattet. Im September hatte diese eine strikte Unterwerfung aller privaten und insbesondere der konfessionellen Schulen Syriens unter die Kontrolle des Staates verlangt.

Während sich die griechisch-orthodoxen Bischöfe Syriens trotz des Widerstands einer bedeutenden Minderheit ihrer Gemeinden rasch mit dem Staat arrangierten, erhielt Patriarch Maximos besonders von den in ihrer Glaubensfreiheit ebenfalls hart bedrängten sunnitischen Muslims von Damaskus moralische Unterstützung. Drohungen und Verhören durch die syrische Geheimpolizei trat er mit einer in unserer Zeit seltenen Standhaftigkeit entgegen. Den Chef der syrischen Geheimpolizei wies er, wie von verläßlicher Seite berichtet wird, mit dem stolzen Wort: „Wir fordern die geistige Freiheit!"

Völlig unzutreffend sind die Behauptungen der Baath-Regierung, daß der syrische Kirchenkampf durch Weisungen „einer ausländischen Stelle", nämlich des Vatikans, ausgelöst worden sei. In klarer Erkenntnis, daß eine Intervention Roms die Lage der Christen in Syrien nur noch verschlimmern könne, haben die katholischen Bischöfe Syriens ihren Kampf gegen die marxistische Baath-Regierung vielmehr sehr unabhängig geführt. Mit Maximos IV. Sayegh verliert die katholische Kirche nicht nur eines ihrer angesehensten Häupter. Sein Hinscheiden läßt vielmehr besonders die in ihrer Glaubensfreiheit hart bedrängten Christen Syriens in ihrem einsamen Kampf verlassen zurück.

FAZ
6.11.1967

Hilarion Capucci: Man caught in the middle

By Nick Kotch

TEHRAN, Aug. 27 (R) -- Three years after the late Pope Paul secured his release from an Israeli prison, Archbishop Hilarion Capucci is working energetically to get back into the Vatican's favour.

His hopes for a complete rehabilitation are pinned on his sometimes stormy links with the new Islamic rulers of revolutionary Iran.

Monsignor Capucci is best known as the former archbishop of Jerusalem, convicted by Israel in 1974 of gun-running for Palestinian commandos.

In Tehran, that 12-year sentence is probably his chief claim to fane. The crowds who greet him in the street may not even know he is a Christian prelate, but they warm to the bearded Arab visitor with a silver cross on his chest who says he loves their country.

Mgr. Capucci, now 55, was freed from jail in 1977, after the late pontiff reached an unprecedented accord with Tel Aviv. It bans him from travelling to the Arab World and from involvement in the Middle East dispute.

They are prohibitions which upset him profoundly, and he has set his heart on having them lifted.

For two years after his release, an embarrassed Vatican tried in vain to find a suitable job for an archbishop who had become a black sheep. A spell as the apostolic visitor to the Greek Melchite community in South America was not a success, and he returned to Rome.

Ironically, the seizure of the American hostages in Tehran last November marked the first stage on his slow return to the Vatican fold.

As a pro-Palestinian Arab, Mgr. Capucci was ideologically close to many of Iran's new leaders. As a Christian archbishop, he enjoyed at least tacit White House consent when he began mediating in the hostage dispute.

Several times in the past months he has come close to helping resolve the crisis, according to informed sources. But with the militant students refusing to hand the hostages over the Iranian government, his most significant task to date was repatriating the bodies of eight U.S. servicemen after last April's failed rescue mission.

Sicne then, the hostages have taken a backseat to the Vatican's own conflict with Iran. The small Roman Catholic community here has come under strong official pressure, often fanned by virulent press attacks.

Priests and nuns have been deported, others held in detention, and the 14 Catholic schools face almost certain closure.

In a clear gesture of faith, Pope John Paul entrusted Mgr. Capucci with the tricky job of solving the problem.

In his first visits after the revolution, Mgr. Capucci was travelling unofficially, to the obvious discomfort of Vatican diplomats.

Now, he is received by the Pope in Rome, and stays at the papal nunciature in Tehran. Church leaders here doubt that he can save the schools, but all admire his frenetic energy in pressing the Catholic case with revolutionary leader Ayatollah Ruhollah Khomeini, President Abol Hassan Bani-Sadr and numerous ministers.

"It has to be said that nobody else could have done what he has done, barging into ministers and demanding to see the top man," said one senior priest.

But some church sources were concerned that Mgr. Capucci's influential Iranian friends may be exploiting his name, without giving much in return.

There are indications that Mgr. Capucci himself is having second thoughts about the Iranian revolution. One informed source said he was deeply offended when Ayatollah Khomeini turned their recent private meeting into an event broadcast on state radio.

The Ayatollah insisted on speaking in Farsi, instead of their common language of Arabic, and dismissed a personal letter from the Pope about the schools which Mgr. Capucci had conveyed as papal emissary.

"Say to Mr. Pope to give up this manner... are you supposed to listen to the oppressors or to the oppressed," the Ayatollah complained.

In retaliation, Mgr. Capucci refused to speak as the honoured guest at the opening of the new Palestinian embassy in Tehran.

"My superior has been seriously insulted," he was quoted as saying by one source.

In an interview this month, Mgr. Capucci steered off such issues but referred constantly to his exile from the Arab World, which he said was worse than prison.

Although born in Aleppo, northern Syria (the family name dates back to the arrival of French Capuchin priests in Alep), he says he feels the son of every Arab nation, but particularly the Palestinian people.

"If I had known the conditions of my release I would never have accepted. I remember when I arrived in Rome I said I had come from a small prison to a big prison.

"My mother died a few months ago in Aleppo. When I was in prison she wept so much that she ended by being blind. So she died sitting without sight in a corner, without my being able to visit her because she was in an Arab country," he said.

"Now I'm trying to mix a bit of water in the wine to end this situation which is so hard for me."

REUTER

Jordan Times
28.-29.8.1980

MISE AU POINT DU PATRIARCAT GREC-CATHOLIQUE

Le patriarche Maximos V Hakim a publié hier une mise au point au sujet de la désignation, par le dernier Synode de l'Eglise grecque-catholique, de l'archimandrite Loutfi Laham au siège de l'évêché de Jérusalem. Tout en insistant sur les modalités parfaitement conformes aux règlements intérieurs de l'Eglise melkite de la désignation de l'archimandrite Laham, la mise au point précise que cette élection ne signifie pas du tout le remplacement de Mgr Hilarion Capucci à la tête de l'évêché melkite de Jérusalem. Ce dernier, ajoute la mise au point, demeure titulaire du titre d'évêque de Jérusalem en exil. La nomination de l'archimandrite Laham prend, sous cette optique, un caractère strictement administratif et, à ce titre, est parfaitement compréhensible.

La mise au point précise par ailleurs que le patriarcat melkite demeure solidaire des principes défendus par Mgr Hilarion Capucci concernant l'arabité de Jérusalem et le droit du peuple palestinien à rentrer en possession de sa terre spoliée et à édifier un Etat qui lui est propre.

l'Orient le Jour
29.10.1981

4.6.5. Ökumenisches Patriarchat von Konstantinopel

Patriarch Athenagoras
gestorben

Istanbul, 7. Juli. (afp) Der *ökumenische Patriarch von Konstantinopel*, Athenagoras, ist am späten Donnerstagabend im Balikli-Spital in Istanbul gestorben. Er wurde seit einer Woche wegen einer Oberschenkelfraktur behandelt. Hohe kirchliche Würdenträger weilten in den letzten Momenten am Sterbelager des Patriarchen.

*

(sda) Spiro Athenagoras wurde am *25. März 1886* in Epirus, dem griechisch-albanischen Grenzgebiet, das damals noch türkisch war, als Sohn eines Arztes geboren. Er erhielt seine Ausbildung an der Theologischen Schule von Halki in Istanbul, wo er 1910 seine Abschlußexamen bestand und gleichzeitig zum Diakon geweiht wurde. Er wurde dann zum Bischof von Korfu und Paxos ernannt. Wegen seiner diplomatischen Fähigkeiten wurde er schließlich zum Erz-bischof der griechisch-orthodoxen Kirche in ganz Nord- und Südamerika mit Sitz in New York berufen. In dieser Stellung gelang es ihm, mit Erfolg als Schlichter der latenten Streitigkeiten zwischen den in Amerika bestehenden griechischen Kirchen aufzutreten.

Im Oktober 1948 wurde er zum ökumenischen Patriarchen von Konstantinopel gewählt und bekleidete seither — neben dem Papst in Rom — das altehrwürdigste Bischofsamt der Christenheit. Athenagoras vollzog den *Beitritt zum Weltkirchenrat*, leitete das Gespräch mit Rom ein, was dazu führte, daß er am 6. Januar 1964 als Pilger im Heiligen Land auf gleicher Ebene den Dialog mit Papst Paul VI. führte und mit ihm den Friedenskuß austauschte. Der Dialog gipfelte im Rom-Besuch des Patriarchen im Oktober 1967.

Neue Zürcher Zeitung
8.7.1972

Führung und Primat in der Orthodoxie

Das Oekumenische Patriarchat hat den Verlust seines großen Steuermannes Athenagoras ohne schwere Erschütterungen überstanden.* Die Nachfolge auf dem ökumenischen Thron ist zur Zufriedenheit geregelt. Das Patriarchat befindet sich in fähigen Händen und auf hoffnungsvollem Weg. Nichtsdestoweniger bedeutet der Abschied von einem so außergewöhnlichen Patriarchen, wie es Athenagoras I. war, selbstverständlich einen *Einschnitt in der Geschichte der orthodoxen Ostkirche*, deren geistliche Führung, wie immer man sie definieren mag, kraft kanonischer Ordnung und historischer Tradition dem Oekumenischen Patriarchat zukommt.

Zwei Jahrzehnte lang, und besonders in der zweiten Hälfte seiner langen Regierungszeit, hat Athenagoras die Orthodoxie im Bann seiner persönlichen Initiativen gehalten. Nun ist die Flamme seiner charismatischen Führung erloschen, normale Zeiten sind wieder angebrochen, wenn man es so ausdrücken darf. Wie stellt sich der Einschnitt im Lichte der *interorthodoxen* *Beziehungen*, des Verhältnisses der Gliedkirchen zum Primat der Mutterkirche dar? Wird hier der Phanar die Höhe zu behaupten vermögen, auf die ihn Athenagoras geführt hat? Zurückhaltung im Urteil ist geboten angesichts der kurzen Zeit, die seit dem Wechsel im Patriarchat verstrichen ist. Dennoch gibt es Grund, sich bereits heute auf das Wagnis einer positiven Antwort einzulassen.

«Ein geheiligtes Anliegen»

Zunächst einmal hat Athenagoras seinen Erben nicht etwa eine gänzlich neue Aufgabe hinterlassen. Bei allem Respekt vor seiner außergewöhnlichen Leistung müssen die historischen Proportionen gewahrt bleiben. Athenagoras hat die gesamtorthodoxe Funktion des Phanar nicht neu etabliert und genau genommen auch nicht wiederhergestellt. Er hat, wie es Metropolit Meliton formuliert, von dieser traditionellen Funktion nur einen «dynamischen» Gebrauch gemacht, wobei das Wörtchen «nur» die Leistung keineswegs verkleinern soll. Besondere Umstände sind Athenagoras zu Hilfe gekommen — Umstände, die unter seinen unmittelbaren Vorgängern nicht gegeben waren und von denen man nicht weiß, ob und wie sie unter seinem Nachfolger Bestand haben werden. Dank der «Dynamik» des Athenagoras hat der *Primat Konstantinopels* in der orthodoxen «Bundeskirche» wieder *in höherem Maße,* als es seit längerer· Zeit der Fall gewesen war, *reale Bedeutung erlangt,* so in der Einberufung einer Reihe von pan-orthodoxen Konferenzen, auf denen erstmals die Gliedkirchen in ihrer Gesamtheit vertreten waren, und in der Vorbereitung eines orthodoxen Konzils.

Wie wird sich Dimitrios I. seiner Vorrechte als Primas der Orthodoxie bedienen? Es ist noch zu früh, darüber etwas Bestimmtes auszusagen. Jedenfalls findet man im Phanar keine Anzeichen dafür, daß der Wille zu einer «dynamischen» Führung erlahmt sei, wenn auch diese «Dynamik» von Dimitrios und seinen engsten Mitarbeitern vielleicht etwas anders verstanden wird, *mehr auf konkrete Einzelziele gerichtet* als auf große Durchbrüche. Das liegt in der Person begründet, aber auch darin, daß die interorthodoxe Zusammenarbeit inzwischen an einen Punkt gelangt ist, wo man um eine Klärung ganz bestimmter Fragen nicht mehr herumkommt.

«Die Einheit der Orthodoxie, die Koordination ihrer Kräfte wird uns ein geheiligtes Anliegen sein.» So hieß es im Programm des neuen Patriarchen. An gleicher Stelle kam auch die Entschlossenheit zum Ausdruck, die Rechte und den Besitzstand des Oekumenischen Patriarchats vor jeder Schmälerung zu bewahren. Daß Dimitrios in diesem Zusammenhang auch ausdrücklich diejenigen Diözesen erwähnte, die «auf eine gewisse Zeit» der Kirche von Griechenland anvertraut worden seien, hat inzwischen aktuelle Bedeutung erlangt, ist doch in der Kirche von Griechenland ein Streit über Rechte und Status dieser *nordgriechischen Metropolien* ausgebrochen. Im Phanar verfolgt man die Entwicklung aufmerksam. Gegenüber gewissen Maßnahmen und Tendenzen, die an den besonderen Status der in Frage stehenden Diözesen rühren, hat Dimitrios nochmals auf die 1928 getroffene Regelung verwiesen, was als ernste Mahnung zu verstehen ist, den kirchlichen Status quo in Griechenland unangetastet zu lassen. Die Mahnung impliziert eine grundsätzliche *Verurteilung* des sogenannten *Helladismus,* der unter anderem in den Grenzen des griechischen Nationalstaates eine einheitliche Kirche anstrebt unter Aufhebung der dem Phanar in Griechenland verbleibenden Rechte. Abgesehen davon, daß daraus eine empfindliche Schwächung des Oekumenischen Patriarchats resultieren würde, stehen die «Helladisten» in deutlichem Widerspruch zu der Auffassung, die man im Phanar vom Wesen orthodoxer Einheit hat.

Bekräftigung des Primats

Im Phanar wird heute eine *klare Sprache* geführt. Die deutliche Fixierung des eigenen Standpunktes, das klare Herausstellen auch heißer Probleme wird der Tendenz vorgezogen, die Gegensätze, die innerhalb der Orthodoxie nun einmal in wichtigen Fragen bestehen, mit wohlgemeinten, aber nichtssagenden Allgemeinplätzen zu verwischen. In diesem Lichte muß auch das grundlegende Werk gesehen werden, das der Metropolit von Sardes, *Maximos,* kürzlich unter dem Titel

«Das Oekumenische Patriarchat in der orthodoxen Kirche — eine historisch-kanonische Studie» veröffentlicht hat. Nicht allein wegen der großen Sachkenntnis des Verfassers verdient diese Studie Beachtung. Maximos von Sardes gehört als Mitglied der neuen Planungskommission zum «inneren Kabinett» des Patriarchen Dimitrios, nachdem er bereits unter Athenagoras eine der prominentesten Figuren in der Heiligen Synode gewesen war.

Auf die umfangreiche Studie, deren hoher wissenschaftlicher Rang große Anerkennung gefunden hat, kann an dieser Stelle nicht im einzelnen eingegangen werden. Hier kann es sich nur darum handeln, die Ergebnisse, zu denen Maximos kommt, in die gegenwärtige Diskussion über die interorthodoxen Beziehungen einzuordnen. Maximos selbst schreibt, er habe die Anregung zu seiner Arbeit auf der *ersten pan-orthodoxen Konferenz von 1961* empfangen. Damals seien von einigen Seiten «sonderbare Ansichten» in bezug auf Stellung und Rechte des Oekumenischen Patriarchats vorgebracht worden. Ohne sich auf eine Polemik mit diesen Ansichten einzulassen, hat es Maximos unternommen, von der hohen Warte kirchengeschichtlicher und kirchenrechtlicher Forschung den Primat Konstantinopels zu fundieren und zu bekräftigen.

Nach Maximos hat — um das hier Wesentliche ganz knapp zu umreißen — die von den Kanones festgelegte und von der Geschichte erhärtete Rangordnung (Taxis) der einzelnen Kirchen und damit auch der Primat des ökumenischen Thrones realen Inhalt und nicht nur eine rein protokollarische Bedeutung. Die These, daß die autokephalen Gliedkirchen im administrativen Gefüge der Gesamtkirche einander gleichberechtigt (isotimos) seien, finde in Kirchenrecht und Kirchengeschichte keine Begründung. Zugleich grenzt sich Maximos gegenüber dem Primatsbegriff der römischen Kirche scharf ab. Ein «Neopapismus» irgendwelcher Art habe in der Orthodoxie keinen Platz. Das Oekumenische Patriarchat — «Kopf und Mittelpunkt des lebendigen Organismus der Orthodoxie» — übe die *«Vorrechte tatsächlicher kirchlicher Autorität»* vielmehr *im Geiste der «Diakonie»* aus, die sich in «brüderlicher Kollegialität» ausdrücke.

Maximos will — er schreibt es selbst — einen Beitrag zu den im Rhodos-Katalog von 1961 niedergelegten *Konzilsthemen* leisten. Wenn er dabei ausdrücklich die interorthodoxen Beziehungen und die Diaspora nennt, so gibt er zu erkennen, daß dies in seinen Augen die zentralen Themen sind, mit denen sich die Orthodoxie heute zu beschäftigen hat. Man darf sagen, daß dies nicht nur die persönliche Ansicht des Metropoliten von Sardes, sondern die Meinung des Phanars schlechthin ist.

Wegweiser zum Konzil

Dimitrios will die Vorbereitung des Konzils nach Kräften fördern, damit dieses «so bald wie möglich» zusammentreten könne. Ungeduldige Hast ist dem bedächtigen Patriarchen fremd. Dimitrios hat, so Gott will, noch eine lange Regierungszeit vor sich. Fragen nach Ort, Zusammensetzung und Themen des Konzils beantwortet er mit der kurzen Bemerkung, dazu sei es noch viel zu früh. Versichert wird lediglich, die erste interorthodoxe Konferenz zur *Vorbereitung* des Konzils werde im Laufe dieses Jahres stattfinden.

Zunächst schon für den Sommer 1972 anberaumt, war sie auf dringenden Rat Melitons von Athenagoras schließlich vertagt worden.

Ueber die Themen des Konzils haben alle orthodoxen Kirchen gemeinsam zu entscheiden. Ohne dieser Entscheidung vorzugreifen, hält der Phanar mit seinen eigenen Vorstellungen nicht zurück. Metropolit *Chrysostomos* von Myra, seit kurzem Mitglied der Heiligen Synode, hat einen Bericht über «Die konkreten Ziele des Konzils» verfaßt. Ein Auszug findet sich in der in Athen erscheinenden Zeitschrift «Ekklissia», dem offiziellen Organ der Kirche von Griechenland.

Chrysostomos spricht unumwunden aus, daß das Konzil sich auf die besonders brennenden Themen konzentrieren müsse, deren Klärung der Orthodoxie konkreten Nutzen bringe. Als solche nennt er die kirchliche Neuordnung in der *Diaspora*, die *Autokephalie* und die *Primatrechte* des Oekumenischen Patriarchats. In allen diesen Fragen müsse man zu «kühnen Entschlüssen» kommen, kirchliche Kompromisse seien mit dem Sinn eines Konzils unvereinbar. Chrysostomos kommt auch auf die Bedeutung der Tradition zu sprechen. Er meint, die Orthodoxie verlange und erwarte vom Konzil «die Achtung vor der Tradition im Geiste einer Wiedergeburt und Erneuerung der Kirche». Ein so einschneidender Entschluß wie die Einberufung eines Konzils rechtfertige sich nur, wenn die Bereitschaft zu einer «fruchtbaren Mischung von Tradition und Erneuerung» bestehe. Soweit der Bericht des Chrysostomos nicht nur als persönliche Meinungsäußerung zu verstehen ist, weist also der Phanar einen *mittleren Weg*, so wie er ja auch seinen Primat als Element des Ausgleichs und der brüderlichen Hilfe verstanden wissen will.

Moskaus «Bilateralismus»

Was Maximos von Sardes in seinem Buch schreibt, was Chrysostomos von Myra zum Konzil sagt, wird in der Orthodoxie nicht ungeteilten Beifall finden. Darauf ist man von vornherein gefaßt. In einer Würdigung des verstorbenen Patriarchen Athenagoras von russisch-kirchlicher Seite hieß es, unter der Leitung des verstorbenen Patriarchen hätten sich wohlwollende Beziehungen zwischen der Kirche von Konstantinopel und dem Moskauer Patriarchat entwickelt, obzwar *Meinungsverschiedenheiten in einer Reihe von grundsätzlichen Fragen* nicht hätten ausgeräumt werden können. Daß diese «Meinungsverschiedenheiten» unvermindert fortbestehen, hat sich deutlich gezeigt, als der Moskauer Patriarch Pimen Ende Oktober der Kirche von Griechenland einen Besuch abstattete.

Pimen und seine Begleiter haben in Athen bei jeder Gelegenheit wiederholt, die orthodoxe Einheit sei in der Stärkung der *«bilateralen Beziehungen»* zwischen den autokephalen Kirchen zu suchen. Selbst die Sowjetbotschaft fühlte sich zur Herausgabe eines im gleichen Sinn gehaltenen Communiqués veranlaßt. Die Russen vermieden es geflissentlich, das Oekumenische Patriarchat zu erwähnen, jedenfalls in ihren öffentlichen Reden. Bezeichnend war der Redeaustausch beim Besuch Pimens in der Theologischen Fakultät der Universität Athen. Der Dekan der Fakultät, Professor Athanasios Chastupis, ließ es sich in seiner Begrüßungsansprache nicht nehmen, die Rolle des Phanars hervorzukehren: interorthodoxe Konfe-

renzen und die Dialoge mit Katholiken und Protestanten könnten nur dann Erfolg haben, wenn die Orthodoxie «unter der Aegide des Oekumenischen Patriarchats» geeint in Erscheinung trete. Pimen ging in seiner Erwiderung mit keinem Wort darauf ein. Er beschränkte sich auf ein Lob der guten Beziehungen zwischen der Kirche von Griechenland und dem Moskauer Patriarchat. Von Fragestellern auf einer Pressekonferenz bedrängt, verstanden sich die Russen zwar schließlich zu der Erklärung, Moskau erkenne den Primat Konstantinopels an, *verwahren sich* aber sogleich *gegen das «Recht der Hegemonie»* einer Kirche über eine andere.

Die Meinungsverschiedenheiten sind grundsätzlicher Natur. Der russische «Bilateralismus» ist nur die logische Konsequenz der These, daß alle autokephalen Kirchen vollkommen gleichberechtigt seien, während die mit Rang und Primat verbundenen Vorrechte höchstens rein protokollarische Bedeutung hätten. Daß dies der Auffassung des Oekumenischen Patriarchats strikt zuwiderläuft, liegt auf der Hand. Die Russen, so glaubt man die Dinge im Phanar zu sehen, versuchten nun, die Mehrheit der orthodoxen Kirchen für sich zu gewinnen, teils indem sie, wo es nur möglich ist, dem *kirchlichen Nationalismus* den Rücken stärkten, teils indem sie eigenmächtig autokephale *«Satellitenkirchen»* ins Leben riefen, wie das in Amerika und in Japan bereits geschehen sei. Von den rechtmäßig anerkannten autokephalen Kirchen habe das Moskauer Patriarchat nur die Bulgaren und die kleine orthodoxe Kirche Polens auf ihrer Seite, was nicht weiter verwunderlich sei. Die Mehrheit halte zum Phanar, und man vertraue darauf, daß das so bleiben werde. Befürchtungen, daß das Oekumenische Patriarchat, nachdem Athenagoras von der Bühne abgetreten ist, an Ansehen und Einfluß verlieren werde, dürften sich inzwischen als unbegründet erwiesen haben.

Kein Auszug aus der Türkei

Als das Ende des hochbetagten Athenagoras unaufhaltsam näherrückte, begann man auch wieder, sich Gedanken über eine *eventuelle Verlegung des Patriarchats* nach einem Ort außerhalb der Türkei zu machen. Wieder — denn diese Frage ist seit dem großen Umbruch vom Osmanischen Reich zur Türkischen Republik nie ganz aus der Diskussion verschwunden.

Heute, nachdem die Nachfolge des großen Patriarchen geregelt ist, haben sich die Wolken über dem Oekumenischen Patriarchat wieder zerstreut. Im griechischen Außenministerium wird erklärt, eine Verlegung des Patriarchats komme *für Athen* überhaupt *nicht in Frage*. In der Türkei hat die alte Animosität gegen das «griechische Patriarchat» selbst in den kritischen Julitagen des vergangenen Jahres nur mäßige Wellen geschlagen. Die Anfrage des unabhängigen Parlamentsabgeordneten Celal Kargali, ob die Sedisvakanz im Phanar nicht zur Entfernung des Patriarchats benutzt werden solle, ist ohne jeden Widerhall geblieben. Allem Anschein nach kann man sich fragen, ob die *türkische Regierung* nicht die Fortdauer des *gegenwärtigen Zustandes vorzieht*, der es ihr erlaubt, den Phanar unter ihrer Kontrolle zu behalten und als Pfand in den Beziehungen zu Griechenland zu benutzen.

Innerhalb der Orthodoxie erscheint manchem

eine Verlegung des Oekumenischen Patriarchats notwendig, ja unvermeidlich. Aufrichtige Sorge um die Freiheit der «Mutterkirche» ist nicht immer und nicht bei allen das einzige Motiv. Im Hintergrund lassen sich auch kirchenpolitische Ueberlegungen unterschiedlicher und zum Teil gegensätzlicher Natur vermuten. Aus gut informierter Quelle verlautet, eine Verlegung des Oekumenischen Patriarchats sei in den letzten Jahren verschiedentlich Gegenstand *interorthodoxer Gespräche* gewesen, so zum Beispiel beim Besuch des Patriarchen von Antiochia in Athen im September 1971. Es mag hier genügen zu zitieren, was Erzbischof Hieronymos, Primas der Kirche von Griechenland, dazu sagt: Eine Verlegung des Patriarchats aus der Türkei sei für absehbare Zeit nicht spruchreif, eine gewaltsame Vertreibung unwahrscheinlich.

Das *Oekumenische Patriarchat* selbst *weist* jeden Gedanken an einen freiwilligen Auszug aus der Türkei kategorisch und ohne jeden weiteren Kommentar *zurück*. Dimitrios I. hat von dem «Wunder» gesprochen, das die Präsenz des Patriarchats an dem Platz bedeute, den ihm die kanonischen Gesetze und die säkulare kirchliche Ordnung zuwiesen. In der Tat ist es ein Wunder, und man will, ja man kann nicht aufgeben, was man in anderthalb Jahrtausenden allen Stürmen zum Trotz behauptet hat.

Ist der Sitz des Oekumenischen Patriarchats in der Türkei wirklich nur ein schwerer Nachteil? Meliton verneint es. Er stellt in der gesamten Christenheit heute eine Tendenz zur Lösung der Kirche aus politischen und nationalen Bindungen fest. Dafür könne das Oekumenische Patriarchat, in der Türkischen Republik aller politischen Funktionen, die es früher besaß, entkleidet und auf seine *rein religiöse Aufgabe* beschränkt, beispielhaft sein. Der Sitz in der Türkei sei deswegen geradezu ein *Vorteil*, bewahre er doch den Phanar vor der Versuchung des Nationalismus und vor der Verstrickung in nationalkirchliche Rivalitäten und Ambitionen, wie sie in der Orthodoxie nun einmal gegeben seien. Man kann hier auch die angesehene Athener Zeitung «To Vima» zitieren, wenn sie in einer nachdenklichen Betrachtung zum Tode des Athenagoras schrieb, die Botmäßigkeit gegenüber den Türken habe bis zum heutigen Tage den ökumenischen Charakter des Patriarchats *vor dem Nationalismus gerettet* — «dieser schrecklichen Abweichung von der Katholizität der Kirche». Ungewohnt sind zunächst derartige, so gar nicht in das herkömmliche Schema passende Gedanken. Sie könnten der Zukunft des Oekumenischen Patriarchats die Richtung weisen. Ist es nicht, so sollte man denken, auch für die Türkei ein Vorteil, eine altehrwürdige Institution zu beherbergen, deren Oberhaupt, wie Meliton in Erwiderung auf die programmatische Antrittsrede des neuen Patriarchen vor der Heiligen Synode sagte, Führer (Igetis) der Orthodoxie, einer der Führer der Christenheit und einer der geistigen Führer der Menschheit ist?

Friedrich-Wilhelm Fernau

Neue Zürcher Zeitung
1.8.1973

Der Papst
bei Patriarch Dimitrios

Istanbul, 30. Nov. (ap) Am letzten Tag seines Besuches in der Türkei hat Papst Johannes Paul II. an der *Abendmahlsfeier* in der orthodoxen Istanbuler Georgskirche teilgenommen, die Patriarch *Dimitrios* zu Ehren des heiligen Andreas, des Schutzpatrons der griechisch-orthodoxen Kirche, zelebrierte. Zwar hielten die beiden Kirchenführer die Messe nicht gemeinsam; doch stimmte Johannes Paul in die liturgischen Gesänge ein und schlug das Kreuzzeichen nach orthodoxer Art. Das Oberhaupt der katholischen Kirche hatte es zuvor bedauert, dass es nicht möglich sei, die Messe gemeinsam zu zelebrieren. Dies sei das schmerzlichste Zeichen des Unglücks, das durch die Spaltung über die Kirche Christi gekommen sei, hatte er am Vortag erklärt.

Nach der Messe tauschten die beiden Kirchenoberhäupter *Geschenke* aus. Johannes Paul überreichte eine Kopie der «Schwarzen Madonna von Tschenstochau», deren Original bis zum 12. Jahrhundert in Konstantinopel war und sich heute in Polen befindet. Patriarch Dimitrios beschenkte seinen Gast mit einer antiken goldbestickten Gebetsschärpe.

Nach einem einstündigen Empfang bei Dimitrios begab sich Johannes Paul nach Izmir. Von dort aus flog er mit einem Hubschrauber nach *Ephesus*, wo der Legende nach die Jungfrau Maria gelebt haben soll. Er wurde dort von rund 2000 Gläubigen, unter ihnen auch Amerikaner, Italiener und Polen, mit grossem Jubel begrüsst.

Eine gemeinsame Theologenkommission

Istanbul, 30. Nov. (Reuter) Der Papst und Patriarch Dimitrios haben mitgeteilt, dass sie die Bildung einer *gemeinsamen Theologenkommission* der beiden Kirchen beschlossen haben.

Neue Zürcher Zeitung
2.-3.12.1979

Greek community in Turkey on the wane

ISTANBUL, Oct. 17 (R) — While Greece votes in a general election tomorrow, a handful of elderly Greeks will gather for worship as usual in the gloomy, con-lined church of St. George in Istanbul.

The church is attached to the orthodox patriarchate, a shabby complex tucked away in the upper reaches of the Golden Horn waterway between shipyards, warehouses and slums.

The faithful who regularly attend the Sunday service belong to the dwindling Greek minority in Turkey, a small part of the 200 million Eastern Orthodox Christian community whose spiritual leader, Patriarch Dimitrios 1, is based here.

Community members, who have known hard times among the Turks in the past, say they do not really care who wins the Greek election as long as it does not harm the climate of comparative goodwill now extending across the Aegean Sea.

When bilateral relations are good, there is no tension here, they say. But when relations are disturbed anything can happen.

Greeks and Turks lived side-by-side for centuries under the Ottoman empire in Anatolia, the Balkans, the Aegean Islands, Cyprus and Crete after Turkish tribes spread in from the East into areas which were once home for the ancient Greeks.

Their different religions and cultures -- the Byzantine Orthodox Christianity of the Greeks and the Oriental Islamic traditions of the Turks -- made them uncomfortable neighbours. This century they finally split into separate, often hostile, camps.

Most of the Greeks quit Turkish soil as part of population exchanges after World War one, when Greek and Turkish armies were at each other's throats.

Hostility between the Greek and Turkish Cypriots, which erupted in the 1550s and 1960s provoked anti-Greek riots in Istanbul, driving thousands of Greeks to emigrate. At the height of the Cyprus fighting in 1964 Turkey expelled 12,000 Greek nationals.

A steady trickle of Greek emigrants still leave as church and community leaders complain of discrimination by Turkish bureaucracy.

Church officials pointed to the imposition of taxes on Greek community schools, churches and welfare associations, a measure also applied to Jewish and Armenian communities.

Although the Turkish government promised to remove the taxes three years ago, it had still not done so, they said.

The six Greek high schools and 14 priory schools in Istanbul, home for most Greeks in Turkey, are closely supervised by the Turkish education ministry.

The schools must have a Turkish deputy headmaster appointed by local education authorities and lessons must be held in Turkish.

The 67-year-old Patriarch Dimitrios 1 was chosen for the office in 1972 although he was a junior bishop. The Turkish government exercised its traditional power and vetoed the more senior candidates, the officials said.

The Turkish population is now 99 per cent Muslim and in recent years Islamic Fundamentalist youth groups, now banned by Turkey's military rulers, have demanded the expulsion of the Patriarch from Turkey.

Several groups have demonstrated outside the patriarchate and more than once broke into the courtyard and damaged property. But church officials insist that their headquarters will not move from Turkey.

The patriarchate of Constantinople (the old name for Istanbul) has traditionally been "first among equals" of the many national and independent Eastern Orthodox Churches around the world.

Other elderly Greeks have no desire to leave Turkey. "I will never leave," says Stefan Papadopoulos, 58, editor of the newspaper Apoyevmaini (Afternoon).

Like many Greek establishments the newspaper's fortunes have declined. Its Greek circulation, which was 18,000 when it first appeared 58 years ago, is now 1,500. But many of the Greeks who remain are professionals and businessmen.

Jordan Times
18.10.1981

Christen in der Türkei – ein trauriges Kapitel

Die christliche Bevölkerung ist auf 110 000 Seelen geschrumpft

Gastarbeiterfragen und Probleme der europäischen Einigung stehen auf der Gesprächsliste sicher an oberster Stelle, wenn deutsche und türkische Politiker aktuelle, dringende Fragen behandeln. Wenn ein türkischer Außenminister zur Visite an den Rhein kommt, so wie jetzt Ilter Türkmen, dürften jedoch Menschenrechtsfragen und die Situation von Minderheiten, dabei auch der christlichen Minderheitsgruppen, nicht ausgeklammert bleiben.

In der Tat zählt die Situation der christlichen Gemeinden in der Türkei zu den besorgniserregendsten Kapiteln christlicher Zeitgeschichte. Wo einst blühende Gemeinden bestanden, wo einmal ein Drittel der Bevölkerung christlich war, geht das christliche Element heute immer mehr zurück. Nur noch 0,2 Prozent der Bevölkerung im 47-Millionen-Staat Türkei bekennen sich zum Christentum. Vielerlei Diskriminierungen, Pogrome bis hin zum Völkermord haben Ende des vergangenen und zu Beginn dieses Jahrhunderts mehr als eine Million Christen das Leben gekostet. Und auch im laizistischen Staat Atatürks, der seinen Bewohnern offiziell Religionsfreiheit garantiert, hält der Exodus der christlichen Bevölkerung an. Nach offenen Verfolgungen — auch nach dem Zweiten Weltkrieg — ist die Zahl der Christen in den vergangenen 15 bis 20 Jahren um 165.000 auf heute 110.000 Seelen geschrumpft. Und es stellt sich die Frage, ob die christlichen Gemeinden in der Türkei allmählich ganz vom Aussterben bedroht sind.

Unter den traurigen Abschnitten im Leidensweg der Christen Kleinasiens hat das Schicksal der Armenier zweifellos den größten Bekanntheitsgrad. Die im allgemeinen als „reformfreundlich" etikettierten Jungtürken, im Ersten Weltkrieg Verbündete des Deutschen Kaiserreichs, wollten die Armenierfrage ein für allemal lösen: Metzeleien, Vertreibungen, Folterungen, endlose Deportationszüge, die nirgendwo endeten, kosteten im Jahre 1915 rund einer Million Menschen das Leben. Weniger bekannt ist hierbei freilich, daß im Rahmen dieser Vernichtungsaktionen neben den Armeniern auch die Griechisch-Orthodoxen, die Nestorianer und die Syrisch-Orthodoxen, die sogenannten „Jakobiten", Opfer der Verfolgung waren.

Heute leben christliche Minderheiten in der Türkei fast ausschließlich nur noch in zwei Ballungszentren: im Großraum Istanbul sowie im Südosten Anatoliens, im Grenzgebiet zu Syrien und zum Irak.

Unweit des Goldenen Horns residiert im Istanbuler Stadtteil Phanar der Griechisch-Orthodoxe Patriarch Dimitrios, der von allen orthodoxen Kirchen als Ehrenprimas anerkannt wird. Daß seine Gemeinde von 200.000 zu Beginn des Ersten Weltkrieges auf heute weniger als 10.000 Gläubige zusammengeschrumpft ist, hat neben wirtschaftlichen und politischen auch religiöse Gründe. Pogrome, auch noch in jüngster Zeit, veranlaßten viele Griechen, das Land zu

verlassen. Schließlich schürte der libanesische Bürgerkrieg der Jahre 75/76, der ja auch durch Religionsgegensätze mitbestimmt war, den Haß der muslimischen Türken gegen Christliches. Auf dem Höhepunkt der Kontroverse rechneten Kirchenbeobachter Ende der siebziger Jahre gar mit einer Auslagerung des Patriarchats nach Griechenland oder nach Genf. Solche Pläne sind jedoch mittlerweile wieder vom Tisch. Nicht nur aus historischen Gründen will der „Vatikan des Ostens" seinen Sitz im ehemaligen Ost-Rom erhalten.

Istanbul ist heute zu einem Sammelbecken für Christen unterschiedlicher Denominationen aus der ganzen Türkei, insbesondere aus den südöstlichen Provinzen Anatoliens geworden. Die Anonymität der Vier-Millionen-Stadt verspricht die erhoffte Sicherheit. Dort sind jedoch die entwurzelten Gemeinden nur bedingt überlebensfähig. Istanbul ist für viele Christen nur Zwischenstation — auf dem Weg nach Westeuropa. In der Bundesrepublik leben derzeit über 30.000 Christen aus der Türkei, zu annähernd gleichen Teilen Armenier, Griechisch- und Syrisch-Orthodoxe; sie werden hier in eigenen Gemeinden von ihren Seelsorgern betreut.

Von Repressalien besonders hart betroffen sind die syrisch-orthodoxen Christen in der südöstlichen Provinz Mardin, im abgelegenen Gebiet des Tur Abdin, zu deutsch „Berg der Gottesknechte". Seit Jahren sind diese „Syriani" Übergriffen vor allem der kurdischen Bevölkerung und dem Druck der Feudalstruktur ausgesetzt. Die Tätlichkeiten und Repressalien beginnen bei Entführungen, Viehdiebstahl, Überfällen und gehen oft bis hin zum Mord. Die Täter sind zwar meist bekannt, aber höchst selten wird eine Strafe geahndet beziehungsweise durchgesetzt oder vollzogen.

Vorrangig regiert die Angst

Die Syrisch-Orthodoxe Kirche von Antiochien, die sich im Jahre 451 nach dem Konzil von Calcedon abspaltete, zählte im Tur Abdin in den frühen 60er Jahren noch blühende christliche Gemeinden mit 70.000 Mitgliedern. Der äußere Druck ließ ihre Zahl auf heute weniger als 25.000 sinken. Der Exodus nahm fast den Charakter einer Flucht an.

In etlichen Dörfern, in denen christliche Familien einst das Gros der Dorfbevölkerung stellten, lebt heute keine einzige christliche Familie mehr.

Nur noch wenige Klöster der Region, einst Stätten kultureller Blüte, sind von Mönchen bewohnt. Im größten Kloster, in Mar Gabriel, leben heute nur noch ein halbes Dutzend Mönche. Das alte Gotteshaus innerhalb der burgähnlichen Ummauerung hat die Zerstörungen der letzten 70 Jahre überstanden, ist jedoch dringend renovierungsbedürftig.

Inzwischen hat sich der Druck auf die christlichen Gemeinden etwas gelockert. Die Militärregierung hat seit September 1980 die Aktivitä-

ten extremer Gruppen eingedämmt. Und diese äußere Ruhe kommt allen zugute, die sich politisch zurückhalten; und dazu gehören die christlichen Gemeinden in der Südosttürkei zweifellos. Das heißt jedoch nicht, daß die Ursachen für die Verfolgung verschwunden sind. Die Ressentiments gegen Minderheiten und Nichttürken, vor allem gegenüber Christen, bleiben bestehen. Dennoch, etliche Christen im Tur Abdin zeigen sich erleichtert über die gegenwärtige relative Ruhe.

Johannes Schidelko

Münchner Katholische
Kirchenzeitung
20.2.1983

Turkey dismisses Greek Orthodox allegations of harassment by Turks

The Associated Press

LOS ANGELES—Greek Orthodox churchmen in the United States are renewing charges that Turkey is harassing and persecuting the Ecumenical Patriarchate of Constantinople, the historic center of Orthodox Christendom in İstanbul.

A national campaign beginning with sermons in some 500 Greek Orthodox churches was aimed at appealing to American feelings about religious liberty and spurring the State Department to pressure the Turkish Government, the Los Angeles Times reported.

Turkish officials say the complaints are groundless, but the Greek Orthodox of the İstanbul area are said to be emigrating in large numbers.

American Greek Orthodox offi-

cials say Demetrios I , who was elected patriarch in 1972, and high-ranking aides have only limited freedom to travel on church business.

But a Turkish press representative in Washington said that the patriarch freely travels wherever he wants to go.

Churchmen complain that church property and residences deteriorate in İstanbul because the Christians cannot obtain government permits to make the repairs.

Vice Consul Ahmet Alpman at the Turkish Consulate in Los Angeles said that bureaucratic obstacles in Turkey are no different than in any other country. Alpman said charges of harassment and restriction on the Greek Orthodox populace are "absolutely incorrect" and part of Greek political propaganda.

Turkish Daily News
26.4.1983

5. DIE KATHOLIKEN MIT LATEINISCHEM RITUS

Nachdem die Beziehungen zwischen Rom und den orientalischen Kirchen seit
dem 5. Jahrhundert gestört waren, erschienen lateinische Christen erst
wieder mit den Kreuzfahrern im Nahen Osten. Während ihrer Herrschaft wur=
de am Ende des 11. Jahrhunderts das Lateinische Patriarchat von Jerusalem
gegründet, das aber nach der Vertreibung der Kreuzfahrer aufgegeben wer=
den mußte und erst wieder 1847 eingerichtet werden konnte.

Seit dem 13. Jahrhundert erschienen mehrere lateinische Orden im Vorderen
Orient: zuerst Franziskaner, später Karmeliter, Kapuziner, Dominikaner,
Jesuiten, Lazaristen und andere.

In den Ländern des Nahen und Mittleren Ostens leben etwa 260 000 lateini=
sche Christen, davon ca. 110 000 in Marokko, 72 000 in Algerien, je 6 000
in Ägypten und Israel, 7 000 im Iran, 5 000 in Tunesien, 7 000 in der Tür=
kei und 2 000 im Libanon.

Die Lage dieser Christen ist von Land zu Land verschieden. Oft stammen sie
von Einwanderern ab und sind deshalb nicht vollständig in den orientali=
schen Ländern integriert; teilweise haben sie eine fremde Staatsbürger=
schaft.

Ihre Bistümer liegen in Ägypten (2 in Alexandria und Heliopolis/Kairo),
Iran (1 Erzbistum in Isfahan, 4 Gemeinden in Teheran und Abadan) und in
der Türkei (Izmir).

Bedeutende Bildungseinrichtungen der lateinischen Kirche im Vorderen
Orient sind die Universität St. Joseph in Beirut, ein Bibel-Institut und
ein ökumenisches Institut bei Jerusalem und eine größere Anzahl von Schu=
len in den verschiedenen Ländern des Vorderen Orients.

5.1. Dokumente und Presseberichte

EASTER CEREMONIES HELD FOR IRAQI CHRISTIAN POWS

TEHRAN, (IRNA)– On the occasion of Easter a ceremony was held for the Iraqi Christian PoWs at the Imam Khomeini barracks here.

Yuhanna Esai the Archdeacon of Joseph's church in Tehran, and many other representatives of churches in Tehran held praying ceremonies for the Iraqi Catholic PoWs.

Archdeacon Yuhanna Esai thanked the Islamic Republic government for providing the opportunity to hold the ceremony. He then prayed for the termination of the war with the downfall of the Ba'athist Saddam. Finally, he hoped that the war may come to an end sooner so that the Iraqi Catholic brethren may hold the next Easter ceremony in their own country. Later at the end of the ceremony gifts were distributed among the Iraqi Catholic PoWs.

Teheran Times 16.4.83

Iran weist irischen Erzbischof aus

TEHERAN, 19. August (Reuter/AP). Iran hat den irischen Erzbischof William Barden ausgewiesen. Aus Teheran verlautete, der seit 18 Jahren in Iran lebende 72 Jahre alte Geistliche sei das jüngste Opfer einer Kampagne gegen die katholische Minderheit in Iran. Die Ausweisung des Erzbischofs, der nach Rom flog, steht offenbar im Zusammenhang mit einer Untersuchung über die Aktivitäten der Anglikaner in Isfahan. Der italienische Priester Alfredo Picchioni war schon vergangene Woche nach 26 Jahre währender Tätigkeit in Iran des Landes verwiesen worden. Insgesamt sollen 180 ausländische Priester und Nonnen aufgefordert worden sein, Iran zu verlassen.

Der Sonderbotschafter von Papst Johannes Paul II., Erzbischof Hilarion Capucci, kehrte unterdessen nach Rom zurück. Bei seiner Ankunft äußerte er die Ansicht, daß die iranische Führung die katholischen Schulen des Landes nicht schließen und die in ihnen unterrichtenden Priester und Nonnen nicht ausweisen werde. Während seines Aufenthaltes in Iran hatte er Revolutionsführer Ajatollah Chomeini eine Botschaft des Papstes übermittelt und Staatspräsident Bani-Sadr gebeten, die 14 christlichen Schulen nicht zu schließen.

FAZ 20.8.80

CHRISTIAN COMMENT

A COMMUNITY OF SCHOLARS

THEOLOGIANS living together at the new Ecumenical Institute for Advanced Theological Studies have just completed the first six months of ecumenical research and Christian community at the establishment's beautiful home on the road from Jerusalem to Bethlehem.

The first plans for the Institute at Tantur, just beyond Talpiot, were made in 1965. They were approved by Pope Paul and the Ecumenical Patriarch Athenogoras. Negotiations with the Jordanian Government were completed in May, 1967, just a week before the Six Day War. It was early in 1968, after agreement was reached with the Israel authorities, that construction began and the seeds of ecumenism that had been sown during Vatican II began to take root between Bethlehem and Jerusalem.

Only in November, 1971, did a group of theologians, Roman Catholic, Orthodox, Lutheran, Anglican, Reformed and Methodist, take up residence at Tantur, and begin to form a pattern of life and study. Dr. Paul S. Minear of Yale had previously worked out a theme of research for the first two years of the Institute's life: *Mysterium Salutis*. (The Mystery of Salvation). He suggested that for the first year, all the scholars concentrate upon distinguishing the changing and unchanging elements in the Christian understanding of salvation. During the first semester at the Institute there have been weekly colloquia on topics related to the general theme.

Msgr. Charles Moeller of Louvain, the first Rector of the Institute, inaugurated the academic discussions. His paper on the "Theological Approach to Salvation" set the tone for the following colloquia.

Colloquia have been interspersed with lectures on topics of background interest, for example, the various Christian communities in Jerusalem, the situation of the Arabs, the Jewish-Christian dialogue. While the primary aim of the Institute is to be an academic institute for advanced theological research, undertaken in a spirit for uniting Christian churches, all associated with it have felt very keenly the challenge presented by the Institute's location.

In Jerusalem, where there is a presence of the three monotheistic religions, Christians are in the minority. The Christian Church itself in Jerusalem is divided into many communities, some of them of very ancient origin, and all clinging somewhat desperately to their traditions and identity. The Institute's physical position cannot but influence the work and the thought of the scholars. Although it would be possible to become an isolated establishment on the peaceful, olive-clad hills on the outskirts of Jerusalem and concentrate on academic research that is limited to Christian ecumenism, the scholars seem already to be aware of the effects of their location.

The Rector, Msgr. Charles Moeller, the Vice-Rectors, Dr. Minear, Dr. Christou, and the Acting Vice-Rector Dr. Sheedy, feel that it is essential that the Institute be both involved and impartial. They feel that they should attempt to be a reconciling agency helping towards peace and justice and mutual understanding. This year's scholars have given much time and thought to the matter and all have made personal contacts over a wide field with Jewish scholars and Arab Christians, and they are hoping to open up more contacts with Moslems in the near future. The Benedictines living and working at Tantur have made contacts with Greek Orthodox monasteries.

A characteristic of Tantur is the integration of scholarly work and liturgical service and spiritual life, which has set a tone to the community life. The experience of the scholars, the Benedictine monks and visitors has been that the recollection, the prayerful silence and the brotherhood have enabled the study of theology and the spiritual life to go hand in hand.

Jerusalem Post Weekly
9.5.72

6. DIE PROTESTANTISCHEN KIRCHEN IM ÜBERBLICK

1.) Die Anglikanische Erzdiözese von Jerusalem (Episcopal Church of the Middle East)

Ihr Ursprung geht auf die Tätigkeit der Missionen zu Beginn des 19. Jahr= hunderts zurück. Sie ist in 5 Diözesen gegliedert:

1. Jerusalem (einschl. Irak und Zypern)
2. Iran (nach der Revolution von 1979 fast aufgelöst)
3. Ägypten (einschl. Libyen und Nordafrika)
4. Sudan (einschl. Äthiopien)
5. Libanon (einschl. Jordanien und Syrien).

Zur Anglikanischen Kirche gehören:
- Church Missionary Society
- Bible Churchmen's Missionary Society
- Church Mission to Jews
- außerdem Schulen, Waisenhäuser, Krankenhäuser, medizinische Zentren, Herbergen, Buchläden und Heime für behinderte Kinder im Libanon.

Die Erzdiözese von Jerusalem gehört dem Near East Council of Churches an und beteiligt sich an der Near East School of Theology in Beirut.

2.) Die Baptistischen Kirchen im Vorderen Orient

Sie sind zahlenmäßig klein, haben aber Zulauf. Die Mehrheit ihrer Anhän= ger findet sich im Libanon und in Jordanien, kleinere Gruppen in Ägypten, Palästina und Iran.

Ihnen gehören einige Grund- und Oberschulen, ein Krankenhaus in Jordanien und das arabische baptistische Seminar in Mansourieh in der Nähe von Bei= rut. Außerdem gibt es mehrere Bibelschulen in den Ländern des Vorderen Orients.

3.) Die Lutheranischen Kirchen

Ihr Hauptwirkungsfeld liegt in West-Jordanien, Nord-Irak und Äthiopien. Schwerpunkte der Lutheranischen Kirche von Jordanien und den besetzten Gebieten sind: Jerusalem, Bethlehem, Ramallah.

Zur deutschen Lutheranischen Mission gehört eine **große** Grund- und Ober=

schule in Jerusalem sowie zwei Schneller-Schulen bei Amman und in der Bekaa-Ebene im Libanon. Zwei kleinere Zweigstellen gründete die Lutheri= sche Orient-Mission im Nord-Irak und in Aden.

Die amerikanische Lutherische Kirche (beauftragt von der Synode von Mis= souri) hat ihr Zentrum in Beirut.

Alle Lutheranischen Kirchen gehören dem Near East Council of Churches an und arbeiten an der Near East School of Theology mit.

4.) Die Presbyterianischen und Reformierten Kirchen

Sie bestehen aus verschiedenen Zweigen:

- Die Union der Armenischen Evangelikalen Kirchen im Nahen Osten
- Die Assyrischen Protestantischen Gemeinden (ursprünglich gehörten
  sie zu den armenischen Kirchen im Libanon)
     Diesen Organisationen gehören mehrere Grund- und Oberschulen und
     das Haigazian College in Beirut. Sie sind Mitglieder des Near
     East Council of Churches und arbeiten an der Near East School of
     Theology mit.
- Die Koptische Evangelische Kirche (Synode des Nils)
- Die Evangelikale Kirche von Iran
- Die Nationale Evangelikale Synode von Syrien und Libanon
     Mit 25 000 Anhängern ist sie die größte protestantische Kirche in
     dieser Region. Sie entstand aus dem American Board of Commission=
     ers for Foreign Missions und dem American Presbyterian Board.
     Heute besteht sie aus etwa 40 Gesellschaften und einigen 20 Grup=
     pen. Ihr gehören 2 Krankenhäuser und eine größere Zahl von Grund-
     und Oberschulen, das Aleppo-Kolleg und das Beiruter Universitäts
     Kolleg für Frauen. Die Amerikanische Universität von Beirut ist
     aus den Aktivitäten dieser Missionen hervorgegangen. Diese Kir=
     chenorganisation gehört ebenfalls dem Near East Council of Chur=
     ches und der Near East School of Theology an.
- Die Nationale Evangelische Kirche in Beirut
     Sie schloß sich nicht der oben aufgeführten Organisation an und
     hat ihre Unabhängigkeit bewahrt. Ihr gehören 2 Grund- und Ober=
     schulen.

Weitere kleinere protestantische Kirchen haben einige Anhänger im Irak, in Kuwait, in den Golf-Staaten, in Jordanien, Libanon, in der Türkei (Istan=

bul), in Jordanien, der Westbank, in Syrien und Ägypten. Dazu gehören u.a. mehrere Pfingst-Gruppen, die "Kirche von Christus", die "Kirche von Gott", die Nazarener-Kirche und die Sieben-Tage-Adventisten.

Insgesamt umfassen alle protestantischen Kirchen im Vorderen Orient etwa 180 000 Anhänger, in Ägypten (ca. 130 000), Jordanien, Syrien, Israel, Libanon, Irak, Iran, Türkei, Kuwait und in den Golfstaaten.

Seit der "Reislamisierung" und den Wiedererweckungsbewegungen in den orientalischen Kirchen geht ihre Zahl zurück.

6.1. Die Situation heute

Seit dem Ersten Weltkrieg haben die im 19. Jahrhundert erfolgreichen, verschiedenen protestantischen Kirchen und Organisationen einen Mitglie= derrückgang zu verzeichnen. Durch den Krieg wurden viele Protestanten im Vorderen Orient getötet oder vertrieben, oder sie wanderten nach Übersee aus, besonders in die USA.

Nach Gründung der türkischen Republik war die Missionsarbeit erschwert. Viele Protestanten kehrten zu den alten orthodoxen Kirchen zurück.

Eine ähnliche Entwicklung erlebten die protestantischen Kirchen im Iran mit ihrer Arbeit unter Armeniern und Assyrern. Auch hier konnten die ein= heimischen Kirchen einen Aufschwung verzeichnen und Anhänger zurückgewin= nen.

In Palästina und im Westjordanland hatten auch die Protestanten seit der Gründung des Staates Israel unter den politischen Spannungen zu leiden. Bis heute geht die Auswanderung der Christen aus diesen Gebieten weiter. Nur ein Teil von ihnen sucht in anderen arabischen Ländern eine neue Hei= mat.

Durch ihre engen Bindungen an ausländische, besonders amerikanische und englische Kirchenorganisationen, stießen die Protestanten in den Ländern des Vorderen Orients zunehmend auf national begründeten Widerstand, vor allem im Irak und in Syrien. In diesen Ländern ging die Zahl der Pro= = testanten seit der Machtübernahme durch die Baath-Parteien ganz erheblich zurück.

Auch in Ägypten schrumpfte die Zahl der Protestanten, obwohl sich die Kirchenorganisationen politisch zurückhielten und mit Entwicklungsprojek=

ten tatkräftige Hilfe leisten. Hier verlieren sie ihre Anhänger an die erstarkte koptisch-orthodoxe Kirche.

Im Iran hat sich die anglikanische Kirche nach der Revolution fast aufge= löst. Der Bischof von Isfahan, Tafti, floh nach mehreren Attentaten auf ihn und seine Frau und nach der Ermordung seines Sohnes ins Ausland und lebt heute in England. Ihm und seiner Kirche wurde Proselytentum vorgeworfen; er selbst ist konvertierter Muslim, seine Frau Engländerin. Die persische Kirche hatte hauptsächlich unter Armeniern, Juden und Muslimen gearbeitet und eine geringe Zahl von Muslimen zum Übertritt bewegen können.

Das Krankenhaus und die Schulen der Kirche - dazu gehörte auch die ehema= lige Christoffel-Blindenmission in Isfahan - wurden enteignet.

Mit einigen Tausend assyrischen Anhängern konnten sich nur die Presbyte= rianer und einige Reste anderer protestantischer Kirchen im Iran halten.

Von Anfang an lagen die Zentren der protestantischen Kirchenarbeit im Li= banon. Bis zum Ausbruch des Bürgerkriegs 1975 konnte ungehindert gearbei= tet werden. Allerdings ließen die Maroniten protestantische Missionen oder andere Aktivitäten in ihren Gebieten niemals zu. Deshalb sind die Protestanten in dieser Region hauptsächlich ehemalige Mitglieder der grie= chisch-orthodoxen und der armenischen evangelikalen Kirche in Libanon.

Von dem israelischen Angriff auf den Libanon und insbesondere von der Be= lagerung und Bombardierung West-Beiruts wurden neben den dort lebenden Orthodoxen auch die Protestanten betroffen. Doch haben die Amerikanische Universität und das Haigazian-College ihre Arbeit nur vorübergehend ein= stellen müssen. Die Near East School of Theology hat ihre Arbeit Anfang 1983 wieder aufgenommen.

So können sich die Organisationen der protestantischen Kirchen des Vorde= ren Orients im Libanon wohl wieder konsolidieren.

6.2. Dokumente und Presseberichte

Son of Iran's Anglican bishop killed

TEHERAN, May 7 — The son of Iran's Anglican Bishop was shot dead yesterday in the worst outburst of violence involving the Christian family, church sources reported today.

The body of 24-year-old Bahram Dehghani-Tafti was found in his car on a deserted road near the Damavand College, where he worked as a teacher. He was shot twice and apparently died on the spot, the sources said.

Last month, unidentified gunmen shot and wounded Jean Waddell, the Scottish secretary of Bishop Hassan Dehgtani - Tafti, head of the Anglican Church in Iran.

The Bishop and his English wife, Margaret were the victims of an assassination attempt in Isfahan, southern Iran, in October 1979, in which Margaret was slightly injured.

Bishop Dehghtani - Tafti left Iran recently and is in Cyprus. He is also President Bishop of the Anglian Church in the Middle East.

The Anglican Church was involved in a bitter row with the revolutionaries in Isfatan, who seized four major charity institutions belonging to the church. — UPI

Egyptian Gazette 8.5.80

EGYPTIAN TO BE EPISCOPAL BISHOP

AT a service in All Saints' Cathedral, 113 Corniche El Nil, Bulac, at 5 p.m. today the Venerable Ishaq Musaad will be consecrated as the new Bishop of the Episcopal Church in Egypt. This will be the first time that an Egyptian has been appointed to this post.

The consecration will be performed by the Vicar-General in Jerusalem, the Rt. Revd. Robert Stopford.

The consecration will be followed from tomorrow to November 4 by a Conference of all Anglican Chaplains in the Middle East.

Ishaq Musaad was born at Assiut on January 21, 1911. He was educated at Assiut College, graduating in May, 1932.

Confirmed

For the next four years, he served with Mr. John Hay Walker in a students' club in Alexandria.

In 1940, Ishaq Musaad and his wife were confirmed by Bishop Gwynne and became full members of the Episcopal Church. In 1948, The Rev. Ishaq Musaad became Treasurer and Accountant of Harmal Hospital, the large C.M.S. Hospital in Old Cairo. In 1952 after two years training at St. Aidan's College, Birkenhead, with the Diploma of Technology, he was ordained Daecon.

The Rev. Ishaq Musaad served first at the Church of the Good Sheperd, Giza, until his ordination as Priest in June, 1953. He continued at Giza until 1960. In 1960, ha was appointed as Vicar of St. Michael and All Angels, Heliopolis, where he has served for the past 13 years. In July, 1971, he succeeded Canon Adeeb Shammas as Archdeacon in Egypt and Commissary to the Archbishop in Jerusalem.

Egyptian Gazette 1.11.74

Assassination in Tehran

By the Associated Press

An unidentified gunman ambushed the 24-year-old son of Iran's Anglican bishop and killed him with four shots through the head and neck, it was reported Tuesday. The young man worked as an interpreter for foreign reporters in Tehran.

Bahram Deghani Tafti, an Oxford graduate, was ambushed as he drove to a hotel in central Tehran from a college in the north of the city where he was a lecturer, according to reports reaching London. The gunman reportedly forced Tafti out of the car before shooting him.

The night before his death, Tafti told foreign reporters his apartment had been broken into and that he was worried about his safety, British newspapers reported.

➡

Tafti's father, Bishop Deghani Tafti, heads Iran's 4,000-strong Anglican co-mmunity. Since Ayatollah Ruhollah Khomeini's revolution 15 months ago, he, his family and his employee have been targets of violence.

A week ago, the bishop's Scottish secretary, Jean Waddell, was shot and critically wounded when gun-men broke into her Tehran home.

Last year, the bishop's English-born wife, Margaret, was shot in the hand when gunmen broke into their house in Isfahan, 210 miles south of the Iranian capital. The couple recently moved to Tehran.

8.5.80   TURKISH DAILY NEWS
Ankara

Bishop presented with award

AMMAN (J.T.) — His Majesty King Hussein has awarded the Arab Evangelical Episcopalian bishop, Fa'iq Haddad, based in occupied Jerusalem, with Ind-ependence Order of the First Degree for his services and efforts.

The order was presented to Bishop Haddad Thursday by Court Minister Amer Khammash.

Jordan Times   3.9.83

Anti-Christian vandalism

OCCUPIED JERUSALEM, Aug. 29 (R) -- Christian church leaders complained today that a new wave of anti-Christian vandalism has broken out in Israel and is being treated with indifference by Israeli authorities.

A spokesman for the United Christian Council of Israel, largest of the inter-church organisations here, told Reuters that the council had asked the Israeli Foreign Ministry for help to stop the attacks.

Unlike anti-Christian outbursts last January, which were confined to occupied Jerusalem, the vandalism has spread to smaller towns where publicity is less likely.

During the past month, the council spokesman said, anti-church attacks have been carried out in the towns of Rehovot and Tiberias.

A skull and slogans were daubed on church walls, an evangelical minister was attacked, other Protestant clergymen were threatened and tyres on the cars of clergymen were slashed.

In Jerusalem the slogan "Out with the Arabs" was daubed in Hebrew two days ago on the walls of the city's intersectarian ecumenical institute.

The January attacks in Jerusalem were blamed on Israel's Kach movement, an extremist nationalist group, and on militant Orthodox Jews.

Police at the time admitted that they lacked the means to track down the vandals and only two arrests were made.

"We have no quarrel with the police. They simply sense the mood of the country and act accordingly," said one cleric.

"Neither have we a quarrel with the extremist groups. They believe in what they are doing.

"But our claims are directed at the civil authorities, whose job is to prevent those organisations from giving expression in an illegal way. As of now, the authorities are taking no deterrent action."

The director of the church relations department at the Foreign Ministry, Mr. David Efrati, dismissed the claims as grossly exaggerated.

"There seems to be a campaign of denigration going on against Israel," he told Reuters.

"The very insinuation that there is international persecution of Christians in Israel is ridiculous."

Nonetheless, some members of the Christian community see the incidents of vandalism, and the lack of official response, within a framework of increasingly frustrating contacts with Israeli officials.

They say that a promise made by Prime Minister Menachem Begin in February that the authorities would do their utmost to prevent further attacks, has not been carried out.

The recent ousting of the director-general of the Religious Affairs Ministry, with whom they maintained good contacts, has left them concerned.

The United Christian Council has received no reply to its proposal that a permanent Christian body with continuous contacts with the various ministries should be set up.

Many members of the Christian community are concerned by what they term "a new worrisome direction in Israeli legislation."

As evidence they point to the passage of a new anti-terrorism law, which forbids public expression of identification with terrorist organisations. They are also bothered by the light sentences -- 19 and 13 months -- given last month to two men accused of plotting to blow up Muslim and Christian institutions.

Jordan Times   30.8.80

THE PROTESTANTS: PRODUCTS OF THE MISSIONARY CLASSROOM

The Lebanese Protestant saga neither starts nor ends with a tale of woe, although its smooth progression is interrupted by pockets of unpleasantness at certain points.

The Lebanese Protestants, now numbering around 30,000 (5,000 of them Armenians), are the spiritual offspring of the American and British missionaries who were active in the country during the 19th and 20th centuries. These missionaries, using education and pioneer social work as their conversion tool, managed to attract considerable numbers of Maronite and Greek Orthodox Lebanese into the Protestant fold. It is, indeed, largely due to their educational efforts, and the efforts of the French Catholic missionaries who preceded them, that Lebanon today enjoys such a high rate of literacy relative to the rest of the countries in the region.

PROTESTANT LURE

Whether it was the lure of education, the pull of the spirit, or the hope of financial betterment that attracted the Lebanese to Protestantism we shall never know, although we do know that most of the early students of the Syrian Protestant College (now AUB) had announced their conversion to the Protestant church by the time they received their degrees, and that a large number of intellectuals engaged in translation assignments for the American Press declared their Protestantism soon after they started working there.

An insight into the Protestants' methods of conversion is provided by Dr. Daniel Bliss, founder and first president of AUB, who declared at ➤

the beginning of the academic year in 1871 that *"this college is for all conditions and classes of men without regard to color, nationality, race or religion. A man, white, black or yellow, Christian, Jew, Mohammedan or heathen, may enter and enjoy all the advantages for three, four or eight years and go out, believing in one God, many Gods, or no God. But it will be impossible for anyone to continue with us long without knowing what we believe to be the truth and our reasons for that belief."*

The Protestant missionaries' education drive was limited neither to Beirut nor to males. Countless missionary schools were launched in the "remote areas", including Marjeyoun, Zahle, Tyre, Sidon, Dhour esh-Shwair, Ain Zhalta, Baalbek, Bekaa, Broummana, Souk el-Gharb, Tripoli, etc. Girls were reached through such schools as the American School for Girls, started in 1823, which accepted girls of all sects, and the Junior College (until recently known as BCW and now as BUC -- Beirut University College), which, started in 1924, was the first educational institution to look to the higher education of the gentle sex in the Middle East.

PROTESTANT PERSECUTION

Protestant conversions which occurred on campus passed peacefully -- sometimes with the tacit approval of the parents. But conversions of Lebanese intellectuals did not fare so well: they were often accompanied by a general stirring in public opinion, and sometimes by disciplinary action on the part of the convert's original church.

The first martyr of the Protestant faith in Lebanon was Assad al-Shidiak, an historian from an old Maronite, politically involved family in North Lebanon. Employed by an American Protestant missionary to teach him and his family the Arabic language, al-Shidiak soon converted to Protestantism, and his conversion prompted the Maronite Patriarch at the time to throw him in prison where, it is said, he was beaten to death.

Al-Shidiak's death precipitated considerable anti-Maronite feeling and several noteworthy conversions to Protestantism. Two Armenian Orthodox bishops, for instance, joined the Protestant church. Al-Shidiak's brother, Faris al-Shidiak, who was at that time working for the (Protestant) American Press in Malta (the press was later moved to Beirut), reacted by writing a scathing book on the Maronites and announcing his conversion to Islam, adding "Ahmed" to his name.

Another notable Lebanese convert to the Protestant faith was Butros al-Bustani (1819-1893), also a Maronite, who became a Protestant while he was working on the translation of the Bible to Arabic with Dr. Cornelius Van Dyck, physician and orientalist.

The Maronites' anti-Protestantism during the early efforts of the foreign missionaries in Lebanon is well illustrated by an announcement made by the Maronite Patriarch in 1830. At that time, two American missionaries, Dr. Jonas King and Rev. Isaac Bird, were looking for a summer house to rent in Faraya, and the Patriarch decreed that anyone in Faraya who leased his house to the two gentlemen would be summarily excommunicated.

"TIMES HAVE CHANGED"

"I used to spend my summers in Faraya in the 1960's," Rev. Farid Audeh, pastor of the Evangelical Church of Beirut for the past 25 years, told us, smiling, "and I attended mass at the Maronite church there. Times have changed."

Indeed, there are now 15,000 students of various sects in the schools, colleges and universities which the Protestant missionaries started in Lebanon, and the 30,000-strong Protestant community is totally integrated in Lebanese society, with the Arab Protestants concentrated in Ras Beirut and the Armenian Protestants in the Ashrafiya area of the city.

With their cradle so intensely educational, it is not surprising that the Lebanese Protestants are as socially advanced and financially solid as they are. Now maintaining excellent relations with other sects in the country, the Protestant community is crowded with professionals, businessmen, educators and men of letters. Consider some of them:

Boulos Khauli, AUB first Arab president.

Fouad Sarrouf, once AUB's acting president, now secretary-general of the Executive Board of UNESCO.

Fouad Sabra, Fouad Haddad, Farid Haddad, George Fawwaz, Farid Fuleihan, Charles Nikho -- some of the many leading Protestant doctors in Beirut.

Anis Khoury Makdissi and Khalil Ramez Sarkis -- both distinguished Lebanese writers.

And scores of others who have made a mark in business, the textile industry, auditing, insurance and trade representation (as agents for English and American firms, usually).

PROTESTANT CULTURE

Although culturally inclined toward the Anglo-Saxon world, the Protestants, unlike many of the Francophiles of Lebanon, have not lost touch with their Arab roots. Their culture appears to be a happy mixture of Arab and Western civilizations. Inclined to help the members of their community (inter-Protestant philanthropic activity is not uncommon) and maintain a communal cohesiveness, they have nevertheless managed to immerse themselves in Lebanese society, and their loyalty to Lebanon is not to be denied.

Politically, in fact, the Protestants have had quite an active role to play in the country. It is a Protestant which has almost always occupied the single Parliamentary seat reserved for Lebanon's minorities. Their monopoly on that seat has been broken only twice -- once in the 1925-1929 Parliament, in which Michel Chiha, a Latin, represented the minorities, and again in 1937, when the seat went to Shafik Nassif, a Chaldean. Some prominent Protestant deputies: Ramez Sarkis (minister of education from 1941 to 1942), Charles Saad and Samir Ishaq.

But perhaps the Protestant who will be remembered longest in Lebanese politics is Dr. Ayoub Tabet, a physician who managed to preserve his Parliamentary seat, either by election or by appointment, in four Parliaments (1922-25, 1934-37, 1937-39 and 1943-47), served simultaneously as prime minister and the first (and last) Protestant president in Lebanese history (1943). Tabet, however, was Protestant by name only -- he was by no means a representative of his sect. Lebanon, in fact, remembers him as "the father of contradictions" -- an epitaph which is not wholly undeserved: a Protestant, he exhibited undue interest in promoting Catholicism; an Anglo-Saxon by education, he felt more at ease with Lebanon's Francophiles; a one-time resident of the United States, he worked for the French government. As a prime minister, Tabet was known for his "revolutionary decrees" -- like the one in which he ordered policemen to purge the city of those who urinated on walls, and the one which promised hellfire and brimstone for taxi drivers who blew their horns. As a president, he was not at all popular with the Moslems, who objected against the unfair distribution of Parliament seats during his regime and succeeded in ending his presidency and establishing the five-to-six Moslem-Christian principle which still applies in the Lebanese Parliament today.

PROTESTANT SILENCE

Today, the minorities' seat in Parliament is still occupied by a Protestant, but this time it is Dr. Manoukian, an Armenian Protestant, who occupies it. It was only the influence of the Protestants' political heroes, former President Camille Chamoun and Dr. Charles Malik, that prevailed upon them to accept the nomination of Manoukian for the minorities' seat, and his election has left them dissatisfied. Their argument is that the Armenians are already represented by six deputies, and that Dr. Manoukian's allegiance is more likely to be to his ethnic group than to his sect.

Monday Morning, Beirut
Juni/Juli 1973

ANGLICAN BLIND SCHOOL SEIZED

TEHRAN (Reuter) — A Protestant-run school for the blind has been seized by armed men in Iran's second-largest city of Isfahan, according to the head of the Anglican church here.

Bishop Hassan Dehgani said 10 Moslems armed with pistols on Sunday gave a West German pastor running the school three days to leave with his wife and three children.

The bishop, who is president of the Anglican episcopal conference in the Middle East, said the men claimed to be acting on the orders of the Islamic revolutionary authorities.

Ike, *Tuesday, August 14, 1979*

Amman vicar consecrated bishop

AMMAN, Nov. 21 (JP) The Church of the Redeemer in Jabal Amman was filled to overflowing this afternoon with distinguished guests, clergymen, friends and relatives of the church's vicar for the past ten years, the Venerable Eliya Khoury, who was today consecrated as a bishop of the Episcopal Church in Jerusalem and the Middle East.

The Rt. Rev. Hassan Dehagani Tafiti, Bishop of Iran and presiding bishop, led the service of consecration together with the Rt. Rev. Faik Haddad (Bishop of Jerusalem), the Bishop of Ethiopia and Egypt, the Bishop of Cyprus and the Gulf and the retired Bishop of Jerusalem, the Rt. Rev. Najib Qub'ain.

Rev. Khoury is now assistant bishop in the diocese of Jerusalem, an area which covers Lebanon, Syria and Jordan as well as occupied Palestine. Although the seat of the bishopric is St. George's Cathedral in Jerusalem -- where Bishop Khoury was ordained a priest in 1954 -- the service could not have taken place there.

Rev. Khoury was expelled by the Israelis in April 1969 after two months in jail without trial. No specific charges were brought against him but he was "thought dangerous for security reasons," he explained to the Jordan Times.

Bishop Khoury, who was born in Zababdeh near Jenin, worked for 12 years as a schoolteacher in Ramallah and Bir Zeit before going to England to train for holy orders. Before his expulsion from the West Bank, he served as a priest in Jerusalem, Ramallah and Nablus.

Among those attending the service today were Prince Ra'd Ibn Zaid (deputising for Prince Mohammad), Mr. Ibrahim Ayoub, minister of municipal and rural affairs, the commander of the Palestine Liberation Army and a representative of the PLO. Also attending were the Amman bishops of other sects.

The total number of Episcopalians, both indigenous and expatriate, in Rev. Khoury's diocese is estimated at between 8,000 and 10,000. About 4,000 live in Jordan and about 3,500 in Israel and the occupied West Bank.

Jordan Times 22.11.79

LITERATURVERZEICHNIS

Abou, S.: Les chrétiens du Liban et les courants de gauche. In: Travaux et Jours. Beyrouth. Nr.27.(1968)

Acar, S.: Die Bedeutung der Reformen Atatürks für die Christen in der Türkei. In: Kolo Süryoyo. Zeitschrift der Syrisch-Orthodoxen Diözese in Europa. 28(Okt./Nov.1982)

Aldeeb Abu-Salieh, S.A.: L'impact de la religion sur l'ordre juridique. Cas de l'Egypte. Non-musulmans en pays d'Islam. Fribourg 1979

Alem, J.-P.: L'Arménie. Paris. 3.Aufl.1972

Alt, E.: Ägyptens Kopten. Eine einsame Minderheit. Zum Verhältnis von Christen und Moslems in Ägypten in Vergangenheit und Gegenwart. Saarbrücken, Fort Lauderdale 1980

Anschütz, H.: Christentum und Islam. Die syrischen Christen im Tur'Abdin (Südosttürkei). Das Beispiel einer christlichen Bevölkerungsgruppe in einer vom Islam bestimmten Umwelt. Aus: Fitzgerald, M. (Hrsg.): Renaissance des Islams. Graz, Wien, Köln 1980

Anschütz, H.: Die Gegenwartslage der "Apostolischen Kirche des Ostens" und ihre Beziehungen zur assyrischen Nationalbewegung. In: Ostkirchliche Studien. Würzburg. 17(1970)2/3

Anschütz, H.: Zur Gegenwartslage der syrischen Christen im Tur'Abdin, im Hakkari-Gebiet und im Iran. In: Zeitschrift der deutschen morgenländi= schen Gesellschaft. Wiesbaden. Suppl.I. XVII. Deutscher Orientalisten= tag 1968 in Würzburg. Vortr. T.2. Wiesbaden 1969

Anschütz, H.: Die heutige Situation der westsyrischen Christen im Tur'Abdin im Südosten der Türkei. In: Ostkirchliche Studien. Würzburg. 16(1967)2/3

Anschütz, H.: Die syrischen Christen vom Tur'Abdin. Eine altchristliche Bevölkerungsgruppe zwischen Beharrung, Stagnation und Auflösung. Würzburg 1984

The anti-Greek riots of September 6-7 1955 at Constantinople and Smyrna. Athens 1956

Arberry, A.J. (Hrsg.): Religion in the Middle East; three religions in concord and conflict. 2 Bde. Cambridge 1969

Arnaldez, R.: L'apport de l'islamologie à la pensée chrétienne. In: Travaux et Jours. Beyrouth. Nr.13.(1964)

Assfalg, J.; Krüger, P.: Kleines Wörterbuch des christlichen Orients. Wiesbaden 1975

Atiya, A.S.: A History of Eastern Christianity. London 1968

Attwater, D.: The Catholic Eastern Churches. Milwaukee 1936

Attwater, D.: The Christian Churches of the East. 2 Bde. Milwaukee, London 1948-1961

Aucagne, J.: Où vont les Patriarcats? In: Travaux et Jours. Beyrouth. Nr.47.(1973)

Aucagne, J.: Regroupements chrétiens. In: Travaux et Jours. Beyrouth. Nr.27.(1968)

Banse, E.: Abendland und Morgenland. Landschaft, Rasse, Kultur zweier Welten. Braunschweig 1926

Baudis, D.: La passion des chrétiens du Liban. Paris 1979

Baumstark, A.: Geschichte der syrischen Literatur mit Ausschluss der christlich-palästinensischen Texte. Bonn 1922

Baynes, N.H.; Moss, St.L.: Byzanz, Geschichte und Kultur des öströmischen Reiches. München 1964

Bell, G.: The Churches and Monasteries of the Tur'Abdin and neighbouring districts. In: Zeitschrift für Geschichte der Architektur. Heidelberg. Beiheft 9(1913). Neuaufl.London 1979

Betts, R.B.: Christians in the Arab East. A political study. London 1979

Blum-Ernst, A.: Vom Kampf und Sieg der Koptischen Kirche in Ägypten. Basel 1948

Brandt, J.: Die Entwicklung der bourgeois-klerikalen maronitischen Bewegung im Libanon im Prozess der arabischen Unabhängigkeitsbewegung seit der Mitte des 19. Jahrhunderts. Aus: Revolution und Tradition in den Ländern Afrikas und Asiens. Halle,Wittenberg 1970

Brentjes, B.: Drei Jahrtausende Armenien. Wien, München. 2.Aufl.1976

Buheiry, M.R.: Theodor Herzl and the Armenian question. In: Journal of Palestine Studies. Washington. Nr.25.7(1977)1

Christen aus der Türkei suchen Asyl in der Bundesrepublik Deutschland. Materialdienst Pressestelle Evangelische Akademie Bad Boll. Nr.2.(1980), Nr.1.(1981)

Christoff, H.: Kurden und Armenier. Heidelberg 1935

Cleland, W.: Islam's Attitude toward Minority Groups, Islam in the Modern World. Washington 1951

Cresswell, R.: Expériences d'ethnologie comparative. Liban et Irlande. In: Travaux et Jours. Beyrouth. Nr.18.(1966)

Dau, B.: Geschichte der Maroniten. Bd.I u.III. Beirut 1970 u.1977 (arab.)

Davis, H.C.: Some Aspects of Religious Liberty of Nations in the Near East. New York 1938

Davison, R.H.: Turkish Attitudes Concerning Christian-Mulim Equality in the 19th Century. In: American Historical Review. New York. 59(1954)

De Clercq, C.: Les églises unies d'Orient. Paris 1934

De Vries, W.: Der christliche Osten in Vergangenheit und Gegenwart. Würzburg 1951

De Vries, W.: Rom und die Patriarchate des Ostens. Freiburg 1963

Der Dialog von Tripoli. Kreuz und Halbmond. Brückenschlag zwischen Moslems und Christen nach dreizehn Jahrhunderten. In: Neue Politik. Hamburg. 21(15.März 1976)3

Dillemann, L.: Haute Mésopotamie Orientale et pays adjacents, contribution à la géographie historique de la région du Ve s. avant l'ère chrétienne au VIe s. de cette ère. Bibliothèque Archéologique et Historique. Beirut. 7(1962)

Documents relatifs aux atrocités commises par les Arméniens sur la population musulmane. Constantinople 1919

Drower, E.S.: Water into Wine. A Study of Ritual Idiom in the Middle East. London 1956

Ducruet, J.: Statistiques chrétiennes d'Egypte. In: Travaux et Jours. Beyrouth. Nr.24.(1967)

Dyer, G.: Turkish "falsifiers" and Armenian "deceivers". Historiography and the Armenian massacres. In: Middle Eastern Studies. London. 12(Jan.1976)2

Eastern Churches Review. A Journal of Eastern Christendom. Oxford 1966-

Ecevit, B.: Interview with Prime Minister Bülent Ecevit. The Armenian Reporter. Ankara 1978

Economopoulos, C.P.: Les musulmans de Grèce. Les grecs de Turquie. Une étude comparative entre les deux minorités. In: Europa Ethnica. Wien. 25(1968)2

Edelby, N.: L'autonomie législative des chrétiens en terre d'Islam. Archives d'Histoire du Droit Oriental. Bruxelles. 5(1950/1951)

Encyclopaedia of Islam. New Edition. 3 Bde. Leiden, London 1956-1974

Entelis, J.P.: Belief-system and ideology formation in the Lebanese Kata'ib Party. In: International Journal of Middle East Studies. London, New York. 4(Apr.1973)2

Entelis, J.P.: Party transformation in Lebanon. Al-Kata'ib as a case study. In: Middle Eastern Studies. London. 9(1973)3

Entelis, J.P.: Structural change and organizational development in the Lebanese Kata'ib Party. In: The Middle East Journal. Washington. 27(1973)1

Etteldorf, R.: The Catholic Church in the Middle East. New York 1959

Fattal, A.: Le Statut légal des non-musulmans au pays d'Islam. Beirut 1959

Fenoyl, M.de: Liturgie copte et sociologie. In: Travaux et Jours. Beyrouth. Nr.3.(1961)

Fernau, F.-W.: Patriarchen am Goldenen Horn. Gegenwart und Tradition des orthodoxen Orients. Opladen 1967

Fernau, F.-W.: Zwischen Konstantinopel und Moskau. Orthodoxe Kirchen= politik im Nahen Osten 1967-1975. Opladen 1976

Festugière, A.J.: Les moines d'Orient. T.1. Culture ou Sainteté, introduction au monachisme oriental. Paris 1961

Fiey, J.-M.: Assyrie Chrétienne. Contribution à l'étude de l'histoire et de la géographie ecclésiastiques et monastiques du nord de l'Iraq. Bd.I-II. Beirut 1965

Fiey, J.-M.: "Assyriens" ou "Araméens"? In: L'Orient Syrien. 10(1965)

Fitzgerald, M.(Hrsg.); Khoury, A.T.(Hrsg.); Wanzura,W.(Hrsg.): Renaissance des Islams. Weg zur Begegnung oder zur Konfrontation? Graz, Wien, Köln 1980

Freund, W.S.: Gewalt und Religion. Überlegungen am Beispiel von Islam, Christentum und Judentum. In: Die Dritte Welt. Neustadt. 8(1980)1

Frödin, J.: Neuere Kulturgeographische Wandlungen in der östlichen Türkei. In: Zeitschrift der Gesellschaft für Erdkunde in Berlin. Berlin. (1944)

Genel Nüfüs Sayimi, Idari Bölünüs. Census of Population by Administrative Divison. Republic of Turkey, Prime Ministry, State Institute of Statistics. Ankara 1967/70/76

Giese, F.: Die Stellung der christlichen Untertanen im Osmanischen Reich. Der Islam XIX. 1939

Gombos, K.: Die Baukunst Armeniens. Budapest 1972/73

Göyünc, N.: Der Tur'Abdin im 16. Jahrhundert nach den osmanischen Tapu-Tahrir Defterleri. In: Zeitschrift der deutschen morgenländischen Gesellschaft. Wiesbaden. Suppl.II.(1974)

Graf, G.: Geschichte der christlichen arabischen Literatur. Bde.I-IV. Città del Vaticano. 1944-1951

Grandsen, A.H.: Chaldaean Communities in Kurdistan. In: Journal of the Royal Central Asian Society. London. 34(1947)1

Gregorius: Christianity, the Coptic religion and ethnic minorities in Egypt. In: Geo Journal. Wiesbaden. 6(1982)1

Greenshields, T.H.: The settlement of Armenian refugees in Syria and Lebanon, 1915-39. Aus: Clarke, J.I.(Hrsg.); Bowen-Jones, H.(Hrsg.): Change and development in the Middle East. London, New York 1981

Guyer, S.: Meine Tigrisfahrt. Auf dem Floss nach den Ruinenstätten Mesopotamiens. Berlin 1923

Haddad, R.M.: Syrian christians in Muslim society. An interpretation. Princeton/N.J. 1970

Hage, A.: Les empêchements de mariage en droit canonique oriental. Etude historico-canonique. Beyrouth 1954

Hage, W.: Die oströmische Staatskirche und die Christenheit des Perser= reiches. In: Zeitschrift für Kirchengeschichte. Stuttgart. 84(1972)2/3

Hage, W.: Die syrisch-jakobitische Kirche in frühislamischer Zeit. Wiesbaden 1966

Hajjar, J.: Les chrétiens uniates du Proche-Orient. Paris 1962

Hajjar, J.: Le christianisme en Orient. Etudes d'histoire contemporaine, 1684-1968. Beyrouth 1971

Hammerschmidt, E.: Nestorianische Kirchen am Urmia-See. Der Orient in der Forschung. Wiesbaden 1967

Hanf, T.: Die christlichen Gemeinschaften im gesellschaftlichen Wandel des arabischen Vorderen Orients. In: Orient. Opladen. 22(März 1981)1

Hanf, T.: Ethnische und religiöse Minderheiten als Sonderproblem. Die orientalischen Christen und die arabische Nationalbewegung. Aus: Kaiser, K.(Hrsg.); Steinbach, U.(Hrsg.): Deutsch-arabische Beziehungen. München, Wien 1981

Harnack, A.V.: Die Mission und Ausbreitung des Christentums in den ersten drei Jahrhunderten. Leipzig 1924

Hartmann, K.-P.: Untersuchungen zur Sozialgeographie christlicher Minderheiten im Vorderen Orient. Wiesbaden 1980

Hefley, J.; Hefley, M.: Arabs, Christians, Jews. They want peace now. Plainfield/N.J. 1978

Heiler, F.: Die Ostkirchen. München, Basel 1971

Hekayem, A.: Propositions concrètes pour l'édification d'un Liban nouveau. In: L'Afrique et l'Asie Modernes. Paris. Nr.127.(1980)

Heyer, F.: Die Kirchen Armeniens. Eine Volkskirche zwischen Ost und West. Stuttgart 1978

Hoballah, M.F.; Howse, E.M.: Muslims and Christians, Partners of the future. o.O. 1955

Honigmann, E.: Die Ostgrenze des byzantinischen Reiches von 363-1071. In: Corpus Bruxellense Historiae Byzantinae. Bruxelles. Nr.3.(1935)

Hornus, J.-M.: Contacts entre l'église orientale et le protestantisme continental avant le début de l'ère missionaire. In: Cahiers d'Etudes Chrétiennes Orientales. Paris. Nr.3.73(Jan./März 1965)

Hovannisian, R.G.: The ebb and flow of the Armenian minority in the Arab Middle East. In: The Middle East Journal. Washington. 28(1973)1

Husry, K.S.: The Assyrian affair of 1933. In: International Journal of Middle East Studies. London, New York. 5(Apr.1974)2

Hütteroth, W.-D.: Bergnomaden und Ayalabauern im mittleren kurdischen Taurus. In: Marburger Geographische Schriften. Marburg. 11(1959)

Ibrahim, F.N.: Social and economic geographical analysis of the Egyptian Copts. In: Geo Journal. Wiesbaden. 6(1982)1

Ibrahim, I.A.: Salma Musa. An essay on cultural alienation. In: Middle Eastern Studies. London. 15(Okt.1979)3

Ignatius Zakka I.: Die Syrisch-Orthodoxe Kirche von Antiochien. Überblick. In: Kolo Süryoyo. Zeitschrift der Syrisch-Orthodoxen Diözese in Europa. Nr.21(1981)

Jabbra, J.G.; Jabbra, N.W.: Local political dynamics in Lebanon. The case of `Ain al-Qasis. In: Anthropological Quarterly. Washington. 51(1978)2

Janin, R.: Les églises orientales et les rites orientaux. Paris 1955

Janin, R.: Les églises séparées d'Orient. Paris 1930

Jargy, S.: Les origines du monachisme en Syrie et en Mésopotamie. In: Proche-Orient Chrétien. Jerusalem. 2(1952)

Jomier, J.: Les coptes. Aus: Aulas, M.-Chr.; Besançon, J.; Carré, O.: L'Egypte d'aujourd'hui. Permanence et changements, 1805-1976. Paris 1977

Joseph, J.: The Nestorians and their Muslim Neighbours. A Study of Western Influence on their Relations. Princeton 1961

Kawerau, P.: Amerika und die orientalischen Kirchen. Ursprung und Anfang der amerikanischen Mission unter den Nationalkirchen Westasiens. Berlin 1958

Kawerau, P.(Hrsg.): Das Christentum des Ostens. Stuttgart, Berlin, Köln, Mainz 1972

Kawerau, P.: Die jakobitische Kirche im Zeitalter der syrischen Renaissance, Idee und Wirklichkeit. Berlin 1960

Kawerau, P.: Die nestorianischen Patriarchate in der neueren Zeit. In: Zeitschrift für Kirchengeschichte. Stuttgart. 67(1955/56)

Kerr, St.E.: The lions of Marash. Personal experiences with American Near East Relief, 1919-1922. Albany/N.Y. 1973

Kherlopian, D.G.: Armenians today. In: Middle East Forum. Beirut. 37(1961)

Khoreiche, A.: Das religiöse Leben der Maroniten im Libanon und ihr Verhältnis zu den Mohammedanern. In: Der Christliche Osten. Würzburg. 17(1962)

Khoury, A.Th.: Religiöse Toleranz in Christentum und Islam. Elemente zu einem Vergleich. Aus: Fitzgerald, M.(Hrsg.); Khoury, A.Th.(Hrsg.); Wanzura, W.(Hrsg.): Renaissance des Islams. Graz, Wien, Köln 1980

Klinge, G.: Die Bedeutung der syrischen Theologen als Vermittler der griechischen Philosophie an den Islam. In: Zeitschrift für Kirchen= geschichte. Stuttgart. 58(1939)

Kolvenbach, P.-H.: Note sur l'enseignement arménien au Liban. In: Travaux et Jours. Beyrouth. Nr.39.(1971)

Krüger, P.: Das syrisch-monophysitische Mönchtum im Tur'Abdin von seinen Anfängen bis zur Mitte des 12. Jahrhunderts. T.1. Münster 1937. T.2. Orientalia Christiana Periodica. Rom. 4(1938)

Lampart, A.: Ein Märtyrer der Union mit Rom, Joseph I. (1681-1696), Patriarch der Chaldaer. Einsiedeln 1966

Lamsa, G.M.: The Oldest Christian People. A Brief Account of the History and Traditions of the Assyrian People and the Fateful History of the Nestorian Church. New York 1926

Lang, C.L.: Les minorités arménienne et juive d'Iran. In: Politique Etrangère. Paris. 26(1961)5/6

Layard, A.H.: Auf der Suche nach Ninive. München 1965

Lehmann, M.: Die Ostkirche heute. Jahrbuch 1965 für die katholische Kirche des Bistums Linz

Lepsius, J.: Der Todesgang des Armenischen Volkes. Bericht über das Schicksal des Armenischen Volkes in der Türkei während des Weltkrieges. Potsdam 1930

Leroy, J.: Moines et Monastères du Proche-Orient. Paris 1957

Löffler, P.: Arabische Christen im Nahostkonflikt. Christen im politischen Spannungsfeld. Frankfurt/M. 1976

Lyko, D.: Gründung, Wachstum und Leben der evangelischen christlichen Kirchen in Iran. Leiden, Köln 1964

Macuch, R.: Geschichte der spät- und neusyrischen Literatur. Berlin 1976

Madey, J.(Hrsg.); Erackel, St.T.(Hrsg.): The future of the Oriental Catholic Churches. Tiruvalla 1979

Malek, Y.: The British Betrayal of the Assyrians. Chicago 1935

Mar Ignatius Jakub III.: The Syrian Orthodox Church of Antioch. Atschane/ Libanon 1974

Massignon, I.: Annuaire du monde musulman, statistique, historique, social et économique. 4 Bde. Paris 1923-55

Meinardus, O.F.A.: Christian Egypt. Ancient and modern. Cairo 1965

Meinardus, O.F.A.: Christian Egypt faith and life. Cairo 1970

Minorskiy, V.: Mardin. In: Enzyklopaedie des Islam. Dt.Ausg. Leipzig 1936

Müller, C.D.G.: Geschichte der orientalischen Nationalkirchen. Göttingen 1981

Munir, O.: Minderheiten im Osmanischen Reich und in der neuen Türkei. Köln 1937

Nabe v. Schönberg, I.: Die Westsyrische Kirche im Mittelalter 800-1150. Heidelberg 1977

Nersessian, S.D.: The Armenians. London 1969

Nikitine, B.: Les Kurdes et le christianisme. In: Revue de l'Histoire des Religions. Paris 1922

Nouro, A.: My Tour. Beirut 1967

Oesterbye, P.: The Church in Israel. A report on the work and position of the Christian Churches in Israel, with special reference to the Protestant Churches and communities. Lund 1970

Özkaya, I.C.: Le peuple Arménien et les tentatives de réduire le peuple Turc en servitude. Istanbul 1971

Perera, J.: Investigative report. Young Armenians: "Armed struggle is our answer". In: The Middle East. London. Nr.80.(Juni 1981)

Perley, D.B.: Kurdistan - The Kurdish Ideal and Reflections on the Assyro-Kurdish Relations. Paterson/N.J. 1946

Perley, D.B.: The Middle East in Post-War World. National and Religious Minorities. New York 1967

al-Qibṭ/The Copts/Die Kopten.1. Hamburg o.J.(um 1980)

Raphael, P.: Le rôle des Maronites dans le retour des Eglises orientales. Beyrouth 1936.

Reid, D.M.: The Syrian Christians and early socialism in the Arab World. In: International Journal of Middle East Studies. London, New York. 5(Apr.1974)2.

Ritter, H.: Turojo. Die Volkssprache der syrischen Christen im Tur'Abdin. 3 Bde. Beirut, Wiesbaden 1967-71

Rizq, R.: Le mouvement de la jeunesse orthodoxe. In: Travaux et Jours. Beyrouth. Nr.19.(1966)

Rogers, F.: The Quest for Eastern Christians. Travels and Rumor in the Age of Discovery. Minneapolis, Minnesota 1962

Rohrbach, P.(Hrsg.): Armenien. Beiträge zur armenischen Landes- und Volkskunde. Stuttgart 1919

Rondot, P.: Les Chrétiens d'Orient. Paris 1955

Schiwietz, S.: Das morgenländische Mönchtum. 3.Bd.: Das Mönchtum in Syrien und Mesopotamien und das Aszetentum in Persien. Mödling 1938

Schütz, P.: Zwischen Nil und Kaukasus. Ein Reisebericht zur religions= politischen Lage im Orient. München 1930

Schwarzhaupt, P.: Die Wahrheit über die Türkei. Die Armeniergreuel und Deutschenbedrückung durch die Jungtürken. Berlin 1919

Simon, G.: Die Welt des Islam und ihre Berührungen mit der Christenheit. Gütersloh 1948

Spuler, B.: Die Gegenwartslage der Morgenländischen Kirchen. Frankfurt/M. 1968

Spuler, B.: Die Gegenwartslage der Ostkirche in ihrer völkischen und staatlichen Umwelt. 2 Bde. Wiesbaden 1968

Spuler, B.: Handbuch der Orientalistik. Bd.8: Religion. 2. Abschn. Leiden, Köln 1961

Spuler, B.: Die Morgenländischen Kirchen. Leiden, Köln 1964

Spuler, B.: Die orthodoxen Kirchen. In: Internationale Kirchliche Zeit= schrift. Berlin. 72(1982)3

Spuler, B.: Die orthodoxen Kirchen LXXXVII. Sonderdruck der Internationalen Kirchlichen Zeitschrift. Berlin.1(1983)

Spuler, B.: Syrisches Christentum in Vorderasien und Südindien. In: Saeculum XXXII. Freiburg, München. 3(1981)

Spuler, B.: Ein Witz - oder: die koptische Kirche heute. In: Orient. Opladen. 21(Dez.1980)4

Stafford, R.S.: The Tragedy of the Assyrians. London 1935

Stark, F.: Riding to the Tigris. London 1959

Streck, M.: Tur'Abdin. In: Enzyclopaedie des Islam. Deutsche Ausg. Leipzig 1934

Strothmann, R.: Heutiges Christentum und Schicksal der Assyrer. In: Zeitschrift für Kirchengeschichte. Stuttgart. 15(1936)1/2

Strzygowski, J.(Hrsg.): L'ancien art chrétien de Syrie. Etude préliminaire de Gabriel Millet. Paris 1936

Syrian-Orthodox and Armenian Refugees from Turkey in the Nederlands. In: Nederlandse Stichting voor Vluchtlingenwerk. Amsterdam. (11.5.1978 u. 9.5.1979)

Tchalenko, G.: Villages antiques de la Syrie du nord. 3 Bde. Paris 1953-58

Ternon, Y.: Les Arméniens. Histoire d'un génocide. Paris 1977

Thomas, P.: Christians and christianity in India and Pakistan. A general survey of the progress of christianity in India from apostolic times to the present day. London 1954

Tritton, A.S.: The Caliphs and their Non-Muslim subjects. A critical study of the covenant of 'Umar. London, Bombay, Kalkutta, Madras 1930

Tsimhoni, D.: The Greek Orthodox community in Jerusalem and the West Bank 1948-1978. A profile of a religious minority in a national state. In: Orient. Opladen. 23(Juni 1982)2

Turan, O.: Les souverains Seljoukides et leurs sujets non-musulmans. In: Studia Islamica. Paris. 1953

Van Helmond, B.L.: Mas'oud du Tour-Abdin, un Mystique du XVe siècle. Louvain 1942

Vine, A.R.: The Nestorian Churches. London 1937

Vööbus, A.: History of Asceticism in the Syrian Orient. A Contribution to the history of culture in the Near East. 2 Bde. In: Corpus Scriptorum Christianorum Orientalium. Louvain. Nr.184.(1958). Nr.197. (1960)

Vorländer, H.: Der Exodus der Christen aus dem Nahen Osten. In: Jahrbuch des Martin-Luther-Bundes. Erlangen. 24(1977)

Vosté, J.-M.: Mar Johannan Soulaqa Premier Patriarche des Chaldéens. Martyr de l'Union avec Rome. Rom 1931

Vries, W.de: Die arabischen Christen im Nahost-Konflikt. In: Stimme der Zeit. Freiburg. 101(1976)1

Vries, W.de: 300 Jahre syrisch-katholische Hierarchie. In: Ostkirchliche Studien. Würzburg. 5(1956)2/3

Wagner, G.: Perspectives oecuméniques au Liban. In: Travaux et Jours. Beyrouth. Nr.11.(1963)

Wakin, E.: A lonely minority. The modern story of Egypt's Copts. New York 1963

Wessels, A.: Die Herausforderung für die arabischen Christen heute. In: Zeitschrift für Missionswissenschaft und Religionswissenschaft. Aachen. 63(1979)2

Wiby, H.H.: A preliminary report on the Christians in the Turkey of today. In: Archivum bibliographicum carmelitanum. Rom. 1958

Wigram, W.A.: The Assyrians and their Neighbours. London 1929

Wigram, W.A.: Our smallest Ally. London 1920

Wigram, W.A.: The Separation of the Monophysites. London 1925

Wirth, E.: Die Ackerebenen Nordostsyriens. In: Geographische Zeitschrift. Leipzig. 1(1954)

Wirth, E.: Zur Sozialgeographie der Religionsgemeinschaften im Orient. Darmstadt 1969

Yonan, G.: Assyrer heute. Kultur, Sprache, Nationalbewegung der aramäisch sprechenden Christen im Nahen Osten. Verfolgung und Exil. Hamburg, Wien 1978

Zechlin, E.: Friedensbestrebungen und Revolutionierungsversuche. Deutsche Bemühungen zur Ausschaltung Rußlands im 1. Weltkrieg. In: Aus Politik und Zeitgeschichte. "Das Parlament" (21.6.1961).

Zimpel, H.G.F.: Vom Religionseinfluß in den Kulturgemeinschaften zwischen Taurus und Sinai. München 1963